LES
RELIGIONS ORIENTALES
DANS LE
PAGANISME ROMAIN

CONFÉRENCES

FAITES AU COLLÈGE DE FRANCE EN 1905

PAR

Franz CUMONT

PROFESSEUR A L'UNIVERSITÉ DE GAND

PARIS

ERNEST LEROUX, ÉDITEUR

28, RUE BONAPARTE, 28

1906

ANNALES DU MUSÉE GUIMET

BIBLIOTHÈQUE DE VULGARISATION

Tome XXIV

LES RELIGIONS ORIENTALES

DANS LE

PAGANISME ROMAIN

A mon maître et ami

Charles *MICHEL*

1886-1906.

PRÉFACE

En novembre 1905, le Collège de France nous fit l'honneur de nous appeler à inaugurer, à la suite de M. Naville, la série des conférences instituées par la fondation Michonis. Le « Hibbert-Trust » nous invita quelques mois plus tard à développer à Oxford certaines questions que nous avions touchées à Paris. Nous avons réuni ici le contenu de ces deux séries de leçons, en nous bornant à y ajouter une courte bibliographie et des notes destinées aux érudits qui seraient désireux de contrôler nos assertions [1]. La forme de notre exposé n'a guère été remaniée ; nous osons néanmoins espérer que ces pages, destinées à être dites, supporteront d'être lues, et que le titre de ces études ne semblera pas trop ambitieux pour ce

---

[1]. Nous devons plus d'une suggestion utile à nos collègues, MM. Charles Michel et Joseph Bidez, qui ont bien voulu parcourir les épreuves de ce volume.

*a**

qu'elles offrent. La propagation des cultes orientaux est, avec le développement du néoplatonisme, le fait capital de l'histoire morale de l'empire païen. Nous souhaitons que ce volume, petit
pour un si grand sujet, puisse faire au moins
entrevoir cette vérité et que le lecteur accueille
ces essais avec l'intérêt bienveillant que leur ont
témoigné nos auditeurs de Paris et d'Oxford.

On voudra bien se souvenir que les divers chapitres ont été conçus et rédigés en vue de conférences. Nous n'avons pas prétendu y dresser, par
doit et avoir, le bilan de ce que le paganisme latin
emprunta à l'Orient ou lui prêta. Certains faits,
qui sont bien connus, ont été délibérément laissés
dans l'ombre pour faire place à d'autres, qui le
sont peut-être moins. Nous avons pris avec notre
sujet des libertés que n'eut pas tolérées un traité
didactique et dont personne sans doute ne voudra
nous faire un grief.

Peut-être sera-t-on cependant tenté de nous
reprocher une omission en apparence essentielle.
Nous avons exclusivement étudié le développement interne du paganisme dans le monde latin,
et nous n'avons considéré qu'incidemment et accessoirement ses rapports avec le christianisme. La
question est cependant à l'ordre du jour; elle ne
préoccupe plus seulement les savants; elle a fait

l'objet de conférences retentissantes, et, après les monographies érudites, les manuels les plus répandus s'en sont occupés [1]. Nous ne voulons méconnaître ni l'intérêt ni la gravité de cette controverse, et ce n'est point parce qu'elle nous a semblé négligeable que nous l'avons négligée. Les théologiens, par suite de la direction de leur esprit et de leur éducation, ont longtemps été plus disposés à considérer la continuité de la tradition juive que les causes qui sont venues la troubler; mais une réaction s'est produite, et l'on s'attache aujourd'hui à montrer que l'Église a fait des emprunts considérables aux conceptions et aux cérémonies rituelles des mystères païens. Or, lors-

[1]. On trouvera un exposé de son état actuel dans le volume tout récent de Gruppe, *Griechische Mythologie*, 1906, p. 1606 ss., qui s'oppose nettement aux conclusions négatives formulées encore, toutefois avec certaines réserves, par Harnack, *Ausbreitung des Christentums*, t. II², p. 274 ss. — Parmi les dernières études destinées au « *general reader* » qui ont paru sur ce sujet, je citerai en Allemagne celles de Geffcken (*Aus der Werdezeit des Christentums*, Leipsig, 1904, p. 114 ss.) et en Angleterre celles de Cheyne (*Bible problems*, 1904), qui exprime son opinion en ces termes : « *The Christian religion is a synthesis, and only those who have dim eyes can assert that the intellectual empires of Babylonia and Persia have fallen* ».

qu'on parle ici de mystères, on doit songer à l'Asie
·hellénisée bien plus qu'à la Grèce propre, malgré
tout le prestige qui entourait Éleusis. Car d'abord
les premières communautés chrétiennes se sont
fondées, formées, développées au milieu de populations orientales, Sémites, Phrygiens, Égyptiens.
De plus les religions de ces peuples étaient beaucoup plus avancées, plus riches en idées et en
sentiments, plus prégnantes et plus poignantes,
que l'anthropomorphisme gréco-latin. Leur liturgie s'inspirait partout de croyances cathartiques
généralement acceptées, se traduisant par certains
actes, regardés comme sanctifiants, qui étaient
presque semblables dans les diverses sectes. La foi
nouvelle a versé la révélation qu'elle apportait
dans les formes consacrées des cultes préexistants,
les seules que le monde où elle a grandi pût concevoir. Tel est à peu près le point de vue qu'adop-
tent les historiens les plus récents.

Mais, quelque attachant que soit ce problème
considérable, nous ne pouvions songer à le traiter
même sommairement dans des études sur le
paganisme romain. La question se réduit dans le
monde latin à des proportions beaucoup plus mo-
destes, et elle change complétement d'aspect. Le
christianisme ne s'est répandu ici que quand il
était sorti du stade embryonnaire et était virtuel-

lement constitué. En outre, les mystères orientaux
y restèrent longtemps, comme lui, la religion
d'une minorité surtout étrangère. Entre ces sectes
rivales des échanges se sont-ils produits? Le si-
lence des écrivains ecclésiastiques n'est pas une
raison suffisante pour le nier : on avoue malaisément les emprunts qu'on fait à ses adversaires,
car c'est reconnaître quelque valeur à la cause
qu'ils défendent. Mais je crois qu'il ne faut pas en
exagérer l'importance. Sans doute certaines cérémonies et fêtes de l'Église ont pu se modeler sur
celles des païens : la Noël fut au ive siècle placée
le 25 décembre parce qu'on célébrait à cette date
la Nativité du Soleil (*Natalis Invicti*), revenant
chaque année à une vie nouvelle après le solstice [1].
Certaines survivances des cultes d'Isis ou de Cybèle ont pu se perpétuer, à côté d'autres pratiques
du polythéisme, dans les dévotions à des saints
locaux. D'autre part, dès que le christianisme
devint une puissance morale dans le monde, il
s'imposa même à ses ennemis. Les prêtres phrygiens de la Grande Mère opposèrent ouvertement
leurs fêtes de l'équinoxe du printemps à la Pâque

[1]. *Mon. Myst. de Mithra*, I, p. 342, n. 4; cf. les textes
nouveaux commentés par Usener, *Rhein. Museum*, LX,
p. 466 ss., 489 ss.

chrétienne et attribuèrent au sang répandu dans le taurobole le pouvoir rédempteur de celui de l'Agneau divin [1]. Il y a là une série de problèmes très délicats de chronologie et de dépendance qu'il serait téméraire de vouloir résoudre en bloc. Ils recevront une réponse différente sans doute pour chaque cas particulier, et quelques uns resteront, je le crains, toujours insolubles. On peut parler de « vêpres isiaques » ou d'une « cène de Mithra et ses compagnons », mais seulement dans le sens où l'on dit « les princes vassaux de l'empire » ou « le socialisme de Dioclétien ». C'est un artifice de style pour faire saillir un rapprochement et établir vivement et approximativement un parallèle. Un mot n'est pas une démonstration, et il ne faut pas se hâter de conclure d'une analogie à une influence. Les jugements préconçus sont toujours l'obstacle le plus sérieux qui s'oppose à une connaissance exacte du passé. Certains écrivains modernes ne sont pas éloignés de voir, avec les anciens Pères, dans les ressemblances entre les mystères et les cérémonies de l'Eglise une parodie sacrilège inspirée par l'Esprit de mensonge. D'au-

1. Voyez p. 87. Cf. aussi *Mon. Myst. Mithra*, I, p. 341. L'imitation de l'Église est manifeste dans la réforme païenne tentée par l'empereur Julien.

tres historiens semblent disposés à soutenir les
prétentions des prêtres orientaux qui réclamaient
à Rome pour leurs cultes la priorité et voyaient
dans les cérémonies chrétiennes un plagiat de
leurs antiques rituels. Ils se trompent grande-
ment, ce semble, les uns et les autres. Des ressemblances ne supposent pas nécessairement une
imitation, et les similitudes d'idées ou de pratiques doivent souvent s'expliquer, en dehors de
tout emprunt, par une communauté d'origine.

Un exemple rendra ma pensée plus claire. Les
sectateurs de Mithra ont assimilé l'exercice de
leur religion au service militaire. En y entrant
le néophyte est astreint à un serment (*sacramen-
tum*) semblable à celui qu'on exigeait des recrues
dans l'armée, et l'on imprimait sans doute pareillement sur son corps une marque indélébile, gravée au fer ardent. Dans la hiérarchie mystique,
le troisième grade était celui de Soldat (*miles*) :
l'initié fait désormais partie de la sainte milice
du dieu invincible et combat sous ses ordres les
puissances du mal. Toutes ces idées et ces institutions s'accordent si bien avec ce que nous savons du dualisme mazdéen, où toute la vie est
conçue comme une lutte contre les esprits malfaisants, elles sont si inséparables de l'histoire
même du mithriacisme, qui fut toujours avant

tout une religion de soldats, qu'à n'en pas douter elles lui ont appartenu dès avant son arrivée en Occident.

D'autre part, nous trouvons dans le christianisme des conceptions similaires. La société des fidèles — l'expression est encore en usage — est l' « Église militante ». Dans l'antiquité, la comparaison de cette église avec une armée est poursuivie jusque dans les détails [1]; le baptême du néophyte est le serment de fidélité que les recrues prêtent au drapeau, le Christ est « l'empereur », commandant suprême de ses disciples, ceux-ci forment des cohortes qui sous sa conduite triomphent des démons, les apostats sont des déserteurs, les sanctuaires des camps, les pratiques pieuses des exercices et des factions et ainsi de suite.

Si l'on songe que l'évangile fut une prédication de paix, que les chrétiens éprouvèrent longtemps de la répugnance à pratiquer le service militaire où leur foi était menacée, on sera tenté a priori d'admettre une influence du culte belliqueux de Mithra sur la pensée chrétienne.

Et cependant il n'en est pas ainsi. Le thème de la militia Christi apparaît dans les plus anciens

1. Voyez l'étude de Harnack, Militia Christi, 1905.

écrivains ecclésiastiques, dans les épitres de Sᵗ Clé-
ment et même dans celles de Sᵗ Paul. Il est impossible d'admettre à cette époque une imitation
des mystères mithriaques, qui alors n'avaient
encore aucune importance.

Mais si l'on étend ses recherches sur l'histoire de
cette idée, on constatera qu'au moins sous l'Empire, les mystes d'Isis sont regardés aussi comme
formant des cohortes sacrées, engagées au service
de la déesse, qu'antérieurement dans la philosophie stoïcienne l'existence humaine est souvent
comparée à une campagne, et que même les
astrologues appellent l'homme qui se soumet aux
ordres du Destin, en renonçant à toute révolte,
le soldat de la Fatalité [1].

1. J'ai réuni un certain nombre de textes sur les « mili-
ces » religieuses, *Mon. Myst. Mithra*, I, p. 317, n. 1. On
pourrait certainement en découvrir d'autres : Apulée
Met, XI, 14 : *E cohorte religionis unus* (à propos d'un myste
d'Isis) — Vettius Valens, (éd. Kroll, *Cat. Codd. astrol.
graec.* V, 2) l. V. c. 2 (p. 30, l. 10) : Στρατιῶται τῆς εἱμαρμένης; VII, 3 (p. 43, l. 16) : Συστρατεύεσθαι τοῖς καιροῖς γεν-
ναίως. Cf. Minucius, Félix 36 § 7 : *Quod patimur non est
pœna, militia est.* On peut rapprocher aussi l'idée de la
militia Veneris (Properce, IV, 1, 137; cf. I, 6, 30 et surtout le parallèle développé d'Ovide, *Amor.* I, 9, 1 ss. et
Ars amat., II, 233 ss.). — Les stoïciens comparent souvent Dieu à un « stratège »; cf. Capelle *Schrift von der*

Cette conception de la vie et spécialement de la vie religieuse était donc très répandue dès le commencement de notre ère. Elle est manifestement antérieure à la fois au christianisme et au mithriacisme. Elle s'est développée dans les monarchies militaires des diadoques asiatiques, qui étaient en partie des adeptes du dualisme mazdéen. Nous connaissons les serments d'allégeance que leurs sujets prêtaient à ces souverains divinisés [1]. Ils s'engageaient à les défendre et à les soutenir aux dépens même de leur propre vie, à avoir toujours les mêmes amis et les mêmes ennemis qu'eux ; ils leur vouaient non seulement leurs actions et leurs paroles mais jusqu'à leurs pensées. Leur devoir était un abandon total de leur personnalité en faveur de ces monarques égalés aux dieux. La *militia* sacrée des mystères n'est que cette morale civique considérée au point de vue religieux. Le loyalisme se confondait alors avec la piété.

Ainsi les recherches sur les doctrines ou les pratiques communes au christianisme et aux mystères orientaux font remonter presque toujours au

Welt (*Neue Jahrb. für das Klass. Altert.* VIII), p. 558, n. 6.

1. Cf. *Rev. des études grecques*, t. XIV (1901), p. 43 ss.

delà des limites de l'empire romain, jusqu'à
l'Orient hellénistique. C'est là que furent élaborées
les conceptions religieuses qui s'imposèrent sous
les Césars à l'Europe latine [1]; c'est là qu'il faut
chercher la clef d'énigmes encore irrésolues. A la
vérité rien n'est plus obscur à l'heure actuelle
que l'histoire des sectes qui naquirent en Asie au
moment où la culture grecque entra en contact
avec la théologie barbare. Il est rarement possible
de formuler avec assurance des conclusions par-
faitement satisfaisantes, et, en attendant de nouvelle découvertes, l'esprit sera souvent réduit à
peser des probabilités contraires. Sur la mer
mouvante du possible il faut jeter fréquemment
la sonde pour trouver un ancrage sûr. Mais nous
apercevons du moins assez clairement la direction
où les investigations doivent être poursuivies. Le
point où il faudrait surtout porter la lumière,
c'est, pensons-nous, le culte composite de ces
communautés juives ou judéo-païennes, adorateurs d'Hypsistos, Sabbatistes, Sabaziastes et autres, où la foi nouvelle s'est implantée dès l'âge
apostolique. Avant le début de notre ère, la loi

---

1. C'est ce qu'a bien montré M. Wendland pour l'idée
de la σωτηρία; cf. *Zeitschrift für neutest. Wiss.*, t. V, 1904,
p. 355 ss.

mosaïque s'y était déjà pliée aux usages sacrés
des gentils, et le monothéisme y avait fait des
concessions à l'idolâtrie. Bien des croyances de
l'ancien Orient comme par exemple les idées du
dualisme perse sur le monde infernal, sont parvenues en Europe par une double voie, d'abord
par le judaïsme plus ou moins orthodoxe des
communautés de la Diaspora, où l'évangile fut
immédiatemént accueilli, puis par les mystères
païens, importés de Syrie ou d'Asie-Mineure [1].
Certaines similitudes dont s'étonnaient et s'indi-
gnaient les apologistes, cesseront de nous paraître
surprenantes quand nous apercevrons la source
lointaine dont sont dérivés les canaux qui se
réunissent à Rome.

Mais ces recherches délicates et compliquées
de provenance et de filiation appartiennent sur
tout à l'histoire de la période alexandrine. Le fait
essentiel, si l'on considère l'empire romain, c'est
que les religions orientales ont répandu, antérieurement puis parallèlement au christianisme,
des doctrines qui ont acquis avec lui une autorité
universelle au déclin du monde antique. La prédication des prêtres asiatiques prépara ainsi
malgré eux le triomphe de l'Église, et celui-ci a

1. Cf. p. 186.

marqué l'achèvement de l'œuvre dont ils ont été les ouvriers inconscients.

Ils avaient par leur propagande populaire désagrégé radicalement l'ancienne foi nationale des Romains, en même temps que les Césars détruisaient peu à peu le particularisme politique. Avec eux, la religion cesse d'être liée à un État pour devenir universelle; elle n'est plus conçue comme un devoir public mais comme une obligation personnelle; elle ne subordonne plus l'individu à la cité, mais prétend avant tout assurer son salut particulier dans ce monde et surtout dans l'autre. Les mystères orientaux ont tous découvert à leurs adeptes les perspectives radieuses d'une béatitude éternelle. L'axe de la moralité fut ainsi déplacé : elle ne chercha plus, comme dans la philosophie grecque, à réaliser le souverain bien sur cette terre mais après la mort. On n'agit plus en vue de réalités tangibles mais pour atteindre des espérances idéales. L'existence ici bas fut conçue comme une préparation à une vie bienheureuse, comme une épreuve dont le résultat devait être une félicité et une souffrance infinies. Toute la table des valeurs éthiques fut ainsi bouleversée.

Le salut de l'âme, qui est devenu la grande affaire humaine, est dans ces mystères assuré surtout par l'exact accomplissement de cérémonies sacrées. Les rites ont un pouvoir purificateur et rédempteur; ils rendent l'homme meilleur et le délivrent de la domination des esprits hostiles. Par suite, le culte est chose singulièrement importante et absorbante, et la liturgie ne peut être accomplie que par un clergé qui s'y consacre tout entier. Les dieux asiatiques veulent être servis sans partage : leurs prêtres ne sont plus des magistrats, à peine des citoyens, ils se vouent sans réserve à leur ministère, et exigent de leurs fidèles la soumission à leur autorité sacrée.

Tous ces traits, que nous ne faisons qu'esquisser, rapprochent les cultes orientaux du christianisme, et celui qui lira ces études trouvera bien d'autres points de contact entre eux. Nous sommes même beaucoup plus frappés de ces analogies que ne l'étaient les contemporains eux-mêmes, parce que nous avons appris à connaître, dans l'Inde et en Chine, des religions très différentes à la fois du paganisme romain et du christianisme, et que les affinités entre ceux-ci nous apparaissent plus vivement par contraste. Ces similitudes théologiques ne s'imposaient pas à l'attention des anciens, parce qu'ils ne concevaient guère l'existence d'autres possibilités, et c'étaient surtout les différences qu'ils remarquaient. Je ne me dissimule nullement combien celles-ci étaient considérables :

la divergence capitale c'est que le christianisme, en plaçant Dieu hors des limites du monde, dans une sphère idéale, a voulu s'affranchir de toute attache avec un polythéisme souvent abject. Mais même lorsque nous nous posons en adversaire de la tradition, nous ne pouvons rompre avec le passé, qui nous a formés, ni nous dégager du présent, dont nous vivons. A mesure qu'on étudiera de plus près l'histoire religieuse de l'empire, le triomphe de l'Église apparaîtra davantage, pensons-nous, comme l'aboutissement d'une longue évolution des croyances. On ne peut comprendre le christianisme du ve siècle, sa grandeur et ses faiblesses, sa hauteur spirituelle et ses superstitions puériles, si l'on ne connaît les antécédents moraux du monde où il s'est épanoui. La foi des amis de Symmaque, malgré qu'ils en eussent, était beaucoup plus éloignée de l'idéal religieux d'Auguste que de celui de leurs adversaires au Sénat. J'espère que ces études réussiront à montrer comment les cultes païens de l'Orient favorisèrent le long effort de la société romaine, qui se contenta longtemps d'une idolatrie assez plate, vers des formes plus élevées et plus profondes de la dévotion. Peut-être la crédulité de leur mysticisme mérite-t-elle tous les reproches auxquels est sujette aussi la théurgie du néoplatonisme, qui puise aux mêmes sources d'inspiration; mais comme lui, en affirmant l'essence divine de l'âme, ils ont fortifié dans l'homme le sentiment de sa dignité éminente; en faisant de la purification intérieure l'objet principal de l'existence terrestre, ils ont affiné et exalté la vie psychique, et lui ont donné une intensité presque surnaturelle, qu'auparavant le monde antique n'avait pas connue.

Juillet 1906.

I

ROME ET L'ORIENT. — LES SOURCES

Nous aimons à nous considérer comme les héritiers de Rome, et nous nous persuadons volontiers que le génie latin, après s'être assimilé celui de la Grèce, exerça dans le monde antique une hégémonie intellectuelle et morale analogue à celle que possède encore l'Europe, et qu'il a marqué à jamais de sa forte empreinte la culture de tous les peuples soumis à l'autorité des Césars. Il est difficile de s'abstraire complètement du présent et pénible de renoncer à des prétentions aristocratiques. Nous avons peine à croire que l'Orient n'a pas toujours été réduit en quelque mesure à l'état d'abaissement dont il se relève lentement, et nous attribuons volontiers aux anciens habitants de Smyrne, de Béryte ou d'Alexandrie les défauts qu'on reproche aux Levantins d'aujourd'hui. L'influence grandissante des Orientaux, qui accompagne la décadence de l'empire, a souvent été considérée comme un phénomène morbide, symptôme de la lente décomposition du monde antique. Renan lui-même ne paraît pas s'être suffisamment affranchi d'un vieux préjugé lorsqu'il écrivait à ce propos [1] : « Il était inévitable que la civilisation la plus vieille et la plus usée domptât par sa corruption la plus jeune ».

Mais si l'on considère froidement la réalité des faits, en se gardant de cette illusion d'optique qui fait paraître plus considérables les objets dont nous sommes immédiatement entourés, on se formera une tout autre conviction. Rome trouva, sans contredit, en Occident le point d'appui de sa puissance militaire : les légions du Danube et du Rhin furent toujours plus solides, plus vaillantes, mieux disciplinées que celles de l'Euphrate et du Nil. Mais c'est surtout en Orient, précisément dans ces pays de « vieille civilisation », qu'il faut chercher, avant même que Constantin y transportât le centre de gravité de la puissance politique, l'industrie et la richesse, l'habileté technique et la productivité artistique, l'intelligence enfin et la science.

Tandis que la Grèce végète appauvrie, humiliée, épuisée, que l'Italie se dépeuple et ne suffit plus à sa propre subsistance, que les autres provinces d'Europe sortent à peine de la barbarie, l'Asie Mineure, l'Égypte, la Syrie recueillent les moissons opulentes que leur assure la paix romaine. Leurs métropoles industrieuses cultivent et renouvellent toutes les

traditions qui ont fait leur grandeur passée. A l'acti-
vité économique de ces grands pays manufacturiers
et exportateurs correspond une vie intellectuelle plus
intense. Ils excellent dans toutes les professions hor-
mis celle de soldat, et leur supériorité éclate même
aux yeux prévenus des Romains. Le mirage d'un
empire oriental hanta l'imagination des premiers
maîtres du monde. Ce fut, semble-t-il, la pensée
directrice de César dictateur; le triumvir Antoine
faillit la réaliser, et Néron songeait encore à transporter sa capitale à Alexandrie. Si Rome, appuyée
sur la force de son armée et sur le droit qu'elle constitua, garda longtemps l'autorité politique, elle subit
fatalement l'ascendant moral de peuples plus avancés qu'elle. A cet égard l'histoire de l'empire durant
les trois premiers siècles de notre ère, se résume en
une « pénétration pacifique » de l'Occident par
l'Orient.

Cette vérité est devenue plus manifeste à mesure
qu'on a étudié avec plus de détail les divers aspects
de la civilisation romaine, et, avant que nous abor-
dions le sujet spécial qui fera l'objet de ces études,
on nous permettra de remettre en lumière quelques
côtés d'une lente métamorphose dont la propagation
des cultes orientaux est un phénomène particulier.

Tout d'abord l'imitation de l'Orient est manifeste
dans les institutions politiques[2]. Il suffit pour
s'en convaincre de comparer ce qu'était le gouvernement de l'empire à l'avènement d'Auguste avec ce

qu'il est devenu sous Dioclétien. Au début du principat, Rome règne sur le monde, mais elle ne l'administre pas. Elle réduit au minimum le nombre de ses fonctionnaires ; ses provinces, agrégats inorganisés des villes, où elle se borne à faire la police, sont des pays de protectorat plutôt que des pays annexés [2]. Pourvu que la sécurité y soit maintenue, pourvu que ses citoyens, fonctionnaires ou marchands, puissent y faire leurs affaires, le reste ne lui importe guère. Elle s'épargne le soin d'assurer les services publics en laissant une large autonomie aux cités préexistantes à sa domination ou constituées à son image. Les impôts sont levés par des syndicats de banquiers, les terres publiques affermées à des entrepreneurs moyennant une redevance ; l'armée elle-même, avant les réformes d'Auguste, n'est pas une force organique permanente : elle se compose en théorie de troupes levées en vue d'une campagne et licenciées après la victoire.

Les institutions de Rome sont restées celles d'une ville : elles ne s'appliquent qu'avec peine au vaste territoire qu'elles prétendent régir. C'est une machine très grossière et qui ne fonctionne que par à-coups, un système rudimentaire qui ne pouvait se maintenir et qui ne se maintint pas.

Que trouvons-nous trois siècles plus tard? Un État fortement centralisé, où un souverain absolu, adoré comme une divinité, entouré d'une cour nombreuse, commande à toute une hiérarchie de fonctionnaires ;

des villes dépouillées de leurs libertés locales au
profit d'une bureaucratie toute-puissante, et la vieille
capitale elle-même dépossédée avant les autres de
son autonomie et soumise à des préfets. En dehors
des cités, le monarque, dont la fortune privée se
confond avec les finances de l'État, est propriétaire
d'immenses domaines régis par des intendants, et
sur lesquels vit une population de colons attachés à
la glèbe. L'armée est composée en grande partie de
mercenaires étrangers, soldats de carrière, recevant,
comme solde ou comme prime, des terres sur lesquelles ils vivent. Tous ces traits, bien d'autres
encore, rapprochent l'empire romain des anciennes
monarchies orientales.

Et qu'on ne dise pas que les mêmes causes ont
produit les mêmes effets, et qu'une similitude ne
suffit pas en histoire à prouver une influence. Partout
où nous pouvons suivre de près les transformations
successives d'une institution particulière, nous sai-
sissons l'action de l'Orient et particulièrement de
l'Égypte. Rome, devenue comme Alexandrie une
grande métropole cosmopolite, fut réorganisée par
Auguste à l'instar de la capitale des Ptolémées. Les
réformes fiscales des Césars, comme les impôts sur
les ventes et les successions, l'établissement d'un
cadastre et l'introduction de la perception directe,
s'inspirèrent du système financier très perfectionné
des Lagides [1], et l'administration de ceux-ci est, on
peut l'affirmer, la source première dont est dérivée

par l'intermédiaire des Romains celle de l'Europe moderne. Les *saltus* impériaux, cultivés par des métayers réduits à la condition de serfs et soumis à un procurateur, furent constitués à l'imitation de ceux que les potentats asiatiques avaient autrefois fait exploiter par leurs agents [5]. Il serait aisé d'allonger cette série d'exemples. La monarchie absolue à la fois théocratique et bureaucratique, telle que l'avaient connue à l'époque alexandrine d'Égypte, la Syrie et même l'Asie Mineure, fut l'idéal suivant lequel les Césars divinisés modelèrent peu à peu l'État romain.

Rome, on ne saurait lui dénier cette gloire, a élaboré un droit privé, logiquement déduit de principes clairement formulés et destiné à devenir la loi fondamentale de toutes les sociétés civilisées. Mais même sur ce domaine du droit privé, où l'originalité de Rome est incontestée et sa primauté souveraine, des recherches récentes ont mis en lumière avec quelle ténacité l'Orient hellénisé maintint ses vieilles règles juridiques, quelle résistance les coutumes locales, qui sont comme la trame de la vie des nations, opposèrent à l'unification, qui ne fut jamais réalisée qu'en théorie [6]. Bien plus, elles ont prouvé que les principes féconds de ce droit provincial, qui l'emporte parfois en valeur morale sur celui des Romains, avaient réagi sur la transformation progressive du vieux *ius civile*. Et comment en serait-il autrement? Un grand nombre de juristes les plus célèbres n'étaient-ils pas originaires de

Syrie : Ulpien de Tyr, Papinien d'Hémèse sans doute?
et l'école de droit de Béryte ne grandit-elle pas constamment en importance depuis le IIIe siècle, jusqu'à
devenir au Ve le foyer le plus brillant des études
juridiques? Des Levantins viennent ainsi exploiter
même le champ patrimonial défriché par les Scæ-
volas et les Labéons [7].

Dans le temple austère du Droit, l'Orient n'occupe
encore qu'une position subalterne; ailleurs son autorité est prédominante. L'esprit pratique des Romains
qui fit d'eux d'excellents juristes, les empêcha d'être
des savants profonds. Ils estimaient médiocrement
la science pure, pour laquelle ils étaient médiocrement doués, et l'on remarque qu'elle cessa d'être
sérieusement cultivée partout où s'établit leur domination directe. Les grands astronomes, les grands
mathématiciens, les grands médecins, sont en majo-
rité des Orientaux, comme les grands créateurs ou
défenseurs des systèmes métaphysiques. Ptolémée et
Plotin sont des Égyptiens, Porphyre et Jamblique
des Syriens, Dioscoride et Galien des Asiates. Aussi
l'esprit de l'Orient pénètre-t-il toutes les études. Les
chimères de l'astrologie et de la magie se font
accepter des meilleurs esprits. La philosophie prétend de plus en plus s'inspirer de la sagesse fabuleuse
de la Chaldée ou de l'Égypte. La raison, lasse de
chercher la vérité, abdique et croit la trouver dans
une révélation conservée dans les mystères des barbares. La logique de la Grèce s'ingénie à coordonner

en un ensemble harmonieux les traditions confuses
des sacerdoces asiatiques.

Aussi bien que la science, les lettres sont cultivées surtout par des Orientaux. On l'a souvent fait
observer, les littérateurs qui, sous l'empire, passent
pour les plus purs représentants de l'esprit grec,
appartiennent presque tous à l'Asie Mineure, à la
Syrie ou à l'Égypte. Le rhéteur Dion Chrysostome
est originaire de Pruse en Bithynie; le satirique
Lucien, de Samosate en Commagène à· la frontière
de l'Euphrate. On pourrait énumérer une foule d'autres noms. Depuis Tacite et Suétone jusqu'à Ammien
il ne se trouve plus un seul écrivain de talent pour
conserver en latin le souvenir des événements qui
agitent alors le monde, mais c'est encore un Bithy-
nien, Dion Cassius de Nicée, qui, à l'époque des
Sévères, racontera l'histoire du peuple romain.

Fait caractéristique, à côté de cette littérature
d'expression grecque, d'autres naissent ou renaissent et se développent. Le syriaque, fils de l'araméen
qui avait été sous les Achéménides la langue inter-
nationale de l'Asie antérieure, redevient avec Bardesane d'Édesse celle d'une race cultivée. Les Coptes
se souviennent qu'ils parlent des dialectes dérivés
de l'ancien égyptien et s'attachent à les revivifier.
Au nord du Taurus, les Arméniens eux-mêmes se
mettent à écrire et à polir leur parler barbare. La
prédication chrétienne qui s'adresse au peuple, s'empare des idiomes populaires et les réveille de leur

longue léthargie. Sur les bords du Nil comme dans
les plaines de la Mésopotamie ou dans les hautes
vallées de l'Anatolie, elle annoncera des pensées
nouvelles en des patois jusqu'alors méprisés, et le
vieil Orient, partout où l'hellénisme ne l'a pas entièrement dénationalisé, revendiquera avec succès son
autonomie intellectuelle.

A ce réveil linguistique correspond une renaissance de l'art indigène. Dans aucun ordre d'idées,
l'illusion dont nous parlions tantôt, n'a été plus
complète et plus prolongée. On vivait encore, il y
a peu d'années, dans la persuasion, qu'un art « impérial » s'était formé à Rome au temps d'Auguste,
puis avait étendu peu à peu sa prédominance
jusqu'à la périphérie du monde ancien. Si en Asie il
avait subi quelques modifications spéciales, elles
étaient dues à des influences exotiques, sans doute
assyriennes ou persanes. Les belles découvertes même
de M. de Vogüé dans le Haurân [8] n'avaient pu démontrer l'inanité d'une théorie qui était soutenue par
notre conviction altière de la préséance de l'Europe.

Il apparaît aujourd'hui manifestement que Rome
n'a rien ou presque rien donné aux Orientaux, mais
qu'au contraire elle a beaucoup reçu d'eux. Fécondée
sous l'étreinte de l'hellénisme, l'Asie a produit dans
les royaumes des Diadoques une puissante lignée
d'œuvres originales. Les vieux procédés dont la
découverte remonte jusqu'aux Chaldéens, aux Hit-
tites ou aux sujet des Pharaons, furent d'abord

1*

utilisés par les conquérants de l'empire d'Alexandre, qui imaginèrent une riche variété de types nouveaux et en composèrent un style original. Mais si, durant les trois siècles qui précèdent notre ère, la Grèce dominatrice joue le rôle du démiurge qui crée avec une matière préexistante des êtres vivants, durant les trois siècles suivants sa productivité s'épuise, sa puissance d'invention s'affaiblit, les anciennes traditions locales réagissent contre son empire et en triomphent avec le christianisme. Transportées à Byzance elles s'y épanouissent en une floraison nouvelle, et se propagent jusqu'en Europe, où elles préparent la formation de l'art roman du haut moyen âge [9].

Loin donc que Rome ait ici fait sentir sa suzeraineté, elle est tributaire de l'Orient. Celui-ci lui est supérieur par la précision et l'étendue de ses connaissances techniques, comme par son génie inventif et l'habileté de ses ouvriers. Les Césars ont été de grands bâtisseurs, mais souvent en se servant de mains étrangères. Le principal architecte de Trajan, constructeur fastueux, est un Syrien, Apollodore de Damas [10].

Ses sujets du Levant n'apprennent pas seulement à l'Italie la solution élégante de problèmes architectoniques comme celui de poser une coupole sur un édifice rectangulaire ou octogonal, ils lui font accepter leurs goûts et la pénètrent de leur génie. Ils lui communiquent leur amour de la décoration

luxuriante et de la polychromie violente ; ils imposent
à la plastique et à la peinture religieuses ce symbolisme compliqué, où se plaît leur esprit abstrus et
subtil.

L'art dans l'antiquité est étroitement uni à
l'industrie, toute manuelle et individuelle. Ils
s'instruisent l'un l'autre, se perfectionnent et décli-
nent en même temps, sont en un mot inséparables.
Faut-il appeler artisans ou artistes ces peintres
qui ont décoré dans le goût alexandrin et peut-être
syrien les murs de Pompéï d'une architecture fantastique et aérienne? les orfèvres, alexandrins aussi,
qui ont ciselé autour des phiales et des gobelets de
Boscoreale ces feuillages légers, ces animaux pitto-
resques, ces groupes d'une élégance harmonieuse ou
d'une verve narquoise? Ainsi, en descendant peu à
peu des productions des arts industriels à celles de
l'industrie même, on pourrait y constater pareillement l'influence grandissante de l'Orient; on
pourrait faire voir comment l'action des grands
centres manufacturiers de l'Est transforma progres-
sivement la civilisation matérielle de l'Europe; on
pourrait montrer comment jusque dans notre Gaule [11]
l'introduction des modèles et des procédés exotiques
renouvela la vieille technique indigène, et donna à
ses produits une perfection et une diffusion jusqu'alors inconnues. Mais je craindrais d'insister trop
longuement sur un sujet si éloigné en apparence de
celui qui doit nous occuper ici.

Il importait cependant de l'établir en commençant, de quelque côté que l'érudition contemporaine poursuive ses investigations, toujours elle constate une lente substitution de la culture asiatique à celle de l'Italie. Celle-ci ne se développe qu'en s'assimilant des éléments empruntés aux réserves inépuisables des « vieilles civilisations » dont nous parlions en commençant. L'Orient hellénisé s'impose partout par ses hommes et par ses œuvres; il soumet ses vainqueurs latins à son ascendant, comme plus tard il le fera subir aux conquérants Arabes et deviendra le civilisateur de l'Islam. Mais dans aucun ordre d'idées son action sous l'empire n'a été aussi décisive que dans la religion, puisqu'elle a finalement abouti à la destruction radicale du paganisme grécolatin [12].

L'invasion des cultes barbares fut si apparente, si bruyante, si victorieuse, qu'elle ne pouvait passer inaperçue. Elle attira l'attention inquiète ou sympathique des auteurs anciens, et depuis la Renaissance les érudits modernes s'y sont souvent intéressés. Seulement, peut-être n'ont-ils pas suffisamment compris que cette évolution religieuse n'est pas un phénomène isolé et extraordinaire, mais qu'elle accompagne et favorise une évolution plus générale, comme elle est favorisée par elle. La transformation des croyances fut intimement liée à l'institution de la monarchie de droit divin, au développement de l'art, aux tendances de la philosophie, à toutes les manifestations de la pensée, du sentiment et du goût.

C'est ce mouvement religieux aux répercussions si nombreuses et si lointaines, que nous voudrions tenter d'esquisser ici. Nous essayerons de montrer d'abord quelles causes ont provoqué la diffusion des cultes orientaux. Nous examinerons ensuite en particulier ceux qui successivement se sont introduits et propagés d'Asie Mineure, d'Égypte, de Syrie et de Perse, et nous nous efforcerons de distinguer leurs caractères propres et d'apprécier leur valeur. Nous verrons enfin comment ils ont transformé l'ancienne idolâtrie et quelle forme avait prise celle-ci au moment de sa lutte suprême contre le christianisme, dont les mystères asiatiques, tout en s'opposant à lui, favorisèrent l'avènement.

* *

Mais avant d'aborder ce sujet, une première question se pose. L'étude dont nous venons d'indiquer le plan est-elle possible? De quels secours disposons-nous pour l'entreprendre? A quelles sources puisons-nous notre connaissance des religions orientales répandues dans l'empire romain?

Il faut le reconnaître, ces sources sont insuffisantes et ont été encore insuffisamment exploitées.

Dans le grand naufrage de la littérature antique, aucune perte peut-être n'a été plus désastreuse que celle des livres liturgiques du paganisme. Quelques

formules mystiques citées incidemment par les écrivains païens ou chrétiens, quelques morceaux, la
plupart mutilés, d'hymnes en l'honneur des dieux [13],
sont à peu près tout ce qui a échappé à la destruction.
Pour nous faire une idée de ce que pouvaient être
les rituels perdus, nous devons recourir aux imitations qu'en font les chœurs des tragédies, aux
parodies que les comiques se sont parfois permises,
ou rechercher dans les recueils de magie les plagiats
que peuvent avoir commis les rédacteurs d'incantations [14]. Mais tout ce travail ne nous fait entrevoir
qu'un pâle reflet des cérémonies du culte. Profanes
relégués à la porte du sanctuaire, nous n'entendons
que des échos indistincts des chants sacrés, et nous
ne pouvons assister, même en esprit, à la célébration
des mystères.

Nous ignorons comment les anciens priaient, nous
ne pénétrons pas dans l'intimité de leur vie religieuse,
et certaines profondeurs de l'âme antique nous restent ainsi inconnues. Si une heureuse fortune nous
rendait quelque livre sacré de la fin du paganisme,
les révélations qu'il apporterait étonneraient le
monde. Nous verrions se dérouler sous nos yeux ces
drames mystérieux, dont les actes symboliques commémoraient la passion des dieux; nous pourrions
avec les fidèles compatir à leurs souffrances, nous
lamenter sur leur mort, participer à l'allégresse de
leur retour à la vie. On trouverait à la fois dans ces
vastes recueils des rites archaïques qui perpétuaient

obscurément le souvenir de croyances abolies, des
formules traditionnelles, conçues dans une langue
vieillie et qu'on comprenait à peine, toutes les oraisons naïves imaginées par la foi des premiers âges,
sanctifiées par la dévotion des siècles écoulés et
comme ennoblies par toutes les joies et les douleurs
des générations passées. On y lirait en même temps
ces hymnes où la réflexion philosophique se tra-
duisait en allégories somptueuses [15] ou s'humiliait
devant la toute-puissance de l'infini, poèmes dont
certaines effusions des stoïciens célébrant le Feu
créateur et destructeur, ou s'abandonnant tout entiers
à la Fatalité divine, peuvent seules aujourd'hui nous
donner quelque idée [16].

Mais tout cela a disparu, et nous avons perdu
aussi la possibilité d'étudier d'après des documents
authentiques le développement interne des cultes
païens.

Nous ressentirions moins vivement cette perte si
nous possédions du moins les ouvrages que les
mythographes grecs et latins avaient consacrés aux
divinités étrangères, tels les livres étendus qu'au
IIᵉ siècle Eubulus et Pallas avaient publiés sur les
mystères de Mithra. Mais ces œuvres parurent dénuées
d'intérêt ou même dangereuses à la dévotion du
moyen âge, et elles ne doivent guère avoir survécu
à la chute du paganisme. Les traités de mythologie
qui nous sont conservés ne s'occupent presque jamais
que des anciennes fables helléniques illustrées par

les auteurs classiques, et négligent les cultes de l'Orient [17].

Nous ne trouvons sur ce sujet en général dans la littérature que des mentions incidentes, des allusions rapides. Les historiens sont à cet égard d'une incroyable pauvreté. Cette pénurie de renseignements a pour cause d'abord l'étroitesse de vues qui, dans l'antiquité et spécialement sous l'empire, caractérise le genre de rhétorique qu'ils cultivent. La politique et les guerres du souverain, les drames, les intrigues, les commérages même de la cour et du monde officiel les intéressent bien plus que les grandes transformations économiques ou religieuses. De plus, il n'est aucune période de l'empire romain sur laquelle nous soyons aussi mal informés que sur le IIIe siècle, qui est précisément celui où les cultes orientaux parvinrent à l'apogée de leur puissance. Depuis Hérodien et Dion Cassius jusqu'aux Byzantins et de Suétone à Ammien Marcelin, tous les récits de quelque valeur ont péri, et cette déplorable lacune dans la tradition historique est particulièrement fatale aux études sur le paganisme.

Chose étrange, la littérature légère s'occupe davantage de ces graves questions. Les rites des cultes exotiques ont excité la verve des satiriques, et la pompe de leurs fêtes a fourni aux romanciers la matière de descriptions brillantes. Juvénal raille les mortifications des dévotes d'Isis; Lucien dans sa Nécyomancie parodie les purifications interminables

des mages, et Apulée dans les Métamorphoses nous
a retracé avec la ferveur d'un néophyte et la recherche d'un rhéteur les scènes d'une initiation isiaque.
Mais en général on ne trouve chez les littérateurs
que des remarques incidentes, des observations superficielles. Même le précieux traité « Sur la déesse
syrienne » attribué à Lucien, où l'auteur nous
raconte une visite au temple d'Hiérapolis et rapporte
les récits que lui ont fait les prêtres, n'a rien de
profond : il relate ce qu'a vu en passant un voyageur
intelligent, curieux et surtout ironique.

Pour atteindre une initiation plus parfaite et obtenir une révélation moins incomplète des doctrines
enseignées dans les cultes orientaux, il nous faut
recourir à des témoignages inspirés par des tendances
opposées, mais également suspects : ceux des philosophes et ceux des Pères de l'Église. Les stoïciens
et les platoniciens se sont souvent intéressés aux
croyances religieuses des barbares, et il nous ont
conservé sur ce sujet des données d'une haute valeur.
Le traité de Plutarque sur Isis et Osiris est une
source dont l'importance est appréciée même par
les égyptologues, et il les aide à reconstituer la
légende de ces divinités. Mais les philosophes n'ex-
posent presque jamais les doctrines étrangères objec-
tivement et pour elles-mêmes. Il les font rentrer
dans leurs systèmes, auxquels elles doivent servir
de preuve ou d'illustration, ils les entourent d'une
exégèse personnelle, ou les noient dans des commen-

taires transcendants; ils prétendent en un mot y
découvrir toute leur propre pensée. Il est toujours
difficile et parfois impossible de distinguer les dogmes qu'ils rapportent des interprétations qu'ils en
proposent avec assurance et qui sont généralement
aussi éloignées que possible de la vérité.

C'est d'autres erreurs qu'il faut se garder en lisant
les écrivains ecclésiastiques, infiniment utiles malgré
leur parti pris. Par une singulière ironie des choses,
ces controversistes nous aident seuls parfois à faire
revivre aujourd'hui une idolâtrie qu'ils prétendaient
anéantir. Toutefois ils ne nous fournissent pas des
renseignements aussi abondants qu'on pourrait le
supposer, si l'on songe que les cultes orientaux ont
été les adversaires les plus dangereux et les plus
tenaces du christianisme. La cause n'en est pas seulement que les Pères mettent souvent une sorte de
pudeur à parler de l'idolâtrie, et affectent de ne rappeler qu'en termes voilés ses monstruosités : mais,
en outre, l'apologétique du IVᵉ siècle, comme nous
le verrons [18], retarde souvent sur l'évolution des
doctrines, et puisant dans la tradition littéraire, chez
des épicuriens et les sceptiques, elle combat surtout
les croyances de l'ancienne religion grecque et italique, qui étaient abolies ou se mouraient, et néglige
celles encore bien vivantes du monde contemporain.

Néanmoins certains de ces polémistes ont dirigé
leurs attaques contre les divinités de l'Orient et leurs
sectateurs latins, soit qu'ils aient été instruits par

des convertis, soient qu'ils aient été eux-mêmes
païens dans leur jeunesse — c'est le cas pour Firmicus
Maternus, qui, après avoir écrit un mauvais traité
d'astrologie finit par combattre l' « Erreur des religions
profanes ». Toutefois on doit toujours se
demander jusqu'à quel point ils ont pu connaître des
doctrines ésotériques et des cérémonies rituelles dont
le secret était jalousement gardé. Ils se vantent trop
bruyamment d'en pouvoir dévoiler toutes les abominations
pour ne pas encourir le soupçon d'avoir
souffert dans leur curiosité de la discrétion des initiés.
Ils étaient, de plus, disposés à accueillir toutes les
calomnies qui furent propagées contre les mystères
païens, comme contre les sectes occultes de toutes les
époques et contre les chrétiens eux-mêmes.

En somme, la tradition littéraire est peu abondante
et souvent peu digne de créance. Relativement considérable
pour les cultes égyptiens parce qu'ils ont été
accueillis dans le monde grec dès l'époque des
Ptolémées et que les lettres et les sciences furent
toujours cultivées à Alexandrie, elle est déjà moins
importante pour la Phrygie, bien que Cybèle ait été
de bonne heure hellénisée et latinisée, et, à part
l'opuscule de Lucien sur la déesse d'Hiérapolis, elle
est presque nulle pour les cultes syriens, cappadociens
et perses.

L'insuffisance des données fournies par les écrivains
rend plus précieux les renseignements que
nous apporteront les documents épigraphiques et

archéologiques, dont le nombre va sans cesse gran-
dissant. Tout d'abord les inscriptions offrent ces
qualités de sûreté et de précision qui manquent
souvent aux phrases des littérateurs. On en peut
tirer des conclusions importantes sur la date de la
propagation et de la disparition des divers cultes,
sur leur aire d'extension, sur la qualité et le rang
social de leurs sectateurs, sur la hiérarchie sacrée et
le personnel sacerdotal, sur la constitution des communautés de fidèles, sur les offrandes faites aux
dieux, et sur les cérémonies accomplies en leur
honneur, en un mot sur l'histoire séculière et profane
de ces religions et dans une certaine mesure sur leur
rituel. Mais la concision du style lapidaire, la répétition constante de formules stéréotypées, rend
forcément ce genre de textes peu explicites et parfois
énigmatiques. Il est telle dédicace, comme le *Nama
Sebesio* gravé sur le grand bas-relief mithriaque du
Louvre, à propos de laquelle on a multiplié les dis-
sertations sans parvenir à l'expliquer. En outre, d'une
façon générale, l'épipraphie ne nous donne que peu
d'indications sur la liturgie et presque aucune sur
les doctrines.

L'archéologie doit s'efforcer de combler les lacunes
énormes que laisse la tradition écrite ; ce sont surtout
les monuments artistiques qui jusqu'ici n'ont été ni
recueillis avec assez de soin, ni interprétés avec
assez de méthode. En étudiant la disposition des
temples et le mobilier religieux qui les garnissait,

on peut arriver du même coup à déterminer une
partie des cérémonies liturgiques dont ils étaient le
théâtre. D'autre part, l'interprétation critique des
représentations figurées permet de reconstituer avec
une certitude suffisante certaines légendes sacrées et
de retrouver en même temps une partie de la théologie des mystères. L'art religieux de la fin du
paganisme ne cherche pas comme celui de la Grèce,
ou ne cherche qu'accessoirement, à élever les âmes
par la contemplation d'un idéal de beauté divine. Il
veut avant tout édifier en instruisant, fidèle en ceci
aux traditions de l'ancien Orient. Il raconte par des
cycles de tableaux l'histoire des dieux et du monde,
ou bien il exprime par des symboles les conceptions
subtiles de la théologie, ou même certaines doctrines
de la science profane, comme celle de la lutte des
quatre éléments. Ainsi que plus tard au moyen âge,
les artistes de l'empire, interprètes de la pensée du
clergé, donnèrent aux fidèles un enseignement par
l'image, et rendirent sensibles aux intelligences les
plus humbles ses doctrines les plus élevées. Mais
pour déchiffrer ce livre mystique, dont les pages
sont dispersées dans nos musées, nous devons en
chercher péniblement la clef, et nous ne pouvons
pas, comme en parcourant les merveilleuses ency-
clopédies figurées dans nos cathédrales gothiques,
prendre pour guide et pour exégète quelque Vincent
de Beauvais de l'époque de Dioclétien [19]. Notre
situation est souvent comparable à celle où se trou-

verait un érudit de l'an 4000, qui écrirait le récit de
la Passion d'après les tableaux d'un « Chemin de la
Croix », ou étudierait le culte des saints d'après les
statues retrouvées dans les ruines de nos églises.

Seulement les résultats de toutes ces investigations laborieusement poursuivies dans les pays
classiques, peuvent, pour les cultes orientaux, être
indirectement contrôlés, et c'est là un précieux avantage. Nous connaissons passablement aujourd'hui
les vieilles religions pratiquées en Égypte, en Babylonie et en Perse. On lit et l'on traduit avec sûreté
les hiéroglyphes des bords du Nil, les tablettes
cunéiformes de la Mésopotamie et les livres sacrés,
zends ou pehlvis, du parsisme. Leur déchiffrement a
profité à l'histoire religieuse plus encore peut-être
qu'à celle de la politique ou de la civilisation. En
Syrie aussi, les découvertes d'inscriptions araméennes
et phéniciennes, les fouilles pratiquées dans les
temples ont suppléé dans une certaine mesure à
l'insuffisance des renseignements fournis par la Bible
ou par les auteurs grecs sur le paganisme sémitique.
Même l'Asie Mineure, j'entends le plateau d'Anatolie,
commence à s'ouvrir aux explorateurs, bien qu'ici
presque tous les grands sanctuaires, Pessinonte,
les deux Comane, Castabala, soient encore ensevelis
sous les décombres. Nous pouvons donc déjà nous
rendre un compte assez exact de ce qu'était la foi de
certains des pays d'où les mystères orientaux sont
arrivés aux Romains. A la vérité, ces recherches ne

sont pas encore assez avancées pour qu'on puisse
établir avec précision quelle forme la religion avait
prise dans ces diverses contrées, au moment où elles
entrèrent en contact avec l'Italie, et l'on s'exposerait
à d'étranges méprises en rapprochant des pratiques
que des milliers d'années peuvent séparer. Ce sera
la tâche de l'avenir d'établir ici une chronologie
rigoureuse, de déterminer à quelle phase ultime avait
abouti l'évolution des croyances dans toutes les
régions du Levant vers le commencement de notre
ère, et de les rattacher alors, sans solution de continuité, aux mystères pratiqués dans le monde latin
et dont les recherches archéologiques pénètrent peu
à peu les secrets.

Nous sommes encore loin de pouvoir souder soli-
dement tous les anneaux de cette longue chaîne ; les
orientalistes et les philologues classiques ne peuvent
encore se tendre la main par dessus la Méditerranée.
Nous ne soulevons qu'un coin du voile d'Isis, et nous
devinons à peine une partie des vérités qui, même
autrefois, n'étaient révélées qu'à une élite pieuse.
Néanmoins nous sommes parvenus aujourd'hui sur
la voie de la certitude à un sommet d'où l'on domine
déjà le vaste champ que défricheront nos successeurs. Je voudrais dans le cours de ces conférences
tenter de résumer les résultats essentiels auxquels
est arrivée l'érudition du XIX⁰ siècle, et en tirer
quelques conclusions qui peut-être seront provisoi-
res. L'invasion des cultes orientaux, qui détruisit

l'ancien idéal religieux et national des Romains, transforma aussi profondément la société et le gouvernement de l'empire, et, à ce titre, elle mériterait l'attention de l'historien, même si elle n'avait pas présagé et préparé la victoire finale du christianisme.

II

POURQUOI LES CULTES ORIENTAUX SE SONT PROPAGÉS

————

Lorsqu'au IV⁰ siècle l'empire affaibli se scinda en deux moitiés, comme une balance surchargée dont se briserait le fléau, ce divorce politique ne fit que consacrer une séparation morale depuis longtemps existante. L'opposition entre le monde gréco-oriental et le monde latin se manifeste en particulier dans leurs religions et dans l'action que le pouvoir central exerça à cet égard sur l'un et sur l'autre.

Le paganisme était sous l'empire presque exclusivement latin en Occident. Après l'annexion de l'Espagne, de la Gaule, de la Bretagne, les vieux cultes ibériques, celtiques ou autres furent incapables de soutenir une lutte inégale contre la religion plus avancée des vainqueurs. On a souvent signalé la merveilleuse rapidité avec laquelle la littérature des conquérants, qui étaient aussi des civilisa-

2

teurs, se fit accepter des peuples soumis. Son influence se fit sentir dans les temples comme au forum, et elle transforma les prières adressées aux dieux comme les discours qu'échangeaient les hommes. Généraliser l'adoption des divinités de Rome fit d'ailleurs partie du programme politique des Césars, et le gouvernement imposa à ses nouveaux sujets les règles de son droit sacerdotal aussi bien que les principes de son droit public et de son droit civil : les lois municipales ordonnent d'élire des pontifes et des augures en même temps que des duovirs justiciers. En Gaule, le druidisme périt avec les longs poèmes où il développait ses traditions orales, et il disparut, non pas tant à cause des mesures de police prises contre lui, que par suite d'un abandon volontaire des Celtes, dès qu'ils subirent l'ascendant de la culture latine. En Espagne, c'est à peine si l'on trouve quelques vestiges des vieux cultes autochtones. En Afrique même, où la religion punique était beaucoup plus développée, elle ne se maintint qu'en prenant une apparence toute romaine. Baal devint un Saturne et Eshmoun un Esculape. Au moment où l'idolâtrie disparut, il est douteux que sur toute l'étendue des préfectures d'Italie et des Gaules, il subsistât un temple où les cérémonies fussent célébrées selon les rites indigènes et dans un patois local. C'est même avant tout à cette prédominance exclusive du latin, que celui-ci a dû de rester la seule langue liturgique

de l'Église d'Occident, qui, en cette matière comme
en beaucoup d'autres a perpétué, en s'y conformant,
une situation préexistante et maintenu une unité
établie avant elle. En imposant sa manière de
s'exprimer aux Irlandais et aux Germains, Rome,
devenue chrétienne, ne fit que poursuivre l'œuvre
d'assimilation qu'elle avait accomplie païenne, dans
les provinces encore barbares soumises à son
influence [1].

Au contraire, aujourd'hui encore, en Orient, les
églises séparées de l'orthodoxie grecque emploient
une variété d'idiomes, qui rappelle la diversité profonde des races soumises autrefois à Rome. Alors
aussi, vingt parlers divers traduisaient la pensée religieuse des peuples réunis sous la domination des
Césars. L'hellénisme au commencement de notre
ère, n'avait encore conquis ni le plateau d'Anatolie,
ni le centre de la Syrie, ni les nomes de l'Égypte.
L'annexion à l'empire put ralentir et, dans certaines
régions, énerver la force d'expansion de la civilisation grecque; seulement, sauf autour des camps des
légions qui gardaient la frontière et dans quelques
colonies très clairsemées, elle ne lui substitua pas
une culture latine, mais elle profita surtout au particularisme régional. Les cultes indigènes notamment
conservèrent tout leur prestige et toute leur indépendance. Dans leurs antiques sanctuaires, qui
comptaient parmi les plus riches et les plus célèbres
du monde, un clergé puissant continua à pratiquer

suivant des rites et souvent dans une langue barbares ses dévotions ancestrales. La liturgie traditionnelle, partout observée avec un respect scrupuleux, resta, suivant les contrées, égyptienne ou
sémitique, phrygienne ou perse. Ni le droit pontifical de Rome, ni sa science augurale, ne jouirent
jamais d'aucun crédit en dehors du monde latin.
Il est caractéristique que le seul culte officiel, dont
les pouvoirs publics aient sur toute l'étendue de
l'empire exigé la pratique comme une preuve de
loyalisme, celui des empereurs divinisés, soit né
d'abord spontanément en Asie, qu'il s'inspire des
plus pures traditions monarchiques, et fasse revivre,
dans ses formes et dans son esprit, celui que les
sujets des Diadoques rendaient précédemment à
leurs souverains.

Non seulement les dieux de l'Égypte et de l'Asie
ne se laissèrent jamais évincer comme ceux de la
Gaule ou de l'Espagne, mais bientôt ils franchirent
les mers et vinrent conquérir des adorateurs dans
toutes les provinces latines. Isis et Sérapis, Cybèle
et Attis, les Baals syriens, Sabazius et Mithra furent
honorés par des confréries de fidèles jusqu'aux extré-
mités de la Bretagne et de la Germanie. La réaction
orientale que l'on constate depuis le début de notre
ère lorsqu'on étudie l'histoire de l'art, de la littérature
ou de la philosophie, se manifeste dans la sphère religieuse avec une puissance incomparablement supérieure. C'est d'abord une infiltration lente de cultes

exotiques encore méprisés, puis à la fin du 1er siècle, pour parler comme Juvénal, l'Oronte et aussi le Nil et l'Halys se déversent dans le Tibre, à la grande indignation des vieux Romains. Enfin, cent ans plus tard, se produit un débordement de croyances et de conceptions égyptiennes, sémitiques, iraniennes qui faillit submerger tout ce qu'avait laborieusement édifié le génie grec et romain. Quelles raisons ont provoqué, quelles circonstances ont permis ce bouleversement spirituel dont l'aboutissement ultime est le triomphe du christianisme, et pourquoi est-ce sur le terrain religieux que l'action de l'Orient se manifeste avec le plus de force ? Telles sont les questions qui s'imposent tout d'abord à notre attention.

Comme tous les grands phénomènes de l'histoire, celui-ci fut déterminé par des actions multiples qui concoururent à le produire. Dans la quantité des faits particuliers, en partie inconnus, qui le provoquèrent, on peut cependant dégager et l'on a dégagé certains facteurs qui ont tour à tour été considérés comme essentiels, certaines causes maîtresses.

Si, cédant à une tendance qui entraîne aujourd'hui beaucoup d'excellents esprits, nous voulions considérer toute l'histoire comme la résultante de forces économiques et sociales, il serait aisé de montrer leur action dans ce grand mouvement religieux. La prépondérance industrielle et commerciale de l'Orient est manifeste ; c'est là que se trouvent les principaux centres de production et d'exportation.

2*

Le trafic de plus en plus actif avec le Levant entraîne l'établissement en Italie, en Gaule, dans les
pays Danubiens, en Afrique, en Espagne, de marchands qui dans certaines villes forment de véritables agglomérations. Les émigrés Syriens, sont
particulièrement nombreux. Souples, déliés, dili-
gents, ils s'introduisent partout où ils ont l'espoir
de faire quelque profit, et leurs colonies dissémi-
nées jusqu'au nord de la Gaule servent de point
d'appui à la propagande religieuse du paganisme,
comme les communautés juives de la Diaspora à la
prédication chrétienne. L'Italie n'achète pas seulement en Égypte le blé nécessaire à sa consomma-
tion, elle importe aussi des hommes; pour cultiver
ses campagnes dépeuplées, elle fait venir des
esclaves de Phrygie, de Cappadoce et de Syrie; pour
remplir les fonctions domestiques dans ses palais,
elle a recours à des Syriens encore ou des Alexandrins. Qui dira l'influence que les femmes de chambre venues d'Antioche ou de Memphis ont acquise
sur l'esprit de leur maîtresse? En même temps
les nécessités de la défense et de la guerre font
passer officiers et soldats de la frontière de l'Euphrate aux bords du Rhin ou à la lisière du Sahara,
et partout ils restent fidèles aux dieux de leur
patrie lointaine. Les besoins de l'administration
transportent les fonctionnaires et leurs commis, qui
sont souvent de naissance servile, dans les provinces
les plus excentriques. Enfin, la facilité des commu-

nications, accrue par la construction de routes commodes, augmente le nombre et l'étendue des voyages.

Ainsi se multipliaient nécessairement les échanges de produits, d'hommes et d'idées, et l'on pourrait soutenir que la théocratie fut une conséquence nécessaire du mélange des races, que les dieux du Levant suivirent les grands courants commerciaux et sociaux, et que leur établissement en Occident fut la conséquence naturelle du mouvement qui entraînait vers les pays peu peuplés l'excès d'habitants des cités et des campagnes asiatiques.

Assurément, ces considérations, qui pourraient être longuement développées, font comprendre par quelles voies se sont propagées les religions orientales. Il est certain que les marchands leur ont servi de missionnaires dans les ports et les places de commerce, les soldats aux frontières et dans la capitale, les esclaves dans les maisons urbaines [2], sur les domaines ruraux et dans les administrations publiques; mais nous n'apprenons ainsi à connaître que les moyens, les agents, de la diffusion de ces cultes, non les causes de leur adoption par les Romains. Nous apercevons le comment, non le pourquoi de leur expansion soudaine. Surtout nous ne comprenons qu'imparfaitement les motifs de la différence que nous signalions plus haut entre l'Orient et l'Occident.

Un exemple précisera ma pensée. Une divinité

celtique, Épona [3], était, on le sait, particulièrement
honorée comme protectrice des chevaux. Les cavaliers gaulois transportèrent son culte partout où ils
étaient cantonnés, l'on a retrouvé de ses monuments
depuis l'Écosse jusqu'en Transylvanie. Et cependant,
bien que cette déesse se trouvât dans les mêmes
conditions que, par exemple, le Jupiter *Dolichenus*
introduit en Europe par les cohortes de Commagène,
on ne voit pas qu'elle ait obtenu les hommages
d'étrangers nombreux; on ne voit pas surtout que
le druidisme ait pris la forme de mystères d'Épona
où se soient fait initier des Grecs et des Romains.
Il lui manquait pour faire des prosélytes la valeur
intrinsèque des cultes orientaux.

D'autres historiens ou penseurs préfèrent aujour-
d'hui appliquer aux phénomènes religieux les lois
des sciences naturelles et les théories sur la varia-
tion des espèces trouvent alors ici une application
imprévue. L'immigration des Orientaux et en particulier des Syriens aurait été assez considérable, on
l'a soutenu, pour provoquer une altération et une
dégénérescence rapides des robustes races italiques
et celtiques. Concurremment, un état social contraire à la nature, un régime politique néfaste
amenaient la disparition des plus fortes énergies,
l'extermination des meilleurs et l'ascension des
pires éléments de la population. Cette foule abâtardie
par des croisements délétères, énervée par une
sélection à rebours devient incapable de s'opposer

à l'invasion des chimères et des aberrations de
l'Asie. L'abaissement du niveau intellectuel, l'obli-
tération de l'esprit critique accompagnent la décadence des mœurs et l'affaissement des caractères.
Dans l'évolution des croyances le triomphe de
l'Orient marque une régression vers la barbarie, un
retour aux origines lointaines de la foi à l'adoration
des forces de la nature. Voilà en deux mots des
systèmes récemment proposés, qui ont été accueillis
avec quelque faveur [1].

On ne saurait le nier, dans la décadence romaine,
les âmes semblent être devenues plus épaisses et les
mœurs plus grossières; cette société, dans son ensemble, manque déplorablement d'imagination,
d'esprit et de goût. Elle paraît atteinte d'une sorte
d'anémie cérébrale et frappée d'une incurable stérilité. La raison affaiblie accepte les superstitions les
plus grossières, l'ascétisme le plus exalté, la théurgie la plus extravagante. Elle ressemble à un organisme incapable de se défendre contre la contagion.
Tout cela est vrai partiellement, mais néanmoins
ces théories que nous résumions, procèdent d'une
vue inexacte des choses; elles s'inspirent en réalité
de cette vieille illusion que l'Asie était sous l'Empire
inférieure à l'Europe. Si le triomphe des cultes
orientaux prend parfois les apparences d'un réveil
de la sauvagerie, en réalité, dans l'évolution des formes religieuses, ces cultes représentent un type plus
avancé que les anciennes dévotions nationales. Ils

sont moins primitifs, moins simples, munis, si j'ose dire, de plus d'organes que la vieille idolâtrie gréco-italique. C'est ce que nous indiquions déjà tout à l'heure et ce qui ressortira clairement, nous l'espérons, de la suite de ces études.

Une grande conquête religieuse, faut-il l'affirmer? ne s'explique que par des causes morales. Quelque part qu'il faille y faire, comme dans tout phénomène social, à l'instinct d'imitation et à la contagion de l'exemple, on aboutit toujours en définitive à une série de conversions individuelles. L'adhésion mystérieuse des esprits est due aussi bien à la réflexion qu'à l'action prolongée et presque inconsciente d'aspirations confuses qui provoquent la foi. La gestation obscure d'un idéal nouveau s'accomplit dans les angoisses, et des luttes intenses durent agiter l'âme des multitudes quand elles furent arrachées à leurs vieux cultes ancestraux ou plus souvent à l'indifférence par ces dieux exigeants qui demandaient à leurs fidèles un dévouement de toute leur personne, une *dévotion* au sens étymologique du mot. La consécration à Isis du héros d'Apulée est vraiment le résultat d'une vocation, d'un appel de la déesse qui veut que le néophyte s'enrôle dans sa milice sacrée [5].

Si toute conversion suppose une crise psychologique, une transformation de la personnalité intime des individus, cela est vrai surtout de la propagation des religions orientales. Nées en dehors des

limites étroites de la cité romaine, elles grandirent
souvent en hostilité avec elle, et elles furent inter-
nationales — par suite individuelles. Le lien qui
rattachait autrefois la dévotion à la ville ou à la
tribu, à la gent ou à la famille, est rompu. Aux
antiques groupements se substituent des communautés d'initiés, qui tous, d'où qu'ils viennent, se
considèrent comme frères [6]. Un dieu conçu comme
universel, y accueille tous les mortels comme ses
enfants. Quand ces cultes ont des relations avec
l'État, ils ne sont plus appelés à soutenir de vieilles
institutions municipales ou sociales, mais l'autorité
d'un monarque regardé, à l'égal de la divinité,
comme le maître éternel du monde entier. Parmi
les mystes, on trouve des Asiatiques confondus avec
des Romains, des esclaves à côté de hauts fonctionnaires. L'adoption de la même foi y faisait du pauvre affranchi l'égal, parfois le supérieur, du décurion
et du « clarissime ». Tous se soumettaient aux mêmes
règles, tous participaient aux mêmes fêtes, où les
distinctions d'une société aristocratique et les différences du sang et de la patrie s'effaçaient. Il n'y a
plus ici de race ou de nationalité, plus de magistrats
ou de pères de famille, plus de patricien ou de plé-
béien, plus de citoyen ou de pérégrin, il n'y a plus
que des hommes, et pour recruter des adeptes, il
est nécessaire que ces cultes agissent sur l'homme
et sur ses facultés.

Il fallait donc bien pour conquérir, comme ils le

firent, non seulement les masses populaires, mais durant plus d'un siècle l'élite de la société romaine, que les mystères barbares possédassent une puissante force d'attraction, que leur contenu répondît aux besoins profonds des âmes, qu'on leur reconnût enfin une valeur supérieure à celle de l'ancien culte gréco-romain. Aussi pour nous rendre compte des motifs de leur victoire, il faut essayer de montrer ce qui faisait cette supériorité, — j'entends leur supériorité dans les luttes qu'ils eurent à soutenir, sans prétendre la juger au point de vue absolu.

On peut, je pense, la définir, en disant que ces religions satisfaisaient davantage premièrement les sens et le sentiment, en second lieu l'intelligence, enfin et surtout la conscience.

Tout d'abord elles agissent plus fortement sur les sens. C'est là leur côté le plus apparent et qui a été le plus souvent mis en lumière. Il n'a peut être jamais existé aucune religion aussi froide, aussi prosaïque que celle des Romains. Subordonnée à la politique, elle cherche avant tout par la stricte exécution de pratiques appropriées à assurer à l'État la protection des dieux ou à détourner les effets de leur malveillance. Elle a conclu avec les puissances célestes un contrat synallagmatique d'où découlent des obligations réciproques : sacrifices d'une part, faveurs de l'autre. Ses pontifes, qui sont aussi des magistrats, ont réglé les manifestations du culte avec une précision exacte de juristes [7], ses prières; pour

autant que nous les connaissons sont toutes en formules, sèches et verbeuses comme un acte nota-
rié. Sa liturgie procédurière rappelle par la minutie
de ses prescriptions l'ancien droit civil. Cette religion se défie des abandons de l'âme et des élans de
la dévotion. Elle réfrène, au besoin par la force, les
manifestations trop vives d'une foi trop ardente,
tout ce qui s'écarte de cette dignité grave qui con-
vient aux rapports d'un *civis Romanus* avec un dieu.
Les Juifs ont partagé avec les Romains le respect
scrupuleux d'un code religieux et des formules du
passé, « mais le légalisme des pharisiens, malgré
la sécheresse de leurs minutieuses pratiques, faisait
vibrer le cœur plus que le formalisme romain [8]. »

Les religions orientales, qui ne s'imposent pas
avec l'autorité reconnue d'une religion officielle, doivent pour s'attirer des prosélytes, émouvoir les sentiments de l'individu. Elles le séduisent d'abord par
l'attrait troublant de leurs mystères, où tour à tour
l'on provoque l'effroi et l'on éveille l'espérance, elles
le charment par la pompe de leurs fêtes et l'éclat
de leurs processions ; elles l'enchantent par leurs
chants langoureux et leurs musique énivrante, mais
surtout elles enseignent les moyens d'atteindre cet
état bienheureux où l'âme délivrée de la sujétion
des corps et affranchie de la douleur se perd dans le
ravissement. Elles provoquent l'extase, soit par la
tension nerveuse qui résulte de macérations prolon-
gées et d'une contemplation fervente, soit par des

3

moyens plus matériels, comme, chez les Galles de la
Grande Mère, par l'éréthisme de danses vertigi-
neuses et d'une musique étourdissante, ou même
par l'absorption de liqueurs fermentées après une
longue abstinence [9]. Dans le mysticisme, on glisse
facilement du sublime à l'ignoble.

Les dieux, auxquels les fidèles croyaient s'unir
dans leurs élans mystiques, étaient eux-mêmes plus
humains et parfois plus sensuels que ceux de l'Occident. A ceux-ci seuls appartient cette quiétude de
l'âme dont la morale philosophique des Grecs fait
un privilège du sage, ils jouissent dans la sérénité
de l'Olympe d'une perpétuelle jeunesse; ce sont les
Immortels. Les divinités de l'Orient au contraire
souffrent et meurent pour revivre ensuite [10].
Comme les humains, Osiris, Attis, Adonis sont pleu-
rés par une épouse ou une amante, qu'elle s'appelle
Isis, Cybèle ou Astarté. Avec elles, les mystes dans
leurs offices funèbres se lamentent sur leur dieu
défunt, puis, lorsqu'il est revivifié, célèbrent avec
exultation sa naissance à une vie nouvelle. Ou bien
ils s'associent à la passion de Mithra condamné à
créer le monde dans la douleur. Cet accablement et
cette allégresse partagés s'expriment souvent avec
une violence sauvage, par des mutilations sanglantes, de longs gémissements de désespoir, des
acclamations désordonnées. Ainsi se manifestait le
fanatisme exalté de ces populations barbares que
n'avait même pas effleuré le scepticisme grec, et l'ar-

deur même de leur foi enflammait les âmes des
foules accourues vers les dieux exotiques.

Donc les religions de l'Orient font vibrer toutes les
cordes de la sensibilité et apaisent la soif d'émotions
religieuses que l'austère culte romain n'a pas réussi
à étancher. Mais en même temps — c'est le second
point que je voudrais mettre en lumière — elles
donnent une satisfaction plus complète à l'intelligence.

De très bonne heure, la Grèce — et Rome fut ici
son élève — devint résolument rationaliste : c'est là
sa grande originalité. La philosophie y est purement
laïque ; la pensée n'y subit le frein d'aucune tradition
sacrée, elle prétend au contraire les juger toutes
pour les condamner ou les approuver. Parfois hos-
tile, parfois indifférente, parfois conciliante, elle
reste toujours indépendante de la croyance. Si elle
peut ainsi se libérer des entraves d'une mythologie
surannée et édifier librement et hardiment ces systèmes métaphysiques par lesquels elle prétend
résoudre les énigmes de l'univers, d'autre part sa
religion, qui cesse d'être alimentée par la forte nourriture de la réflexion, s'anémie et s'étiole. Elle devient
une chose vide de sens dont on ne comprend plus le
pourquoi, qui est l'expression d'idées disparues et
correspond à une conception dépassée du monde.
Elle tend de plus en plus, en Grèce comme à Rome,
à se réduire à un ensemble de rites inintelligibles
qu'on reproduit scrupuleusement, machinalement,

sans aucune addition ni omission, parce qu'ils ont
été pratiqués ainsi par des ancêtres lointains, de
formules et de gestes consacrés par le *mos maiorum*,
mais auxquels les esprits n'entendent et les âmes
ne répondent plus rien. Jamais peuple d'une culture aussi avancée n'eut religion plus enfantine.

Au contraire, les civilisations orientales sont des
civilisations sacerdotales. Comme dans l'Europe du
moyen âge, en Asie et en Égypte, les savants sont des
clercs. Dans les temples, on ne raisonne pas seulement sur la nature des dieux et de l'homme ; on
étudie les mathématiques, l'astronomie, la médecine,
la philologie et l'histoire. Bérose est un prêtre de
Babylone et Manéthon d'Héliopolis. Du temps de
Strabon, leurs successeurs passent encore pour profondément versés dans toutes les disciplines intellectuelles [11].

Cet état de choses put être nuisible au progrès des
sciences. Les recherches y furent conduites d'après
des idées préconçues et faussées par des préoccupations étrangères. L'astrologie et la magie furent
les produits tératologiques d'une alliance hybride.
Mais la religion acquit certainement par là une
puissance qu'elle ne posséda jamais ni en Grèce ni
à Rome. Toutes les recherches de l'observation,
toutes les conquêtes de la pensée furent mises à
profit par un clergé érudit, pour atteindre le principal objet de ses préoccupations, les problèmes de
la destinée de l'homme et du monde, des relations

du ciel et de la terre. Une conception constamment élargie de l'univers transforma sans cesse les modalités de la croyance. La foi prétendit s'asservir aussi bien la physique que la métaphysique. L'honneur de toutes les découvertes fut rapporté aux dieux. Tôt en Égypte et Bêl en Chaldée sont les révélateurs non seulement de la théologie et du rituel, mais de tout le savoir humain [12]. On ne connaît pas les noms des Hipparques et des Euclides orientaux qui ont résolu les premiers problèmes de l'astronomie et de la géométrie; mais toute une littérature confuse et disparate se réclame de l'autorité d'Hermès Trismégiste : les doctrines sur les sphères planétaires ou l'opposition des quatre éléments y concourent à étayer des systèmes d'anthropologie ou de morale ; les théorèmes de l'astronomie y servent à constituer une prétendue méthode de divination; des formules d'incantation qui doivent assujettir au magicien des puissances divines, s'y combinent avec des expériences de chimie et des recettes médicales.

Cette union intime de l'érudition et de la foi persiste dans le monde latin. La théologie tend de plus en plus à se réduire à la déification des principes ou agents reconnus par la science de l'époque, à l'adoration du Temps, regardé comme cause première, à celle des Astres, dont le cours détermine les événements de ce monde, des quatre Éléments, dont les combinaisons infinies produisent tous les phénomènes naturels, et surtout du Soleil, qui entretient la

chaleur, la fécondité et la vie. La dogmatique des
mystères de Mithra est à certains égards une expression religieuse de la physique et de l'astronomie
romaines : dans toutes les formes du panthéisme la
connaissance de la Nature paraît inséparable de
celle de Dieu [13]. L'art lui-même, nous l'avons vu
(p. 21), obéit de plus en plus à la tendance d'exprimer par un symbolisme subtil des idées savantes,
et il représente par des figures allégoriques les relations des puissances divines ou des forces cosmiques, comme le Ciel, la Terre, l'Océan, les Planètes,
les Constellations et les Vents. Les sculpteurs gra-
vent dans la pierre tout ce qu'on pense et l'on
enseigne. D'une manière générale, on reste con-
vaincu de ce principe que la rédemption et le salut
dépendent de la révélation de certaines vérités, de
la connaissance des dieux, du monde et de notre
personne, et la piété devient une gnose [14].

Mais, dira-t-on, la philosophie, elle aussi, dans
l'antiquité prétend conduire par l'instruction à la
moralité et faire connaître à l'homme le souverain
bien. Pourquoi céda-t-elle devant des cultes orientaux, qui n'étaient en réalité ni originaux ni novateurs ? De fait, si une puissante école rationaliste en
possession d'une bonne méthode critique avait régné
sur les esprits, elle eut fait échec, on peut le croire,
aux progrès des mystères barbares. Mais au IIe siècle,
tant d'esprits partageaient le scepticisme d'un Lucien
à l'égard des systèmes dogmatiques ! Depuis si long-

temps les sectes se disputaient sans qu'aucune put convaincre les autres d'erreur! L'ironiste de Samosate se plaît à opposer leurs prétentions exclusives et se repose sur le « mol oreiller du doute ». Mais seuls, les intellectuels peuvent se complaire au doute ou s'y résigner, les foules veulent des certitudes. Or, rien ne venait alors ranimer la confiance dans le pouvoir d'une science vieillie et désabusée. Aucune grande découverte ne renouvelait la conception de l'univers. La nature ne livrait plus jamais ses secrets, la terre restait inexplorée et le passé impénétrable. On désapprenait toutes les disciplines : le monde ne savait plus que se répéter et frappé de stérilité, il avait le sentiment poignant de sa déchéance et de son impuissance. Les esprits, lassés de recherches infructueuses, s'abandonnaient au besoin de croire. Puisque la raison n'était pas capable de formuler une règle sûre de vie, la foi seule pouvait la donner, et les multitudes accoururent vers ces temples où l'on révélait peu à peu toutes les vérités apprises autrefois aux hommes par les dieux de l'Orient. L'attachement constant des générations passées à des croyances et à des rites d'une antiquité infinie semblait garantir leur exactitude et leur efficacité. Le courant fut si puissant que la philosophie elle-même fut emportée vers le mysticisme et que l'école néoplatonicienne finit dans la théurgie.

Les mystères orientaux savent donc remuer les

âmes en excitant tour à tour l'admiration et la terreur, la pitié et l'enthousiasme; ils donnent à l'intelligence l'illusion d'une profondeur savante et d'une
certitude absolue, enfin — c'est le troisième point
qui nous reste à examiner — en même temps que
le sentiment et la raison, ils satisfont la conscience.
Parmi les causes complexes qui ont assuré leur domination, celle-ci fut sans doute la plus efficace.

Les Romains, très différents des Grecs à cet
égard, ont, à toutes les époques de leur histoire, jugé
les théories et les institutions surtout d'après leurs
résultats pratiques. Ils ont toujours eu pour les
idéologues un mépris d'hommes de guerre et
d'hommes d'affaires. On l'a souvent fait observer, la
philosophie dans le monde latin se détourne des
spéculations métaphysiques pour concentrer toute
son attention sur la morale. De même plus tard,
l'Église romaine laissera aux Hellènes subtils les
controverses interminables sur l'essence du Logos
divin ou sur la double nature du Christ. Les questions qui la passionnent et qui la divisent, sont celles
qui ont une application directe à la conduite de la
vie, comme la doctrine de la Grâce.

La vieille religion des Romains devait nécessairement aussi répondre à cette exigence de leur génie.
Sa pauvreté était honnête [15]. Sa mythologie ne possédait pas le charme poétique de celle de la Grèce,
ses dieux n'avaient pas la beauté impérissable des
Olympiens, mais ils étaient plus moraux, ou du

moins ils prétendaient l'être. Un bon nombre d'entre
eux étaient même de simples qualités personnifiées
comme la Pudicité ou la Piété. Tous ils imposaient
aux hommes — avec l'aide des censeurs — la pratique des vertus nationales, c'est-à-dire utiles à la
société, la tempérance, le courage, la chasteté,
l'obéissance aux parents et aux magistrats, le respect
du serment et des lois, toutes les formes du patrio-
tisme. Au dernier siècle de la République, le pon-
tife Scévola, un des hommes les plus considérables
de son temps, rejetait comme futiles les divinités de
la fable et des poètes, comme superflues ou nui-
sibles celles des philosophes et des exégètes, pour
réserver toutes ses complaisances à celles des
hommes d'État, les seules qu'il convînt de faire connaître au peuple [16]. Celles-ci étaient en effet les protectrices des vieilles mœurs, des vieilles traditions et
même souvent des vieux privilèges. Mais le conser-
vatisme, au milieu du flux perpétuel des choses,
porte toujours en lui-même un germe de mort. De
même que le droit s'efforça en vain de maintenir
dans leur intégrité les antiques principes, comme
la puissance absolue du père de famille, qui ne répondaient plus aux réalités sociales, de même la
religion vit sombrer une éthique contraire à des
règles morales qui peu à peu s'étaient affirmées.
Ainsi, l'idée archaïque de la responsabilité collec-
tive était impliquée par une quantité de croyances :
Si une vestale viole son vœu de chasteté, la divinité

3*

envoie une peste qui ne cesse que le jour où la coupable a été punie. Parfois le ciel irrité n'accorde la victoire à l'armée que si un général ou un soldat se vouant aux dieux infernaux s'offre comme victime expiatoire. Cependant la conviction s'était lentement fait jour, sous l'influence des philosophes et aussi des juristes, que chacun n'est responsable que de ses propres fautes et qu'il n'est pas équitable qu'une ville entière pâtisse du crime d'un seul. On n'admettait plus que les dieux confondissent dans un même châtiment les bons et les méchants ; l'on trouvait souvent leur colère ridicule dans ses manifestations comme dans ses causes. Les superstitions rustiques des campagnes du Latium se maintenaient dans le code pontifical du peuple romain. S'il naissait un agneau à deux têtes ou un poulain à cinq pattes, des supplications solennelles devaient être ordonnées pour détourner les malheurs que présageaient ces prodiges effrayants [17].

Ainsi toutes les croyances puériles et monstrueuses, dont la religion des Latins était encombrée avaient jeté sur elle le discrédit. Sa morale ne répondait plus à la conception nouvelle qu'on se faisait de la justice. Généralement Rome a remédié à l'indigence de sa théologie et de son culte en empruntant aux Grecs ce qui lui manquait. Mais ici ce secours l'abandonnait, car la religion des Hellènes, poétique, artistique, intellectuelle même, n'était que très médiocrement morale. Et les fables d'une mythologie raillée par les philosophes, parodiée au théâtre et mise en vers par des poètes libertins, n'étaient rien moins qu'édifiantes.

De plus — et ceci était une seconde cause de faiblesse pour elle — la morale, quelle qu'elle fût, que l'on exigeait d'un homme pieux, était sans sanction. On ne croyait plus que les dieux intervinssent à tout instant dans les affaires des hommes pour révéler les crimes cachés et punir le vice triomphant, que Jupiter lançât son tonnerre pour foudroyer les parjures. A l'époque des proscriptions et des guerres civiles, sous le règne d'un Néron ou d'un Commode, il était trop manifeste que le pouvoir, les jouissances appartenaient au plus fort, au plus habile ou simplement au plus heureux et non pas au plus sage ou au plus dévot. On ne croyait guère davantage aux récompenses et aux châtiments d'outre-tombe. Les notions sur la vie future étaient imprécises, flottantes, douteuses, contradictoires. Chacun connaît le passage célèbre de Juvénal : « Qu'il y ait des Mânes, un royaume souterrain, un nocher armé d'une perche et des grenouilles noires dans les gouffres du Styx; que tant de milliers d'hommes puissent traverser l'onde dans une seule barque, c'est ce que ne croient plus même les enfants » [18].

Dès la fin de la république, l'indifférence se répandait de plus en plus, les temples étaient délaissés et menaçaient ruines, le clergé avait peine à se recruter, les fêtes d'autrefois populaires tombaient en désuétude, et Varron, au début de ses Antiquités, exprimait la crainte que « les dieux ne périssent, non pas sous les coups d'ennemis étrangers, mais par la négligence même des citoyens » [19]. Auguste, on le sait, s'efforça de revivifier cette religion moribonde, moins par dévotion que par politique. Ses réformes religieuses furent en corrélation étroite avec sa législation morale et avec la fondation du principat. Elles tendirent à ramener le peuple à la pratique pieuse des vertus antiques, mais aussi à l'attacher à l'ordre nouveau des choses. De ce moment date en Europe l'alliance du trône et de l'autel.

Cette tentative de rénovation échoua dans son ensemble. Faire de la religion l'auxiliaire de la police des mœurs n'est pas un moyen d'assurer son empire sur les âmes. Le respect extérieur pour les dieux officiels se concilie souvent avec un scepticisme pratique absolu. Néanmoins la restauration essayée par Auguste est très caractéristique, elle cherche à subvenir à ce besoin de l'esprit romain, qui par tempérament et par tradition voulait que la religion serve de soutien à la morale et à l'État.

A ces exigences les cultes asiatiques vont donner satisfaction. Le changement de régime, malgré qu'on en eût, entraînait un changement de religion. A mesure que le césarisme se transforma en une monarchie absolue, il s'appuya davantage sur les clergés orientaux. Ces prêtres, fidèles aux traditions des Achéménides et des Pharaons, prêchaient des doc-

trines qui tendaient à élever les souverains au-dessus de l'humanité, et ils apportaient aux empereurs
une justification dogmatique de leur despotisme [20].
Aussi remarque-t-on que les empereurs qui procla-
mèrent le plus haut leurs prétentions autocrati-
ques, un Domitien, un Commode, furent aussi ceux
qui favorisèrent le plus ouvertement les dévotions
étrangères.

Mais cet appui intéressé ne fit guère que consacrer une puissance déjà conquise. La propagande des
cultes orientaux fut primitivement démocratique,
parfois même (c'est le cas pour celui d'Isis) révolu-
tionnaire. Ils gagnèrent de proche en proche de bas
en haut, et ce n'est pas au zèle des fonctionnaires
qu'ils firent d'abord appel, mais à la conscience
populaire.

A la vérité, ces cultes, sauf celui de Mithra, paraissent à première vue beaucoup moins austères que
celui des Romains. On y trouve, nous aurons l'occasion de le constater, des fables grossières et impu-
diques, des rites atroces ou abjects. Les dieux de
l'Égypte furent chassés de Rome par Auguste et par
Tibère comme immoraux; mais ils l'étaient surtout
aux yeux du pouvoir parce qu'ils étaient en opposition avec une certaine conception de l'ordre social.
S'ils se préoccupaient médiocrement de l'intérêt
public, ils donnaient d'autant plus d'importance à la
vie intérieure et, par suite, de valeur à la personne
humaine. Les prêtres orientaux apportaient notam-

ment en Italie deux choses nouvelles : des moyens
mystérieux de purification par lesquels ils prétendaient effacer les souillures de l'âme, et l'assurance
qu'une immortalité bienheureuse serait la récom-
pense de la piété [21].

En premier lieu ces religions prétendent faire
retrouver aux âmes leur pureté perdue [22], et cela de
deux façons, soit par des cérémonies rituelles soit
par des mortifications et des pénitences. D'abord
elles connaissent une série d'ablutions et de lustrations qui sont censées rendre au myste son innocence première. Il devra ou bien se laver avec l'eau
consacrée suivant certaines formes prescrites — c'est
en réalité un rite magique, la propreté du corps agissant par sympathie sur l'esprit intérieur, une véritable désinfection spirituelle —; ou bien il s'aspergera
du sang ou absorbera le sang soit d'une victime
égorgée soit des prêtres eux-mêmes, et ici intervient
l'idée que la liqueur qui coule dans nos veines est
un principe vivifiant, capable de communiquer une
existence nouvelle [23]. Ces rites en effet et d'autres
analogues [24] usités dans les mystères avaient, croyait-
on, pour effet de régénérer l'initié, de le faire renaître à une vie immaculée et incorruptible [25].

La purgation de l'âme ne s'obtient pas seulement
par des actes liturgiques, on y parvient aussi par le
renoncement et la souffrance [26]. Le sens du mot
expiatio a changé : l'expiation ne s'acquiert plus par
l'accomplissement exact de certaines cérémonies

agréables aux dieux, exigées par un code sacré, comme on impose une amende pour réparer un dommage, mais par une privation ou une douleur personnelles. L'abstinence, qui empêche des principes funestes de s'introduire en nous avec la nourriture, la continence, qui préserve l'homme de toute pollution et de toute débilité, sont devenues des moyens de se délivrer de la domination des puissances du mal et de rentrer en grâce avec le ciel [27]. Les macérations, les pèlerinages pénibles, les confessions publiques, parfois des flagellations et des mutilations, toutes les formes de la pénitence et de la mortification relèvent l'homme déchu et le rapprochent des dieux. Le Syrien qui a offensé sa déesse en mangeant ses poissons sacrés, s'assied sur la route couvert d'un sac, vêtu de haillons sordides, et clame humblement son méfait pour en obtenir le pardon [28]. « Trois fois au cœur de l'hiver, dit Juvénal [29], la dévote d'Isis se plongera dans le Tibre glacé, et, tremblante de froid, elle se traînera autour du temple sur ses genoux ensanglantés, elle ira, si la déesse l'ordonne, jusqu'aux confins de l'Égypte, puiser l'eau du Nil qu'elle répandra dans le sanctuaire ». Nous voyons ici s'introduire en Europe l'ascétisme oriental.

Mais dès lors, s'il y a dans ce monde des actes impies et des passions impures, qui contaminent et profanent les âmes, si celles-ci ne peuvent se débarrasser de cette infection que par certaines expiations prescrites par les dieux, il faut que la

profondeur de la déchéance soit appréciée ainsi que
la qualité des pénitences nécessaires. C'est au clergé
qu'il appartient de juger les fautes et d'imposer les
réparations. Le sacerdoce prend ici un tout autre
caractère qu'à Rome. Le prêtre n'est plus seulement
le gardien des traditions sacrées, l'intermédiaire
entre l'homme ou l'Etat et les dieux, mais un directeur de conscience. Il enseignera à ses ouailles la longue série d'obligations et de restrictions qui doivent
protéger sa fragilité contre les attaques des esprits
malfaisants. Il saura apaiser les remords ou les scru-
pules et rendre au pécheur la quiétude spirituelle.
Instruit dans la science sacrée, il possède le pouvoir de réconcilier avec les dieux. Des repas sacrés
fréquemment renouvelés maintiennent la communion entre les mystes et Cybèle ou Mithra, tandis
qu'un service quotidien ravivait sans cesse la foi des
dévots d'Isis. Aussi le clergé est-il absorbé tout
entier par son ministère, il vit uniquement pour son
temple et de son temple. Il ne constitue plus, comme
les collèges sacerdotaux de Rome, où les fonctions
séculières et religieuses ne sont pas encore nettement différenciées [30], des commissions administra-
tives réglant les affaires sacrées de l'État sous la
surveillance du Sénat; il forme une caste presque
recluse que ses insignes, son habit, ses mœurs, sa
nourriture distinguent du commun des mortels, un
corps indépendant avec sa hiérarchie, son protocole
et même ses conciles [31]. Ses membres ne retournent

pas comme citoyens, à leurs devoirs civiques ou,
comme magistrats, à la direction des affaires publiques, ainsi que le faisaient les anciens pontifes, lorsqu'ils avaient accompli le service solennel d'un jour
de fête.

On saisira immédiatement combien ces croyances
et ces institutions purent assurer fortement le pouvoir des cultes orientaux et de leurs prêtres. Leur
action dut être puissante surtout à l'époque des Césars. Le relâchement des mœurs au commencement
de notre ère a été souvent exagéré, mais il est réel.
Beaucoup de symptômes malsains témoignent d'une
profonde anarchie morale, où les hommes se débat-
taient hésitants et débiles. A mesure qu'on descend
vers la fin de l'empire, les volontés semblent devenir
plus molles et les tempéraments comme énervés.
On trouve de moins en moins cette robuste santé
d'esprits, qui incapables d'une aberration durable,
n'éprouvent pas le besoin d'être guidés et réconfor-
tés. On voit se répandre ce sentiment de déchéance
et de fragilité qui suit les égarements de la passion,
et la même faiblesse, qui a conduit au crime, pousse
à en chercher l'absolution dans les pratiques extérieures de l'ascétisme. Et l'on vient aux prêtres des
cultes orientaux, comme aux médecins de l'âme,
chercher des remèdes spirituels.

La sainteté qu'on se flattait d'obtenir par l'accomplissement de leurs rites était la condition de la
félicité après la mort. Tous les mystères barbares

eurent la prétention de révéler à leurs initiés le
secret de parvenir à une immortalité bienheureuse.
La participation aux cérémonies occultes de la secte
est avant tout un moyen de faire son salut [32]. Les
croyances sur la vie d'outre-tombe si vagues, si
désolantes dans l'ancien paganisme se transfor-
ment en l'espoir assuré d'une forme précise de béatitude [33].

Cette foi en une survivance personnelle de l'âme
et même du corps répondait à un instinct profond de
la nature humaine, celui de la conservation, mais la
situation sociale et morale de l'empire à son déclin
lui communiqua une puissance qu'elle n'avait jamais
possédée auparavant [34]. Au III° siècle, le malheur des
temps cause tant de souffrances, durant cette période
tourmentée et violente il y a tant de ruines immé-
ritées, tant de crimes impunis qu'on se réfugie dans
l'attente d'une existence meilleure où toutes les
iniquités de ce monde seront réparées. Aucun espoir
terrestre n'illuminait alors la vie. La tyrannie d'une
bureaucratie corrompue étouffait toute velléité de
progrès politique. Les sciences immobilisées ne
révélaient plus de vérités inconnues. Un appauvrisse-
ment progressif décourageait tout esprit d'entreprise.
L'idée se répandait que l'humanité était atteinte
d'une irrémédiable décadence, que la nature s'ache-
minait vers la mort et que la fin du monde était
proche [35]. Il faut se rappeler toutes ces causes de
découragement et d'abandon pour comprendre l'em-

pire de cette idée, si souvent exprimée, qu'une amère
nécessité contraint l'esprit qui anime l'homme à
venir s'enfermer dans la matière, et que la mort est
un affranchissement qui le délivre de sa prison
charnelle. Dans la lourde atmosphère d'une époque
d'oppression et d'impuissance, les âmes accablées
aspiraient avec une ardeur indicible à s'échapper
vers les espaces radieux du ciel.

Ainsi, pour nous résumer, les religions orientales qui agissaient à la fois sur les sens, sur la raison et sur la conscience, prenaient l'homme tout
entier. Elles offraient, semblait-il, en comparaison de
celles du passé, plus de beauté dans leurs rites,
plus de vérité dans leurs doctrines, un bien supérieur dans leur morale. Le cérémonial imposant de
leurs fêtes, leurs offices tour à tour pompeux et sensuels, lugubres ou triomphants, séduisaient surtout
la foule des simples et des humbles; la révélation
progressive d'une antique sagesse, héritée du vieil
et lointain Orient, retenait les esprits cultivés. Les
émotions que provoquaient ces religions, les conso-
lations qu'elles offraient attiraient à lui principale-
ment les femmes : les clergés d'Isis et de Cybèle
trouvèrent en elles leurs adeptes les plus ferventes
et les plus généreuses, leurs propagandistes les plus
passionnées, tandis que Mithra groupait presque
exclusivement autour de lui les hommes auxquels
il imposait une rude discipline morale. Toutes les
âmes enfin étaient conquises par les promesses d'une

purification spirituelle et les perspectives infinies
d'une félicité éternelle.

Le culte des dieux de Rome était un devoir civique, celui des dieux étrangers est l'expression d'une
foi personnelle. Ceux-ci sont l'objet non pas d'une
adoration traditionnelle et en quelque sorte adminis-
trative de la part de citoyens, mais des pensées,
des sentiments, des aspirations intimes des individus. L'ancienne dévotion municipale était liée à une
foule d'intérêts terrestres qui lui servaient de soutien, comme elle leur prêtait son appui. Elle était
une des formes de l'esprit de famille et du patrio-
tisme, et elle assurait la prospérité des communautés humaines. Les mystères orientaux, qui
tendent la volonté vers un but idéal et exaltent l'esprit intérieur, sont plus insoucieux de l'utilité
sociale; mais ils savent provoquer cet ébranlement
de l'être moral qui fait jaillir des profondeurs de
l'inconscient des émotions plus fortes que tout raisonnement. Ils donnent, par une illumination soudaine, l'intuition d'une vie spirituelle dont l'intensité fait paraître fades et méprisables tous les
bonheurs matériels. C'est cet appel vibrant à une
existence surnaturelle, en ce monde et dans l'autre,
qui rendit irrésistible la propagande de leurs prêtres.
La même ardeur d'enthousiasme assurait concurremment, parmi les philosophes, la domination
incontestée du néoplatonisme. L'antiquité périssait,
une ère nouvelle était née.

III

L'ASIE MINEURE

Le premier culte oriental que les Romains adoptèrent fut celui de la grande déesse de Phrygie, adorée
à Pessinonte et sur l'Ida, et qui prit en Occident le
nom de *Magna Mater deum Idea*. On peut étudier
son histoire en Italie durant six siècles et suivre les
transformations qui firent peu à peu de croyances
naturalistes très primitives des mystères spiritua-
lisés, qu'on tenta d'opposer au christianisme. Nous
essayerons d'esquisser ici les phases successives de
cette lente métamorphose.

On peut dire — c'est là une exception unique —
que la première cause de la grandeur de ce culte
dans le monde latin fut une circonstance fortuite.
En l'an 205 avant J.-C., alors qu'Hannibal, vaincu
mais toujours menaçant, se maintenait encore dans
les montagnes du Bruttium, des pluies répétées de
pierres effrayèrent le peuple romain. Les livres

sibyllins, que selon l'usage on consulta officiellement sur ce prodige, promirent que l'ennemi serait
chassé de l'Italie, si la Grande Mère de l'Ida était
amenée à Rome. Les Sybilles, prophétesses de
malheurs que seules elles savaient détourner, étaient
venues elles-mêmes d'Asie-Mineure en Italie, et
c'était une dévotion de leur première patrie que leur
poème sacré recommandait dans ces conjonctures critiques. Grâce à l'amitié du roi Attale, l'aérolithe noir
qui passait pour être le siège de la déesse phrygienne
et que ce prince avait emporté peu auparavant de
Pessinonte à Pergame, fut remis aux ambassadeurs
du Sénat. Reçu à Ostie conformément à l'ordre de
l'oracle par le meilleur citoyen de l'État, — cet honneur échut à Scipion Nasica — il fut transporté par
les matrones les plus respectables au milieu des
acclamations de la foule et de la fumée de l'encens
jusqu'au Palatin, où il fut solennellement installé
(nones d'avril 204). Cette entrée triomphale s'au-
réola plus tard de légendes merveilleuses, et les
poètes se plurent à narrer les miracles édifiants qui
avaient marqué la navigation de Cybèle. La même
année, Scipion portait la guerre en Afrique, et
Hannibal, forcé de l'y rejoindre, était vaincu à Zama.
La prédiction de la sibylle s'était réalisée : Rome
était délivrée de la longue terreur punique. La divinité étrangère reçut des hommages proportionnés
au service qu'elle avait rendu. On lui éleva un
temple au sommet du Palatin, et des fêtes, accom-

pagnées de jeux scéniques, les *ludi Magalenses*, commémorèrent chaque année la date de la dédicace du sanctuaire et celle de l'arrivée de la déesse (4-10 avril).

Qu'était-ce que ce culte asiatique qu'une circonstance extraordinaire venait ainsi de transporter brusquement au cœur de Rome ? Il avait déjà passé par un long développement, et des croyances d'origines diverses s'y étaient combinées. On y trouve d'abord des usages primitifs de la religion d'Anatolie, qui se sont perpétués en partie jusqu'à nos jours à travers le christianisme et l'islamisme. Comme les paysans Kizil-Bashs actuels, les anciennes populations de la péninsule se réunissaient, pour célébrer leurs fêtes, sur le sommet de montagnes où croissaient des pins que la cognée ne pouvait toucher [1] : Cybèle siégeait, disait-on, sur les hautes cimes de l'Ida et du Bérécynthe, et le pin immarcescible resta toujours consacré à Attis, comme l'amandier prolifique et précoce. Ces campagnards révéraient, en même temps que les arbres, des pierres, rochers ou bétyles tombés du ciel, tel celui qui fut apporté de Pessinonte à Pergame et à Rome. Ils accordaient aussi leurs hommages à certains animaux, surtout au plus puissant d'entre eux, au lion, qui sans doute avait été autrefois le *totem* de tribus sauvages : le lion resta, dans le mythe et dans l'art, la monture ou l'attelage de la Grande Mère. Leur conception de la divinité était imprécise et impersonnelle : une déesse de la Terre, appelée Mâ ou Cybèle, était vénérée comme

la mère féconde de toutes chose la « maîtresses
des fauves » qui peuplent la forêt [2]; à côté d'elle un
dieu, Attis ou Papas, était regardé comme son
époux; mais dans ce couple divin la première place
appartenait à la femme, souvenir d'une période où
régnait le matriarcat [3].

Lorsque, à une date très reculée, les Phrygiens,
venus de Thrace, s'introduisirent comme un coin au
milieu des vieilles populations anatoliques, ils adoptèrent les vagues déités du pays, en les identifiant avec
les leurs suivant le procédé habituel du paganisme.
Attis fut ainsi assimilé au Dionysos-Sabazios des
conquérants, ou du moins il lui emprunta certains
traits de son caractère. Ce Dionysos thrace était un
dieu de la végétation dont M. Foucart a dépeint admirablement la nature sauvage [4]. « De tout temps, les
hauts sommets boisés, les épaisses forêts de chênes
et de pins, les antres tapissés de lierres sont restés
son domaine préféré. Les mortels soucieux de connaître la puissante divinité qui règne dans ces soli-
tudes, n'avaient d'autre moyen que d'observer ce
qui se passait dans son royaume, et de la deviner
par les phénomènes où elle manifestait sa puissance.
A voir les ruisseaux se précipiter en cascades écu-
meuses et bruyantes, à entendre le mugissement des
taureaux qui paissent sur les hauts plateaux et les
bruits étranges de la forêt battue par le vent, les
Thraces s'imaginèrent reconnaître la voix et les
appels du maître de cet empire, ils se figurèrent un

dieu qui se plaisait, lui aussi, aux bonds désordonnés
et aux courses folles à travers la montagne boisée.
La religion s'inspira de cette conception : le plus
sûr moyen pour les mortels de gagner les bonnes
grâces de la divinité, c'est de l'imiter, et, dans la
mesure du possible, de conformer leur vie à la sienne.
Aussi, les Thraces s'efforcèrent-ils d'atteindre ce
délire divin qui transportait leur Dionysos, et ils
crurent y parvenir en suivant leur maître, invisible
et présent, dans ses courses sur la montagne. »
Ces croyances, ces rites, à peine modifiés, se
retrouvent dans le culte phrygien, avec cette différence qu'au lieu de vivre « dans un isolement farou-
che », le dieu de la végétation, Attis, est uni à la
déesse de la Terre. Quand la tempête sifflait dans les
forêts du Bérécynthe ou de l'Ida, c'était Cybèle qui
traînée par des lions rugissants, parcourait le pays
en se lamentant sur la mort de son amant. Le cortège
de ses fidèles se précipitait à sa suite à travers les
halliers, en poussant de longs cris qu'accompagnaient
le bruit strident des flûtes, les coups sourds du tambourin, le cliquetis des castagnettes et le tintamarre
des cymbales de cuivre. Enivrés par les clameurs
et par le vacarme des instruments, exaltés par leurs
élans impétueux, ils cédaient, haletants, éperdus,
aux transports de l'enthousiasme sacré. Catulle nous
a laissé de cette possession divine une description
dramatique [5].
Le culte de Phrygie, comme la nature de cette

4

région, était peut-être plus violent encore que celui
de la Thrace. Le climat du plateau d'Anatolie est
extrême. L'hiver y est rude, long, glacé; les pluies
du printemps développent soudain une floraison
vigoureuse, que grillent les ardeurs de l'été. Les
brusques contrastes de cette nature, tour à tour
généreuse et stérile, éclatante et morose, y provoquaient des excès de tristesse et de joie inconnus
dans ces régions tempérées et souriantes où jamais
la terre n'est ensevelie sous la neige ni brûlée par le
soleil. Les Phrygiens pleuraient désespérément la
longue agonie et la mort de la végétation, puis
lorsqu'en mars la verdure reparaissait, ils s'abandonnaient à toute l'exaltation d'une joie tumultueuse.
Des rites sauvages, inconnus ou atténués en Thrace,
exprimaient en Asie, la véhémence de ces sentiments
opposés. Au milieu de leurs orgies, après des danses
échevelées, les Galles se blessaient volontairement,
se grisaient à la vue du sang répandu, et, en en
arrosant les autels, croyaient s'unir à leur divinité; ou bien, arrivés au paroxysme de la frénésie,
ils sacrifiaient aux dieux leur virilité, comme le
font aujourd'hui encore certains dissidents russes.
L'extatisme violent fut toujours une maladie endé-
mique en Phrygie. Sous les Antonins encore les prophètes montanistes qui s'élevèrent dans ce pays,
prétendirent l'introduire dans la pratique de l'Église.
    Toutes ces démonstrations excessives ou dégra-
dantes d'un culte outrancier ne doivent pas nous

faire méconnaître la puissance du sentiment qui
l'inspirait. Dans cette possession sacrée, dans ces
mutilations volontaires, dans ces souffrances recher-
chées avec emportement, se manifeste une aspira-
tion ardente à s'affranchir de la sujétion des instincts
charnels, à délivrer les âmes des liens de la matière.
Ces tendances ascétiques allèrent jusqu'à la constitution d'une sorte de monachisme mendiant — celui
des *métragyrtes*. Elles étaient d'accord avec certaines
idées de renoncement prêchées par la morale philosophique des Grecs, et l'on vit de bonne heure les
théologiens helléniques s'occuper d'une dévotion
qui les attirait et les repoussait à la fois. L'Eumolpide Timothée, qui fut, nous le verrons, l'un des fondateurs du culte alexandrin de Sérapis s'instruisit aussi
des antiques mythes phrygiens pour ses essais de
réforme religieuse. Ces penseurs réussirent sans
doute à faire admettre par les prêtres même de Pessinonte beaucoup de spéculations fort étrangères au
vieux naturalisme anatolique. Les sectateurs de
Cybèle pratiquaient très anciennement des « mystères » [6], où l'on révélait par degrés aux initiés une
sagesse considérée toujours comme divine, mais qui
varia singulièrement dans le cours du temps.

*
* *

Voilà donc quelle était la religion que les rudes
Romains des guerres puniques venaient d'accueillir

et d'adopter ; il s'y trouvait, caché sous des doctrines théologiques et cosmologiques, un fonds ancien d'idées religieuses très primitives et très grossières : culte des arbres, des pierres, des animaux, puis, à côté de ce fétichisme superstitieux, des cérémonies à la fois sensuelles et orgiaques, tous les rites furibonds et mystiques de ces Bacchanales que les pouvoirs publics devaient interdire peu d'années plus tard.

Quand le Sénat apprit à mieux connaître la divinité que la Sibylle venait de lui imposer, il dut être fort embarrassé du cadeau qu'Attale lui avait fait. L'emportement enthousiaste, le sombre fanatisme de la dévotion phrygienne contrastaient violemment avec la dignité calme, la réserve honnête de la religion officielle, et ils excitaient dangereusement les esprits. Les galles émasculés étaient un objet de mépris et de dégoût, et ce qui chez eux passait pour un acte méritoire, était, au moins sous l'Empire, un crime puni par le droit pénal [7]. Les autorités furent balancées entre le respect dû à la puissante déesse, qui avait délivré Rome des Carthaginois, et celui qu'elles éprouvaient pour le *mos maiorum*. Elles se tirèrent d'affaire en isolant complètement le nouveau culte, de façon à se prémunir contre la contagion. Défense fut faite à tout citoyen d'entrer dans le clergé de la déesse exotique ou de prendre part à ses orgies sacrées. Les rites barbares selon lesquels la Grande Mère voulait être adorée, furent accomplis

par des prêtres phrygiens et des prêtresses phrygiennes. Les fêtes célébrées en son honneur par le
peuple tout entier, les *Megalensia,* n'avaient rien
d'oriental, et furent organisées conformément aux
traditions romaines.

Une anecdote caractéristique, rapportée par Diodore [8], permet d'apprécier quels étaient, à la fin de la
république, les sentiments populaires à l'égard de ce
culte asiatique. Du temps de Pompée, un grand
prêtre de Pessinonte étant venu à Rome, se présenta
au forum en habit sacerdotal, couronné d'un dia-
dème d'or et vêtu d'une longue robe brodée, et,
sous prétexte que la statue de sa déesse avait été
profanée, il voulut prescrire des expiations publiques.
Mais un tribun lui défendit de porter la couronne
royale, et la plèbe, en l'écoutant, s'ameuta contre
lui, et l'obligea à se réfugier précipitamment dans
sa demeure. Plus tard on lui fit, il est vrai, amende
honorable, mais cette histoire montre combien la
foule était encore éloignée alors de la vénération
dont furent entourés un siècle plus tard Cybèle et
son clergé.

Le culte phrygien, étroitement contrôlé, mena
ainsi une existence obscure jusqu'à l'Empire : c'est
la première période de son histoire à Rome. Il n'attirait l'attention qu'à certaines fêtes où ses prêtres,
revêtus de costumes bigarrés et chargés de lourds
bijoux, traversaient processionnellement les rues
aux sons des tambourins. Ces jours-là ils avaient le

4*

droit, concédé par le sénat, de faire de maison en
maison une collecte pour les besoins de leur temple.
Ils passaient le reste de l'année confinés dans leur
enclos sacré du Palatin, célébrant dans une langue
étrangère des cérémonies étrangères. Ils font si peu
parler d'eux à cette époque qu'on ignore à peu près
tout de leurs pratiques comme de leur foi. On a
même pu soutenir qu'Attis n'était pas sous la République adoré avec sa compagne la Grande Mère — à
tort sans doute, car les deux personnages de ce
couple divin durent être inséparables dans le rite
comme dans le mythe [9].

Mais, malgré la surveillance policière qui l'entourait, malgré les précautions et les préjugés qui l'iso-
laient, la religion phrygienne vivait; une brèche
avait été pratiquée dans la forteresse lézardée des
vieux principes romains, et tout l'Orient finit par y
passer.

Dès la fin de la République, une seconde divinité
d'Asie Mineure, apparentée de près à la Grande
Mère, s'était établie dans la capitale. Durant les
guerres contre Mithridate, les soldats romains ap-
prirent à révérer la grande déesse des deux Comane,
Mâ, adorée dans les gorges du Taurus et sur les
bords de l'Iris par tout un peuple d'hiérodules. Elle
était, comme Cybèle, une vieille divinité anatolique
personnification de la nature féconde. Seulement
son culte n'avait pas subi l'influence de la Thrace,
mais, comme toute la religion de la Cappadoce, celle

des Sémites et des Perses [10]. Il est certain qu'elle se confondit avec l'Anâhita des mazdéens, dont la nature se rapprochait de la sienne. Ses rites étaient plus sanguinaires encore et plus farouches que ceux de Pessinonte, et elle avait pris ou conservé un caractère guerrier qui la fit assimiler à la Bellone italique. La superstition du dictateur Sylla, à qui cette protectrice invincible des combats était apparue en songe, l'engagea à introduire son culte à Rome. Les cérémonies effrayantes de celui-ci firent grande impression. Ses «fanatiques» — c'est le nom qu'on donnait à ses serviteurs — vêtus de robes noires, tournoyaient au son du tambour et des trompettes, secouant au vent leur longue chevelure dénouée, puis quand le vertige les saisissait, que l'anesthésie était obtenue, ils se tailladaient les bras et le corps à grands coups de glaive et de hache, s'exaltaient en voyant couler le sang, aspergeaient de ce sang la statue de la déesse et ses fidèles, et même le buvaient longuement. Enfin, saisis d'un délire prophétique, ils prédisaient l'avenir aux assistants.

Ce culte féroce excita d'abord la curiosité; mais il ne jouit jamais d'une grande considération. Il semble que la Bellone cappadocienne soit entrée dans le cortège des divinités subordonnées à la *Magna Mater,* et soit devenue, comme le disent les textes, sa suivante (*pedisequa*) [11]. Néanmoins la vogue passagère dont jouit vers le début de notre ère cette Mâ exotique, montre l'influence grandissante de l'Orient et particulièrement celle des religions d'Asie Mineure.

Au commencement de l'empire, la défiance craintive qu'on avait témoignée jusque là au culte de Cybèle et d'Attis fit place à une faveur déclarée. Les restrictions qui lui avaient été imposées furent abolies : les *archigalles* furent choisis désormais parmi les citoyens romains, et les fêtes des dieux phrygiens furent célébrées à Rome solennellement et officiellement avec plus de pompe qu'elles n'en avaient eu à Pessinonte.

L'auteur de ce changement fut, suivant Jean Lydus, l'empereur Claude : on a douté du renseignement fourni par ce compilateur infime, et l'on a prétendu retarder la date de cette transformation jusqu'à l'époque des Antonins, mais c'est là une erreur. Le témoignage des inscriptions confirme celui de l'écrivain byzantin [12]. C'est Claude, malgré son amour de l'archaïsme, qui consentit à cette innovation, et nous pouvons, pensons-nous, deviner les motifs de sa décision.

Sous son prédécesseur Caligula, le culte d'Isis fut autorisé par les pouvoirs publics après une longue résistance. Ses fêtes émouvantes, ses processions imposantes lui assuraient un succès considérable. La concurrence dut être désastreuse pour les prêtres de la *Magna Mater*, relégués dans leur temple du Palatin, et le successeur de Caligula ne put faire moins que d'accorder à la déesse phrygienne, depuis si

longtemps établie dans la cité, la faveur que venait
d'obtenir l'Égyptienne admise tout récemment à
Rome. Claude empêchait ainsi une prépondérance
trop marquée de cette seconde étrangère en Italie,
et offrait un dérivatif au courant de la superstition
populaire. Isis devait être fort suspecte à un prince
épris des vieilles institutions nationales [13].

L'empereur Claude donc introduisit un cycle nouveau de fêtes qui se célébraient du 15 au 27 mars,
au moment où commence le printemps et où renaît
la végétation, que personnifie Attis. Nous connaissons passablement les divers actes de ce grand drame
mystique. Le 15 un cortège de *cannophores* ou porte-
roseau y préludait : ils commémoraient sans doute
la découverte par Cybèle d'Attis, qui, selon la légende,
avait été exposé enfant sur les bords du Sangarius,
le grand fleuve de Phrygie. A l'équinoxe, commençait
la véritable action : un pin était abattu et transporté
dans le temple du Palatin par une confrérie, qui
devait à cette fonction son nom de *dendrophores*
(porte-arbre). Ce pin, enveloppé, comme un cadavre, de bandelettes de laine et enguirlandé de
violettes, figurait Attis mort : celui-ci n'était primitivement que l'esprit des plantes et un très ancien
rite agraire des campagnards phrygiens se perpétuait,
à côté du palais des Césars, dans les honneurs rendus à cet « arbre de mars » [14]. Le lendemain était un
jour de tristesse et d'abstinence, où les fidèles jeû-
naient et se lamentaient autour du dieu défunt. Le

24 porte dans les calendriers le nom significatif de *Sanguis*. On y a reconnu la célébration des funérailles d'Attis, dont on apaisait les mânes par des libations de sang, comme on l'aurait fait pour un simple mortel. Les galles, mêlant leurs ululations suraiguës au son aigre des flûtes, se flagellaient, s'entaillaient les chairs, et les néophytes, arrivés au comble de la frénésie, accomplissaient, insensibles à la douleur, à l'aide d'une pierre tranchante, le sacrifice suprême [15]. Suivait une veillée mystérieuse où le myste était censé, semble-t-il, s'unir, nouvel Attis, à la grande déesse [16]; puis, le 25 mars, on passait brusquement des cris de désespoir à une jubilation délirante : c'était les « Hilaries ». Avec le renouveau de la nature, Attis s'éveillait de son long sommeil de mort; et, en des réjouissances déréglées, des mascarades pétulantes, des banquets plantureux, on donnait libre cours à la joie provoquée par sa résurrection. Après vingt-quatre heures d'un repos indispensable (*Requietio*), les fêtes se terminaient, le 27, par une longue procession qui déployait son faste à travers les rues et la campagne de Rome : on conduisait la statue d'argent de Cybèle sous une pluie de fleurs jusqu'au ruisseau de l'Almo, où, suivant un rite très répandu dans l'antiquité, elle était baignée et purifiée (*Lavatio*).

Le culte de la Mère des dieux avait pénétré dans les pays helléniques longtemps avant qu'il ne fût accueilli à Rome, mais il y prit une forme particu-

lière, et y perdit généralement son caractère barbare.
L'esprit grec éprouva une répulsion invincible pour
le personnage équivoque d'Attis. La *Magna Mater*,
qui se distingue nettement de sa congénère hellénisée, pénétra et s'imposa avec la religion romaine
dans toutes les provinces latines : en Espagne, en
Bretagne, dans les pays Danubiens, en Afrique et
surtout en Gaule [17]. A Autun, le char de la déesse,
traîné par des bœufs, était encore au IVᵉ siècle pro-
mené en grande pompe dans les champs et les vignes
pour en assurer la fécondité [18]. Les *dendrophores*
qui, nous l'avons vu, portaient le pin sacré dans
les fêtes du printemps, formaient dans les municipes
des associations reconnues par l'État, et qui, en
même temps que de leur mission religieuse, étaient
chargées du service de nos pompiers. Ces bûcherons
ou charpentiers, capables de couper l'arbre divin
d'Attis, savaient aussi en cas de besoin faire tomber
les poutres des maisons incendiées. Dans tout l'empire, le culte, avec les confréries qui en dépendaient,
était placé sous la haute surveillance des quindécimvirs de la capitale, qui conféraient aux prêtres
leurs insignes. La hiérarchie sacerdotale et les
droits accordé au clergé et aux fidèles durent être
exactement réglés par une série de sénatus-con-
sultes. C'est donc comme dieux romains avec les
autres dieux romains que ces Phrygiens, qui avaient
obtenu la grande naturalisation et étaient entrés
dans les cadres officiels, furent adoptés par les

populations de l'Occident, et cette propagation
se distingue nettement de celle de toutes les autres religions orientales. L'action du gouvernement
agit ici concurremment avec les tendances qui
attiraient les foules dévotes vers ces divinités asiatiques.

Cet entraînement populaire fut le résultat de
causes variées. Les anciens nous ont conservé le
souvenir de l'impression que produisaient sur les
masses ces brillants cortèges où Cybèle passait sur
son char aux sons d'une musique entraînante, conduite par des prêtres parés de costumes éclatants
et surchargés d'amulettes, et précédée de la longue
théorie des initiés et des membres des confréries,
pieds-nus, portant leurs insignes. Ce n'était là encore
qu'une sensation toute fugitive et extérieure, mais
s'il pénétrait dans le temple, le néophyte était saisi
d'un trouble plus profond. Combien pathétique était
l'histoire de la déesse cherchant le corps de son
amant fauché à la fleur de l'âge, ainsi que l'herbe
des champs ! Combien émouvants ces offices funèbres et sanglants, où l'on pleurait longuement le
trépas cruel du jeune homme, puis ces hymnes de
triomphe et ces chants d'allégresse, où l'on acclamait
son retour à la vie! Par une gradation de sentiments savamment ménagée, on élevait les assistants
jusqu'au ravissement de l'extase. La dévotion féminine surtout trouvait dans ces cérémonies un aliment et une jouissance singulière, — car toujours la

Grande Mère, déesse féconde et nourricière, fut adorée surtout par les femmes.

De plus, on attachait à la pratique pieuse de cette
religion des espoirs infinis. Les Phrygiens, comme
les Thraces, crurent de bonne heure à l'immortalité
de l'âme. De même qu'Attis mourait et ressuscitait
chaque année, de même ses fidèles devaient après
leur décès renaître à une vie nouvelle. On chantait
dans un des hymnes sacrés : « Prenez confiance, ô
mystes, car le dieu est sauvé; et pour vous aussi de
vos épreuves sortira le salut [19] ». Les usages funéraires mêmes attestent la vivacité de cette croyance.
On a trouvé dans certaines villes, notamment à
Amphipolis de Macédoine, les sépultures garnies de
statuettes de terre cuite qui représentent le pâtre
Attis [20]; et jusqu'en Germanie les pierres tombales
sont fréquemment décorées de figures de jeunes
gens, en costume oriental, tristement appuyés sur
un bâton noueux (pedum), où l'on a reconnu le
même Attis. A la vérité, nous ignorons de quelle
manière les disciples orientaux des prêtres phrygiens concevaient la félicité dans l'au-delà. Peut-
être croyaient-ils, comme les sectateurs de Sabazius,
que les bienheureux étaient admis sous la conduite d'Hermès psychopompe à un grand festin
céleste, auquel préparaient les repas sacrés des
mystères [21].

*
* *

Mais ce qui fut certainement aussi une force considérable pour cette religion importée, c'est comme nous l'avons dit, qu'elle était officiellement reconnue. Elle eut ainsi entre toutes celles qui vinrent de l'Orient, une situation privilégiée, du moins au début de l'Empire. Elle ne jouissait pas seulement d'une tolérance précaire et limitée ; elle n'était pas soumise à l'arbitraire de la police et au droit de coercition des magistrats ; ses confréries n'étaient pas constamment menacées de dissolution et ses prêtres d'expulsion. Elle était publiquement autorisée et dotée, ses fêtes étaient marquées dans le calendrier des Pontifes, ses associations de dendrophores étaient, en Italie et en province, des organes de la vie municipale, et elles possédaient la personnalité civile.

Aussi n'était-il pas surprenant que d'autres cultes étrangers, transportés à Rome, aient cherché à se prémunir contre les dangers d'une existence illicite par une alliance avec celui de la Grande Mère. Celle-ci, dans bien des cas, consentit volontiers à des accords et à des compromis, par lesquels, en réalité, elle recevait autant qu'elle donnait. En échange d'avantages matériels, elle acquérait toute l'autorité morale des dieux qui entraient dans sa clientèle. Cybèle et Attis tendirent ainsi à absorber la plupart des divinités d'Asie Mineure qui franchi-

rent la mer Ionienne. Leur clergé chercha certainement à constituer une religion assez large pour que
les émigrés des diverses régions de la vaste péninsule,
gens de toute classe, esclaves, marchands, soldats,
fonctionnaires et érudits, pussent retrouver en elle
leurs dévotions nationales et préférées. Et de fait,
aucun autre dieu anatolique ne put guère maintenir
son indépendance à côté de ceux de Pessinonte [22]. ·

Nous ne connaissons pas assez exactement le
développement interne des mystères phrygiens pour
pouvoir noter par le menu l'accession successive de
tous ces apports. Mais on peut du moins fournir la
preuve que certains cultes sont venus s'associer à
celui qu'on pratiquait depuis la République dans le
temple du Palatin.

Attis porte dans les dédicaces du IVe siècle l'épi- ·
thète de *menotyrannus*. On interprétait sans doute
à cette époque ce titre comme signifiant « seigneur
des mois », Attis étant alors conçu comme le soleil
qui chaque mois entre dans un nouveau signe du
zodiaque [23]. Mais ce n'est pas là le sens primitif de
l'expression : « Mèn tyrannos » est mentionné avec
une tout autre signification dans de nombreuses
inscriptions de l'Asie Mineure. Τύραννος, maître, est
un mot que les Grecs empruntèrent au lydien, et
l'on honorait de ce titre de « tyran » Mèn, vieille
divinité barbare qu'adoraient la Phrygie entière et
les régions circonvoisines [24]. Les tribus anatoliques
depuis la Carie jusqu'au fond des montagnes du

Pont vénéraient sous ce nom un dieu lunaire, qui
était conçu comme régnant à la fois sur le ciel et sur
le monde souterrain, l'astre des nuits ayant été souvent mis en rapport avec le sombre royaume des
morts. On attribuait à son action céleste la croissance des plantes, la prospérité du bétail et de la
volaille, et les villageois l'invoquaient comme le-
protecteur de leurs fermes et de leur canton. Ils
plaçaient aussi sous la sauvegarde de ce roi des
ombres leurs sépultures rustiques. Nul n'était plus
populaire dans les campagnes.

Ce dieu puissant pénétra · de bonne heure en
Grèce. Dans la population mêlée des ports de la
mer Égée, au Pirée, à Rhodes, à Délos, à Thasos, se
fondèrent des associations religieuses pour l'adorer.
En Attique, où l'on constate sa présence depuis le
IVe siècle, ses monuments par leur nombre et leur
variété se placent à côté de ceux de Cybèle. Au contraire dans l'Occident latin on ne trouve aucune
trace de son culte. Pourquoi? C'est qu'il a été absorbé par celui de la *Magna Mater*. En Asie même,
Attis et Mèn avaient été parfois considérés comme
identiques, et ce rapprochement ancien permit de
confondre complètement à Rome ces deux personnages en réalité très différents. Une statue de
marbre, découverte à Ostie, nous montre Attis portant le croissant lunaire, qui est l'attribut caractéristique de Mèn. Son assimilation au « tyran » des
régions inférieures dut amener la transformation du

pâtre de l'Ida en maître des enfers, fonction qui se
combina aisément avec celle qui lui appartenait
déjà, d'auteur de la résurrection.

Un second titre qui lui est donné, révèle une autre
influence. Une inscription romaine est consacrée à
Attis le Très-Haut, Ἄττει ὑψίστῳ [25]. Cette épithète est
très significative. En Asie Mineure, « Hypsistos » est
l'appellation qu'on employait pour désigner le Dieu
d'Israël [26]. Il s'était constitué de nombreux thiases
païens qui, sans se soumettre à toutes les pratiques
de la synagogue, rendaient cependant un culte exclusif au Très-Haut, Dieu suprême, Dieu éternel, Dieu
créateur, auquel tous les mortels devaient leurs hommages. C'est bien ainsi que l'auteur de la dédicace
concevait le compagnon de Cybèle, car le vers continue : καὶ συνέχοντι τὸ πᾶν, « à toi qui contiens et
maintiens toutes choses » [27]. Faut-il donc croire que
le monothéisme hébraïque aurait eu quelque action
sur les mystères de la Grande Mère? La chose n'est
nullement improbable. Nous savons que de nombreuses colonies juives furent établies en Phrygie
par les Séleucides et que ces Israélites expatriés se
prêtèrent à des accommodements pour concilier leur
foi héréditaire avec celle des païens au milieu des-
quels ils vivaient. Il se pourrait que le clergé de
Pessinonte eût de son côté subi l'ascendant de la
théologie biblique. Attis et Cybèle sont devenus
sous l'empire les « dieux tout puissants » (*omnipotentes*) par excellence, et il est difficile de ne pas voir

dans cette conception nouvelle un emprunt aux doctrines sémitiques ou chrétiennes, mais plus probablement sémitiques [28].

C'est une question fort obscure que celle à laquelle
nous touchons ici : quelle put être à l'époque alexandrine et au début de l'empire l'influence du judaïsme sur les mystères? On s'est souvent préoccupé
d'établir celle que les croyances païennes avaient
exercée sur les Juifs, on a montré comment le monothéisme d'Israël fut hellénisé à Alexandrie, comment la propagande juive groupa autour des syna-
gogues des prosélytes qui, sans observer toutes les
prescriptions de la Loi mosaïque, révéraient cependant le Dieu unique. Mais on n'a pas cherché ou
réussi à déterminer jusqu'à quel point le paganisme
fut modifié par une infiltration d'idées bibliques.
Cette tranformation dut nécessairement s'opérer en
quelque mesure. Un si grand nombre de colonies
juives étaient dispersées dans tout le bassin de la
Méditerrannée, elles furent longtemps animées d'un
si ardent esprit de prosélytisme qu'elles durent fatalement imposer quelques-unes de leur conceptions
aux idolâtres qui les entouraient. Les textes magiques — qui sont presque les seuls documents littéraires originaux du paganisme que nous possédions
— nous révèlent clairement ce mélange de la théologie des Juifs avec celle des autres peuples. Les
noms de Iao (Iahwé), de Sabaoth ou ceux des anges
s'y rencontrent fréquemment à côté de ceux de divi-

nités égyptiennes ou grecques. Particulièrement en
Asie Mineure, où les Israélites formaient un élément
considérable et influent de la population, il dut se
produire une pénétration réciproque des vieilles traditions indigènes et de la religion des étrangers
venus d'au-delà du Taurus.

Ce mélange s'opéra certainement dans les mystères très proches de ceux d'Attis, ceux d'un dieu qui
fut souvent confondu avec lui, le Jupiter ou Dionysos
phrygien, Sabazius [20]. Cette vieille divinité des tribus
thraco-phrygiennes fut, par une audacieuse étymologie qui remonte à l'époque hellénistique, identifiée
avec le « Iahwé Zebaoth », le Dieu des armées, de la
Bible. Le κύριος Σαβαώθ des Septante fut regardé
comme l'équivalent du κύριος Σαβάζιος des barbares.
Celui-ci fut adoré comme le Seigneur suprême, tout
puissant et saint. Les purifications, pratiquées de
tout temps dans ces mystères, et par lesquelles on
croyait se laver des souillures héréditaires qui, selon
la conception primitive, rendaient impure toute la
descendance d'un ancêtre coupable et attiraient sur
elle le courroux céleste, purent, par une interprétation nouvelle, être regardées comme effaçant le
péché originel, dont la désobéissance d'Adam avait
entaché le genre humain. L'usage suivi par les Sabaziastes de consacrer des mains votives qui, les
trois premiers doigts étendus, font le geste liturgique de bénédiction — la *benedictio latina* de
l'Église — fut probablement emprunté, par l'inter-

médiaire des Juifs, au rituel des temples sémitiques.
Les initiés croyaient, toujours comme les Juifs,
qu'après la mort leur bon ange (*angelus bonus*) les
conduirait au banquet des bienheureux, dont les
repas liturgiques présageaient sur la terre les joies
éternelles. L'on voit ce festin d'outre-tombe représenté sur une fresque décorant la sépulture d'un prê-
trede Sabazius, Vincentius, qui fut inhumé dans la
catacombe chrétienne de Prétextat, fait étrange dont
on n'a fourni aucune explication satisfaisante. C'est
sans doute qu'il appartenait à une secte judéo-
païenne, qui admettait à ses cérémonies mystiques
des néophytes de toute race. L'Église ne forma-t-elle
pas aussi à l'origine une association secrète, issue,
mais séparée de la Synagogue, et qui réunissait dans
une commune adoration les gentils et les enfants
d'Israël ?

Si donc l'influence du judaïsme sur le culte de
Sabazius est certaine, elle s'est vraisemblablement
aussi exercée sur celui de Cybèle, bien qu'on ne
puisse ici la discerner aussi nettement. Mais ce ne fut
pas seulement de Palestine que ce dernier reçut des
germes de rénovation, il fut profondément transformé,
lorsque vinrent à lui les dieux d'un pays plus lointain,
ceux de la Perse. Dans l'ancienne religion des Achéménides, Mithra, le génie de la lumière, formait
couple avec Anâhita, la déesse des eaux fertilisantes.
En Asie Mineure, celle-ci fut assimilée à la Grande
Mère féconde, adorée dans toute la péninsule [30], et

quand, à la fin du 1ᵉʳ siècle de notre ère, les mystères mithriaques se répandirent dans les provinces latines, les sectateurs construisirent leurs cryptes sacrées à l'ombre des temples de la Magna Mater. Les deux religions vécurent en communion intime sur toute l'étendue de l'empire. En se conciliant la bienveillance des prêtres phrygiens ceux de Mithra obtinrent, nous avons vu pourquoi, l'appui d'une institution officielle, et participèrent à la protection que lui accordait l'État. De plus, seuls les hommes pouvaient prendre part, du moins en Occident, aux cérémonies secrètes de la liturgie persique; d'autres mystères, auxquels les femmes étaient admises, devaient donc être adjoints aux premiers pour les compléter. Ceux de Cybèle accueillirent les épouses et les filles des mithriastes.

Cette alliance eut pour le vieux culte de Pessinonte des conséquences plus importantes encore que l'infusion partielle des croyances judaïques. Sa théologie prit une signification plus profonde et une élévation jusqu'alors inconnue, quand il eut adopté certaines conceptions du mazdéisme.

C'est à cette transformation que se rattache très probablement l'introduction du taurobole dans le rituel de la Magna Mater, dont il fait partie depuis le milieu du IIᵉ siècle. On sait en quoi consistait ce sacrifice dont Prudence[31], qui en fut certainement le témoin oculaire, nous a laissé une description saisissante. Le myste couché dans une excavation recevait

5*

le sang d'un taureau égorgé au dessus de lui sur un
plancher à claire voie. « A travers les mille fentes du
bois, dit le poète, la rosée sanglante coule dans la
fosse. L'initié présente la tête à toutes les gouttes
qui tombent, il y expose ses vêtements et tout son
corps, qu'elles souillent. Il se renverse en arrière
pour qu'elles arrosent ses joues, ses oreilles, ses
lèvres, ses narines ; il inonde ses yeux du liquide, il
n'épargne même pas son palais, mais humecte sa
langue du sang noir et le boit avidement. » Après
s'être soumis à cette aspersion répugnante, le célébrant ou plutôt le patient s'offrait à la vénération de
la foule. On le croyait, par ce baptême rouge, purifié
de ses fautes et égalé à la divinité.

Bien que l'origine première de ce sacrifice qu'on
trouve ainsi à Rome accompli dans les mystères
de Cybèle, soit encore fort obscure, on peut cependant, grâce à des découvertes récentes, retracer à
peu près les diverses phases de son développement.

Suivant une coutume répandue à l'époque primitive
dans tout l'Orient, les seigneurs d'Anatolie se plai-
saient très anciennement à poursuivre et à prendre au
lasso les buffles sauvages qu'ils sacrifiaient ensuite
aux dieux. La bête dont on s'était rendu maître à la
chasse, était immolée, comme l'était souvent aussi
le captif fait à la guerre. Peu à peu la rudesse de ce
rite primitif s'atténua, et il se réduisit à n'être plus
qu'un simple jeu de cirque. On se contentait à l'époque
alexandrine d'organiser dans l'arène une *corrida*, où

l'on s'emparait de la victime destinée au sacrifice.
C'est là le sens propre des mots taurobole, criobole
(ταυροβόλιον, κριοβόλιον), restés longtemps énigmatiques [32]. Ils désignaient l'action d'atteindre un
taureau, un bélier, à l'aide d'une arme de jet, probablement la lanière d'un lasso. Cet acte lui-même
finit sans doute, sous l'empire romain, par se réduire
à un simple simulacre, mais on continua toujours à
se servir, pour frapper la bête, d'une arme de véne-
rie, un épieu sacré [33].

Les idées qui inspiraient l'immolation, étaient
aussi barbares à l'origine que le sacrifice lui-même.
C'est une croyance très répandue chez les peuples
sauvages qu'en buvant le sang, en se lavant avec le
sang, ou en dévorant quelque viscère d'un ennemi
tombé dans un combat ou d'un animal tué à la chasse,
on fait passer en soi les qualités du mort. Le sang
surtout a souvent été considéré comme le siège de
l'énergie vitale. En répandant donc sur sa personne
celui du taureau égorgé, l'officiant croyait transfuser
dans ses membres la force de la bête redoutable.

Cette conception naïve, purement matérielle, s'é-
pura bientôt. En Phrygie les Thraces, en Cappadoce
les mages perses apportèrent et répandirent la
croyance à l'immortalité de l'être humain. Sous leur
influence, surtout sous celle du mazdéisme où un
taureau mythique est l'auteur de la création et de la
résurrection, la vieille pratique sauvage prit une
signification plus spirituelle et plus élevée. On ne

pensa plus, en s'y soumettant, acquérir la vigueur
d'un buffle; ce ne fut plus le renouvellement de
l'énergie physique que le sang, principe de vie, fut
censé communiquer, mais une renaissance soit tem-
poraire soit même éternelle de l'âme. La descente
dans la fosse est conçue comme une inhumation,
une mélopée funèbre accompagne l'enterrement du
vieil homme qui meurt. Puis lorsque, grâce à l'aspersion sanglante, il est revenu purifié de tous ses
crimes à une vie nouvelle, on le regarde comme
semblable à un dieu, et la foule l'adore respectueu-
sement de loin [34].

Le succès qu'obtint dans l'empire romain la pratique de cette affusion répugnante, ne s'explique que
par la puissance extraordinaire qu'on lui attribuait.
Celui qui s'y soumet est, comme le disent les inscriptions, *in aeternum renatus* [35].

On pourrait esquisser de même les transformations
d'autres cérémonies phrygiennes, dont l'esprit, sinon
la lettre, change peu à peu sous l'action d'idées morales plus avancées. Il en est ainsi des repas sacrés
célébrés par les initiés. Une des rares formules liturgiques que l'antiquité nous a laissées, se rapporte à
ces agapes phrygiennes. On chantait dans un hymne :
« J'ai mangé dans le tambourin, j'ai bu dans la cymbale, je suis devenu myste d'Attis ». Le banquet,
qu'on retrouve dans plusieurs religions orientales,
est parfois simplement le signe extérieur que les
fidèles d'une même divinité forment une grande

famille. Le néophyte, qui est admis à la table sainte,
est reçu comme l'hôte de la communauté, et devient
un frère parmi des frères. Le lien religieux du thiase
ou du *sodalicium* se substitue à la parenté naturelle
de la famille, de la *gens*, du clan, comme le culte
étranger remplace celui du foyer domestique. Parfois
aussi on attend d'autres effets de la nourriture prise
en commun : on dévore la chair d'un animal conçu
comme divin, et l'on croit ainsi s'identifier avec le
dieu lui-même et participer à sa substance et à ses
qualités. C'est probablement la première signification
que les prêtres phrygiens attribuaient anciennement
à leur communion barbare [36]. Mais, vers la fin de
l'Empire, à l'absorption des liqueurs et des mets
consacrés, qu'on prenait dans le tambourin et la
cymbale d'Attis, s'attachaient surtout des idées
morales. Ils deviennent un aliment de vie spirituelle,
et doivent soutenir dans les épreuves de la vie l'initié,
qui à cette époque considère les dieux avant tout
comme les « gardiens de son âme et de ses pensées » [37].

Ainsi, toutes les modifications que subissent dans
la société impériale les idées sur le monde et sur
l'homme ont leur répercussion dans la doctrine des
mystères. La conception même qu'on se fait des
vieilles déités de Pessinonte s'y transforme inces-
samment. Lorsque, grâce surtout à l'astrologie et aux
cultes sémitiques, un hénothéisme solaire devint
la religion dominante à Rome, Attis fut regardé

comme le Soleil qui est au ciel le « pasteur des astres
étincelants ». On l'identifia avec Adonis, Bacchus,
Pan, Osiris, Mithra; on fit de lui un être « poly-
morphe » [38] en qui toutes les puissances célestes se
manifestaient tour à tour, un « panthée » qui portait
à la fois la couronne de rayons et le croissant lunaire, et dont les attributs variés exprimaient les
fonctions infiniment multiples.

Lorsque le néoplatonisme triomphera, la fable
phrygienne deviendra le moule traditionnel dans
lequel des exégètes subtils verseront hardiment leurs
spéculations philosophiques sur les forces créatrices
et fécondantes, principes de toutes les formes matérielles, et sur la délivrance de l'âme divine plongée
dans la corruption de ce monde terrestre. Dans le
discours nébuleux de Julien sur la Mère des Dieux,
l'outrance de l'allégorie finit par faire perdre à cet
esprit enthousiaste toute notion de la réalité, et il
perd pied, emporté par un symbolisme extravagant [39].

Une religion aussi accessible que celle-ci aux
actions extérieures devait nécessairement subir l'influence du christianisme. Nous savons par les témoignages explicites d'écrivains ecclésiastiques, qu'on
voulut opposer les mystères phrygiens à ceux de
l'Église. On soutint que la purification sanglante du
taurobole était plus efficace que le baptème; les aliments qu'on mangeait et buvait dans les repas mystiques, furent comparés au pain et au vin de la communion; la Mère des dieux fut élevée au-dessus de

la Mère de Dieu, dont le fils était pareillement ressuscité. Un auteur chrétien, qui écrivait à Rome vers
375 ap. J.-C. nous donne à ce sujet une indication
très remarquable. Le 24 mars, *dies sanguinis,* on
célébrait, nous l'avons vu, une cérémonie lugubre où
les Galles faisaient jaillir leur sang et parfois se mu-
tilaient en souvenir de la blessure qui avait causé la
mort d'Attis, et l'on attribuait au sang ainsi répandu
un pouvoir expiatoire et rédempteur. Les païens sou-
tenaient donc que l'Église avait contrefait leurs rites
les plus saints en plaçant comme eux, mais après
eux, vers l'équinoxe du printemps sa Semaine
Sainte, commémoration du sacrifice de la croix, où
le sang de l'Agneau divin, disait-elle, avait racheté le
genre humain. Saint Augustin, qui s'indigne de ces
prétentions blasphématoires, raconte avoir connu
un prêtre de Cybèle qui répétait : *Et ipse Pileatus
christianus est.* « Le dieu coiffé du bonnet phrygien
— c'est-à-dire Attis — est, lui aussi, chrétien » [40].
Mais tous les efforts pour soutenir un culte barbare, frappé d'une déchéance morale, étaient vains.
A l'endroit même où, dans le *Phrygianum,* on
accomplit au déclin du iv⁰ siècle les derniers tau-
roboles, s'élève aujourd'hui la basilique du Vatican.

* *

Il n'est aucune religion orientale dont nous puis-
sions suivre à Rome l'évolution progressive aussi

exactement que celle du culte de Cybèle et d'Attis,
aucune où apparaisse aussi nettement l'une des causes
qui ont amené leur décadence commune et leur disparition. Toutes remontent jusqu'à une époque lointaine de barbarie, et elles ont hérité de ce passé sauvage une foule de mythes dont l'odieux pouvait être
dissimulé, mais non supprimé, par un symbolisme
philosophique, de pratiques dont toutes les interprétations mystiques déguisaient mal la grossièreté fondamentale, survivance d'un rude naturalisme. Nulle
part la discordance entre les tendances moralisantes
des théologiens et l'impudicité cruelle de la tradition n'est aussi éclatante. Un dieu dont on prétend
faire le maître auguste de l'univers était le héros
pitoyable et abject d'une obscène aventure d'amour;
le taurobole qui cherche à satisfaire les aspirations
les plus élevées de l'homme vers la purification spirituelle et l'immortalité, apparaît comme une
douche de sang qui fait songer à quelque orgie de
cannibales. Les lettrés et les sénateurs qui participaient à ces mystères, y voyaient officier des
eunuques maquillés, à qui on reprochait des mœurs
infâmes et qui se livraient à des danses étourdis-
santes rappelant les exercices des derviches tour-
neurs et des Aïssaouas. On comprend la répulsion
qu'inspirèrent ces cérémonies à tous ceux dont le
jugement n'était pas oblitéré par une dévotion fanatique. Il n'y a aucune superstition de l'idolâtrie dont
les polémistes chrétiens parlent avec un mépris plus

outrageux, et sans doute avec raison. Mais ils
n'étaient pas contraints, eux, de verser leur vin
nouveau dans de vieilles outres, et toutes les ignomi-
nies qui purent entacher cette antique religion phrygienne, ne doivent pas nous rendre injustes envers
elle, et nous faire méconnaître les longs efforts ten-
tés pour l'épurer peu à peu, pour lui donner une
forme qui lui permît de répondre aux exigences
nouvelles de la morale, de suivre la marche pénible
de la société romaine vers le progrès religieux.

IV

L'ÉGYPTE

Parmi toutes les religions de l'antiquité, aucune ne nous est aussi bien connue que celle des Égyptiens. On peut suivre son développement durant trois ou quatre milliers d'années, lire dans leur forme originale les textes sacrés, récits mythiques, hymnes, rituels, Livre des Morts, distinguer les diverses idées qu'elle se fit sur la nature des puissances supérieures et sur la vie future ; une infinité de monuments nous ont conservé les images des divinités et la représentation de scènes liturgiques, une foule d'inscriptions et de papyrus nous renseignent sur l'organisation sacerdotale des principaux temples. Il semblerait que cette quantité innombrable de documents de tout genre, dont le déchiffrement se poursuit depuis près d'un siècle, dût avoir dissipé toute incertitude sur la foi de l'ancienne Égypte et permis de reconnaître exactement les origines et les caractères primitifs du culte que les Grecs et les Romains empruntèrent aux sujets des Ptolémées.

Et cependant il n'en est pas ainsi. Sans doute, des quatre grandes religions orientales transportées en Occident, c'est celle d'Isis et de Sérapis où l'on peut le mieux établir des rapprochements avec les antiques croyances de leur première patrie, mais nous ne savons encore que très imparfaitement comment elle fut constituée d'abord et ce qu'elle était avant la période impériale, durant laquelle elle fut appelée à de si hautes destinées.

Un fait cependant paraît certain : le culte égyptien qui se répandit dans le monde gréco-romain, sortit du Sérapéum d'Alexandrie, fondé par Ptolémée Soter, à peu près comme le judaïsme du temple de Jérusalem. Mais la première histoire de ce sanctuaire célèbre est entourée d'une végétation si touffue de légendes pieuses que les chercheurs les plus sagaces s'y sont égarés. Sérapis était-il d'origine indigène ou a-t-il été importé de Sinope de Séleucie ou même de Babylone? Chacune de ces opinions a trouvé encore tout récemment des défenseurs. Son nom est-il dérivé de celui du dieu égyptien Osiris-Apis ou de celui du chaldéen Sar-Apsi? *Grammatici certant* [1].

Toutefois, quelque solution qu'on adopte, un point reste acquis : Sérapis et Osiris furent ou identiques dès l'origine ou identifiés immédiatement. La divinité dont le premier Ptolémée introduisit le culte à Alexandrie, est celle qui règne sur les morts et qui leur fait partager son immortalité. C'est un dieu

foncièrement égyptien, le plus populaire de tous les
dieux de la vallée du Nil. Déjà Hérodote nous dit que
Isis et Osiris sont honorés par tous les habitants du
pays, et leurs fêtes traditionnelles contenaient des
cérémonies secrètes dont le conteur grec n'ose révéler la signification sacrée [2].

Aussi les Égyptiens acceptèrent-ils sans difficulté
le culte nouveau de Sérapis en qui ils reconnaissaient
leur Osiris. C'était une tradition indigène qu'une dynastie nouvelle introduisît un dieu nouveau ou
donnât une sorte de prééminence à celui du nome
dont elle était originaire. La politique avait de tout
temps changé le gouvernement du ciel en même
temps que celui de la terre. Le Sérapis d'Alexandrie
devint naturellement sous les Ptolémées une des principales divinités du pays, de même que sous les Pharaons de Thèbes, l'Ammon de cette ville avait été le
chef de la hiérarchie céleste, ou, comme, sous les
princes de Saïs, la Néith locale avait acquis une
considération souveraine. Du temps des Antonins, on
comptait en Égypte quarante-deux Sérapéums [3].

Mais le but des Ptolémées n'était pas d'ajouter un
dieu égyptien de plus à la foule innombrable de ceux
qui étaient déjà vénérés par leurs sujets. Ils voulaient
que ce dieu réunît dans une commune adoration les
deux races qui peuplaient leur royaume et contribuât
ainsi à leur fusion. Les Grecs devaient le servir à côté
des indigènes. Ce fut une idée politique féconde que
celle d'organiser à Alexandrie un culte égyptien hel-

lénisé. Une tradition, rapportée par Plutarque [1], veut
qu'un prêtre de Héliopolis, ouvert aux idées nouvelles, Manéthon, et un Eumolpide d'Éleusis, Timothée, aient délibéré ensemble sur le caractère qu'il
convenait d'attribuer au nouveau venu. C'est bien en
effet une combinaison de la vieille foi des Pharaons
avec les mystères de la Grèce qui caractérise la religion composite fondée par les Lagides.

D'abord — et ce fut là un profond changement —
la langue liturgique fut non plus l'idiome du pays,
mais le grec. Le philosophe Démétrius de Phalère,
guéri de la cécité par Sérapis, composa en son honneur des péans qui se chantaient encore des siècles
plus tard sous les Césars [5]. Les poètes que pension-
naient les Ptolémées, rivalisèrent d'empressement,
on peut le croire, à célébrer le dieu de leur bienfai-
teur, et les vieux rituels, traduits de l'égyptien, s'enri-
chirent aussi de morceaux édifiants d'une inspiration
originale. Bien qu'il soit d'une date beaucoup plus
récente, un hymne en l'honneur d'Isis, retrouvé
dans l'île d'Andros gravé sur le marbre [6], peut nous
donner quelque idée de ces compositions sacrées.

En second lieu, les artistes remplacèrent les vieilles
idoles hiératiques par des images plus séduisantes et
leur prêtèrent la beauté des Immortels. On ignore
qui créa le type d'Isis, drapée dans une robe de lin,
vêtue d'un manteau à franges noué sur la poitrine,
et dont le visage doux et méditatif, gracieux et ma-
ternel est une combinaison des idéals imaginés pour

Héra et pour Aphrodite. Mais nous connaissons l'auteur de la première statue de Sérapis, qui jusqu'à la fin du paganisme se dressa dans le grand sanctuaire d'Alexandrie. Cette statue, prototype de toutes les répliques qui nous sont parvenues, une œuvre colossale exécutée en matières précieuses, avait pour auteur un célèbre sculpteur athénien, Bryaxis, contemporain de Scopas. Ce fut une des dernières créations divines du génie hellénique. La tête majestueuse, d'une expression à la fois sombre et bienveillante, ombragée par une abondante chevelure et surmontée d'un boisseau, rappelait le double caractère du dieu qui régnait à la fois sur la terre féconde et sur le lugubre royaume des morts [7].

Ainsi les Ptolémées avaient donné à leur nouvelle religion une forme littéraire et artistique susceptible de séduire les esprits les plus délicats et les plus cultivés. Mais l'adaptation aux façons de sentir et de penser de l'hellénisme ne fut pas purement extérieure. Le dieu dont le culte était ainsi rénové, Osiris, se prêtait mieux que tout autre à couvrir de son autorité la formation d'une foi syncrétique. Depuis bien longtemps — avant même que Hérodote n'écrivît — on avait identifié Osiris avec Dionysos et Isis avec Cérès. Dans un mémoire ingénieux, M. Foucart s'est attaché à démontrer que cette assimilation n'était pas arbitraire, et qu'Osiris et Isis, ayant passé en Crète et en Attique à l'époque préhistorique, y furent confondus avec Dionysos et Cérès [8]. Sans remonter

jusqu'à ces âges reculés, nous nous contenterons de
constater avec lui que les mystères de Dionysos
étaient unis à ceux d'Osiris, non par des ressemblances superficielles et fortuites, mais par des affinités profondes. Des deux côtés, on commémorait
l'histoire d'un dieu qui à la fois présidait à la végétation et gouvernait le monde souterrain, d'un dieu mis
à mort par un ennemi et déchiré en lambeaux, d'un
dieu dont une déesse rassemblait les membres épars
pour le ramener miraculeusement à la vie. Les Grecs
devaient donc être disposés à accueillir un culte où
ils retrouvaient leurs propres divinités et leurs
propres mythes avec quelque chose de plus poignant
et de plus magnifique. C'est un fait très remarquable
que parmi la multitude des déités honorées dans les
nomes du royaume des Ptolémées, celles de l'entou-
rage, ou, si l'on veut, du cycle d'Osiris, son épouse
Isis, leur fils Harpocrate et leur fidèle serviteur
Anubis, soient les seules qui aient été adoptées par
les populations helléniques. Tous les autres esprits
célestes ou infernaux que vénérait l'Égypte, sont restés en Grèce des étrangers [2].

Deux sentiments opposés se manifestent dans la
littérature gréco-latine à l'égard de la religion égyptienne. Elle y est regardée à la fois comme la plus
élevée et la plus basse qui soit, et il y avait en effet
un abîme entre les croyances populaires toujours
vivaces et la foi éclairée des prêtres officiels. D'un
côté les Grecs et les Romains considéraient avec

admiration la splendeur des temples et du cérémonial, l'antiquité fabuleuse des traditions sacrées, la
science d'un clergé dépositaire d'une sagesse révélée par la divinité, et ils se figuraient, en devenant
ses disciples, s'abreuver à la source pure d'où étaient
dérivés leurs propres mythes. Ils s'en laissèrent imposer par les prétentions d'un sacerdoce fier d'un passé
où il s'immobilisait, et subirent fortement l'attraction d'un pays prestigieux où tout était plein de
mystère depuis le Nil, qui l'avait créé, jusqu'aux hiéroglyphes gravés sur les parois de ses édifices gigan-
tesques [10].

En même temps, ils sont choqués de la grossièreté
de son fétichisme, de l'absurdité de ses superstitions.
Ils éprouvent surtout une répulsion invincible pour
le culte rendu aux animaux et aux plantes qui fut à
toutes les époques le côté le plus frappant de la religion vulgaire des Égyptiens et qui, depuis la dynastie
Saïte, paraît avoir été pratiqué avec une nouvelle
ferveur, comme toutes les dévotions archaïques. Les
comiques et les satiristes ne tarissent pas en raille-
ries sur les adorateurs du chat, du crocodile, du poi-
reau et de l'oignon. « O sainte population, s'écrie
ironiquement Juvénal, dont les dieux naissent même
dans ses potagers » [11]. Somme toute, les occidentaux
ont eu pour ce peuple bizarre, que tout séparait du
reste de l'univers, à peu près le même genre de considération qu'avait l'Européen pour le Chinois —
avant la dernière guerre.

Un culte purement égyptien eût été inacceptable
dans le monde gréco-latin. Le mérite de la création
mixte réalisée par le génie politique des Ptolémées,
c'est d'avoir rejeté ou atténué ce qui, comme les
phallophories d'Abydos, était répugnant ou monstrueux, pour maintenir uniquement ce qui pouvait
émouvoir ou attirer. Elle fut la plus civilisée de
toutes les religions barbares ; elle conserva assez
d'exotisme pour piquer la curiosité des Grecs, pas
assez pour blesser leur sens délicat de la mesure, et
son succès fut éclatant.

Elle fut adoptée partout où se fit sentir l'autorité ou le prestige des Lagides, partout où s'étendirent les relations de la grande métropole commerciale d'Alexandrie. Les premiers la firent accepter
par les princes et par les peuples avec lesquels ils
conclurent des alliances. Le roi Nicocréon l'introduisit à Chypre après avoir consulté l'oracle du Sérapéum [12], Agathocle en Sicile, lorsqu'il épousa la
belle-fille de Ptolémée Ier [13]. A Antioche, Séleucus
Callinicus fonda un sanctuaire pour y loger une statue d'Isis que Ptolémée Évergète lui avait envoyée de
Memphis [14]. Ptolémée Soter ou Philadelphe introduisit à Athènes, comme gage de son amitié,
Sérapis qui eût désormais un temple au pied
de l'Acropole [15]. Ainsi l'action politique de la
dynastie égyptienne tendait à faire reconnaître partout des divinités dont la gloire était en quelque
sorte liée à celle de leur maison. Nous savons par

Apulée que sous l'Empire, les prêtres d'Isis mention-
naient en premier lieu dans leurs prières le souverain régnant [16]; ils ne faisaient certainement qu'imiter la dévotion reconnaissante que leurs prédécesseurs avaient vouée aux Ptolémées.

Sous la protection des escadres égyptiennes [17],
les marins et les marchands répandaient en même
temps le culte d'Isis, patronne des navigateurs, sur
toutes les côtes de Syrie, d'Asie Mineure et de
Grèce, dans les îles de l'Archipel et jusque dans
l'Hellespont et en Thrace [18]. A Délos où les inscriptions nous permettent de l'étudier avec quelque
détail, il n'est pas pratiqué seulement par des étrangers, mais les fonctions même de prêtre sont remplies
par des citoyens athéniens. La popularité des
croyances sur la vie future, propagées par ces mystères, est attestée par une quantité de bas-reliefs
funéraires où le défunt héroïsé, auquel ses proches
viennent offrir des aliments, est coiffé du *calathos*
de Sérapis. Il est, en conformité avec la croyance
égyptienne, assimilé au dieu des morts [19].

Même quand l'éclat de la cour d'Alexandrie pâlit
et s'éclipsa, même quand les guerres contre Mithridate et le développement de la piraterie eurent ruiné
le négoce dans la mer Égée, le culte alexandrin put
péricliter dans certains ports, comme à Délos, mais
il était trop fortement implanté dans le sol de la
Grèce pour y périr. De tous les panthéons de
l'Orient, seuls Isis et Sérapis restèrent jusqu'à la fin

du paganisme placés au nombre des grandes divinités que vénérait le monde hellénique [20].

* *
*

C'est cette religion syncrétique, déjà popularisée
dans tout le bassin oriental de la Méditerranée,
qui arriva aux Romains. La Sicile et le midi de
l'Italie étaient des pays plus qu'à demi-helléniques,
et les Ptolémées y entretenaient des relations diplomatiques, comme les trafiquants d'Alexandrie des
relations d'affaires. Aussi le culte isiaque s'y pro-
pagea-t-il presque aussi rapidement que sur les
côtes d'Ionie ou dans les Cyclades [21]. Syracuse et
Catane le reçurent, nous l'avons dit, dès l'époque
de Ptolémée Soter et d'Agathocle. Le Sérapéum de
Pouzzoles, alors le port le plus actif de la Cam-
panie, est mentionné dans un arrêté municipal de
l'an 105 av. J.-C. [22]. Vers la même date, un Iséum
fut fondé à Pompéï, où les fresques décoratives
manifestent aujourd'hui encore à tous les yeux la
puissance d'expansion que posséda la culture alexandrine.

Adoptée ainsi dans le sud de la péninsule italique,
cette religion ne pouvait tarder à pénétrer dans
Rome. Elle dut trouver dès le iie siècle avant notre
ère des adeptes dans la foule mêlée des esclaves et
des affranchis. Le collège des *Pastophores* se souve-
nait sous les Antonins d'avoir été fondé à l'époque

de Sylla [23]. Les autorités cherchèrent en vain à arrêter l'invasion des dieux alexandrins. A quatre
reprises, en 58, 53, 50 et 48 av. J.-C., le Sénat fit
démolir par les magistrats leurs chapelles et abattre
leurs statues [24]. Mais ces mesures de violence furent
impuissantes à arrêter la diffusion des nouvelles
croyances. Les mystères égyptiens nous offrent le
premier exemple à Rome d'un mouvement religieux
essentiellement populaire, triomphant de la résistance des pouvoirs publics et de celle des sacerdoces
officiels.

Pourquoi seul de tous les cultes orientaux celui-ci
fut-il l'objet de persécutions répétées ? Elles eurent
un double motif, religieux et politique.

D'abord on reprochait à cette dévotion d'être cor-
ruptrice et de pervertir la piété. Sa morale était relâ-
chée et le mystère dont elle s'entourait suscitait les
pires soupçons. De plus elle faisait un appel violent
aux émotions et aux sens. Toutes ses pratiques
blessaient la décence grave qu'un Romain devait
conserver en présence des dieux. Les novateurs
eurent pour adversaires tous les défenseurs du *mos
maiorum*.

D'autre part ce culte avait été fondé, soutenu,
propagé par les Ptolémées, il venait d'un pays qui à
la fin de la république fut presque constamment hos-
tile à l'Italie [25]. Il sortait d'Alexandrie, une ville dont
Rome sentait et craignait la supériorité. Ses associations secrètes, qui se recrutaient surtout dans le bas

peuple, pouvaient facilement, sous prétexte de religion, devenir des clubs d'agitateurs et des repaires d'espions. Tous ces motifs de suspicion et de haine furent sans doute plus puissants que les mobiles purement théologiques pour susciter la persécution. On voit celle-ci cesser et reprendre suivant les vicissitudes de la politique générale.

En 48, nous le disions, on démolit encore les chapelles consacrées à Isis. Après la mort de César, en 43, les triumvirs, sans doute pour se concilier les masses, décident de lui élever un temple aux frais de l'État, ce qui impliquait une reconnaissance officielle ; mais le projet, ce semble, ne fut pas mis à exécution. Si le vainqueur d'Actium avait été Antoine, Isis et Sérapis eussent fait avec lui une entrée triomphale à Rome, mais ils furent vaincus avec Cléopâtre, et Auguste, devenu le maître de l'empire, témoigna une aversion profonde aux dieux protecteurs de ses anciens ennemis. Pouvait-il d'ailleurs tolérer l'intrusion du clergé égyptien dans le sacerdoce romain dont il s'était constitué le gardien, le restaurateur et le chef? En 28, défense est faite de dresser des autels aux divinités alexandrines à l'intérieur de l'enceinte sacrée du *pomoerium*, et sept ans plus tard Agrippa étend la prohibition jusque dans un rayon de mille pas autour de la ville. Tibère s'inspirait des mêmes principes, et, en 19 après J.-C., une affaire scandaleuse où furent compromis une matrone et un chevalier avec des prêtres isiaques, dé-

chaîna contre ceux-ci les poursuites les plus sanglantes dont ils aient eu à souffrir.

Seulement toutes ces mesures de police étaient
singulièrement inefficaces. Le culte égyptien était
exclu, en principe sinon en fait, de Rome et de sa
banlieue immédiate, mais le reste du monde restait
ouvert à sa propagande [26].

Dès le début de l'empire il envahit peu à peu le
centre et le nord de l'Italie et s'étend dans les provinces. Les marchands, les marins, les esclaves, les
artisans, les lettrés égyptiens, même les soldats libé-
rés des trois légions cantonnées dans la vallée du
Nil, concourrent à la diffusion. Il pénètre par Car-
thage en Afrique, par le grand emporium d'Aquilée
dans les pays danubiens. La nouvelle province de
Gaule fut envahie par la vallée du Rhône. Beaucoup
d'émigrants orientaux venaient alors chercher fortune dans ce pays encore neuf ; les relations d'Arles
avec Alexandrie étaient fréquentes, et nous savons
qu'une colonie de grecs égyptiens, établie à Nîmes
par Auguste, y apporta les dieux de sa patrie [27]. Dès
le début de notre ère, commence ce grand mouvement de conversion qui devait bientôt faire adorer
Isis et Sérapis depuis la lisière du Sahara jusqu'au
vallum de Bretagne et des montagnes des Asturies
jusqu'aux bouches du Danube.

La résistance que le pouvoir central opposait encore
ne pouvait se prolonger. C'était peine perdue de vouloir endiguer ce fleuve débordé dont les flots pressés

venaient de toutes parts battre les murailles bran-
lantes du *pomoerium*. Le prestige d'Alexandrie
n'était-il pas invincible? Elle est alors plus belle,
plus savante, mieux policée que Rome ; elle offre le
modèle de la capitale parfaite, jusqu'où les Latins
cherchent à se hausser. Ils traduisent ses érudits,
imitent ses littérateurs, appellent ses artistes, cal-
quent ses institutions. Comment sa religion ne leur
aurait-elle pas fait subir son ascendant? De fait, la
ferveur de ses fidèles maintenait en dépit des lois,
ses sanctuaires jusque sur le Capitole. Les astronomes d'Alexandrie avaient réformé sous César le
calendrier des pontifes ; ses prêtres y inscrivirent
bientôt la date des fêtes isiaques.

Le pas décisif fut fait presque aussitôt après la
mort de Tibère. Caligula, sans doute en 38, construi-
sit au Champ de Mars le grand temple d'Isis Campen-
sis [28]. Pour ménager les susceptibilités sacerdotales
il l'avait fondé en dehors de l'enceinte sacrée de la
ville de Servius. Domitien fit plus tard de ce temple
un des monuments les plus splendides de Rome.
Depuis lors, Isis et Sérapis jouirent de la faveur
de toutes les dynasties impériales, des Flaviens
comme des Antonins et des Sévères. Vers l'an 215,
Caracalla lui éleva au cœur de la ville sur le Quiri-
nal un temple plus fastueux encore que celui de Domitien, et peut-être un autre encore sur le Cœlius.
Les dieux de l'Égypte, comme le constate l'apologiste
Minucius Félix, étaient devenus tout à fait romains [29].

C'est au commencement du m° siècle qu'ils paraissent avoir atteint l'apogée de leur puissance; plus tard
la vogue populaire et l'appui de l'État passèrent
plutôt à d'autres divinités, les Baals de Syrie et le
perse Mithra. Puis les progrès du christianisme ruinèrent leur pouvoir. Néanmoins celui-ci resta considérable dans le paganisme jusqu'à la fin du monde
antique. Les processions isiaques parcouraient encore les rues de Rome à la fin du iv° siècle — un
témoin oculaire les décrit encore en 394 [30]. Mais déjà
en 391, le patriarche Théophile avait livré aux
flammes le Sérapéum d'Alexandrie, et porté lui-même
le premier coup de hache à la statue colossale du
dieu, objet d'une vénération superstitieuse, abattant
ainsi, dit Rufin [31] « la tête même de l'idolatrie ».

Celle-ci avait en effet reçu une atteinte mortelle.
La dévotion envers les dieux des Ptolémées acheva
de s'éteindre entre le règne de Théodose et celui
de Justinien [32] et, selon la prophétie désolée d'Hermès
Trismégiste [33], l'Égypte, l'Égypte elle-même, fut
veuve de ses divinités et devint une terre des morts;
de ses religions il ne resta que des fables auxquelles
plus personne n'ajouta foi, et des mots inscrits sur
la pierre rappelèrent seuls sa piété d'autrefois aux
barbares qui vinrent l'habiter.

* * *

On le voit par cette esquisse rapide de leur histoire,

Isis et Sérapis furent adorés dans le monde latin durant une période de plus de cinq cents ans. Quelles furent les transformations que subit leur culte pendant ce long espace de temps, quelles différences locales il put présenter dans les diverses provinces, c'est ce que les recherches de l'avenir devront déterminer. Elles constateront sans doute qu'au lieu de se latiniser sous l'Empire, le culte alexandrin est allé en s'orientalisant de plus en plus. Domitien, qui restaure l'Iséum du Champ de Mars et celui de Bénévent, y transporte de la vallée du Nil des sphinx, des apis, des cynocéphales et des obélisques de granit noir ou rose portant les cartouches d'Amasis, de Nechtanébo ou même de Ramsès II, tandis que sur d'autres obélisques dressés dans les propylées les dédicaces de l'empereur lui-même sont gravées en hiéroglyphes [34]. Un demi-siècle plus tard Hadrien, qui dans son immense villa de Tibur faisait, en vrai dilettante, reproduire à côté de la vallée de Tempé les délices de Canope pour y célébrer sous le regard bienveillant de Sérapis des fêtes voluptueuses, exalte dans des inscriptions conçues dans la vieille langue des Pharaons les mérites d'Antinoüs divinisé, et met à la mode les statues égyptisantes sculptées dans un basalte noir [35]. Les amateurs affectèrent alors de préférer la raideur hiératique des idoles barbares à la liberté élégante de l'art alexandrin. Ces manifestations esthétiques correspondaient probablement à des préoccupations religieuses et

toujours le culte latin dut s'attacher davantage qu'en
Grèce à reproduire celui des temples de la vallée du
Nil. Cette évolution était conforme à toutes les ten-
dances de l'époque impériale.

Par quelle vertu secrète la religion égyptienne
a-t-elle exercé cette attraction irrésistible sur le
monde romain? Qu'y apportaient de nouveau ces prêtres qui conquéraient des prosélytes dans toutes les
provinces? Le succès de leur prédication a-t-il marqué un progrès ou un recul par rapport à l'ancienne
foi romaine? Ce sont là des questions complexes et
délicates, qui demanderaient à être analysées minu-
tieusement et traitées avec précaution en conservant
un sentiment exact des nuances. Je dois me borner
ici à un aperçu rapide, qui, comme toute généralisa-
tion, paraîtra, je le crains, trop sec et trop absolu.

Ce ne sont pas ou ce ne sont qu'accessoirement
les doctrines particulières des mystères d'Isis et
Sérapis sur la nature et la puissance des dieux qui
ont assuré leur triomphe. On a fait observer que la
théologie égyptienne était toujours restée à « l'état
fluide ³⁴ », ou si l'on préfère, chaotique. Elle est
composée d'un amalgame de légendes disparates,
d'un agrégat de dévotions particulières, comme
l'Égypte elle-même l'est d'une collection de nomes.
Cette religion n'a jamais formulé un système cohérent de dogmes généralement acceptés. Des conceptions et des traditions opposées y coexistent, et toute
la subtilité du clergé n'a pas réussi, ou, pour mieux

dire, ne s'est jamais appliquée à fondre en une synthèse harmonieuse des éléments irréconciliables [37].
Le principe de contradiction n'existe pas pour ce
peuple. Toutes les croyances hétérogènes qui ont
dominé dans les divers cantons et aux diverses
époques d'une très longue histoire, se maintiennent
concurremment, et forment dans les livres sacrés
une inextricable confusion.

Il n'en fut guère autrement dans le culte occidental des divinités alexandrines. Il avait au premier rang de son clergé, tout comme en Égypte,
des « prophètes » qui dissertaient doctement sur la
religion, mais qui jamais n'enseignèrent un système
théologique exclusivement accepté. Lorsque c'est
l'éclectique Plutarque qui parle du caractère des
dieux égyptiens, celui-ci s'accorde à merveille avec
la philosophie de Plutarque, lorsque c'est le néopla-
tonicien Jamblique, avec celle de Jamblique. Les
idées fumeuses des prêtres orientaux permettent à
chacun d'y apercevoir les fantômes qu'il poursuit ;
la fantaisie individuelle peut se donner libre carrière, et le dilettantisme des lettrés se complaire à
modeler à sa guise ces doctrines malléables. Celles-
ci n'avaient pas des contours assez nets, elles
n'étaient pas formulées en affirmations assez déci-
dées pour avoir prise sur la foule. Les dieux sont
tout et ne sont rien ; ils se perdent dans un *sfu-
mato*. Il règne dans leur empire une anarchie et
une confusion déconcertantes. L' « hermétisme » [38]

qui tenta, par un dosage savant d'éléments grecs,
égyptiens et sémitiques, d'édifier une théologie ac-
ceptable pour tous les esprits, ne paraît jamais s'être
imposé généralement aux mystères alexandrins, qui
lui sont antérieurs, et il ne put d'ailleurs échapper
aux contradictions de la pensée égyptienne. Ce n'est
pas par son dogmatisme que la religion isiaque eut
prise sur les âmes.

Toutefois, — il faut lui reconnaître cet avantage — en vertu de sa flexibilité même, cette religion s'adapta aisément aux milieux divers où elle fut
transportée, et elle jouit du privilège précieux d'être
toujours en parfait accord avec la philosophie dominante. De plus, les habitudes syncrétiques de
l'Égypte répondaient admirablement à celles qui
s'affirmaient de plus en plus à Rome. Dès une époque très reculée, des théories hénothéistes avaient été
accueillies avec faveur dans les milieux sacerdotaux,
et les prêtres, tout en réservant la primauté au dieu
de leur temple, admettaient qu'il pouvait posséder
une foule de personnalités diverses, sous lesquelles
on l'adorait simultanément. De la sorte, l'unité de
l'être suprême était affirmée pour les penseurs, et le
polythéisme maintenu pour la foule avec ses traditions intangibles. Ainsi, Isis et Osiris avaient déjà
sous les Pharaons absorbé en eux plusieurs divinités
locales et pris un caractère complexe, susceptible
d'une extension indéfinie. Le même processus se
continue sous les Ptolémées au contact de la Grèce.

Isis est assimilée simultanément à Déméter, à Aphrodite, à Héra, à Sémélé, à Io, à Tyché, que sais-je
encore? Elle est regardée comme la reine des cieux
et des enfers, de la terre et des mers. Elle est « le
passé, le présent et l'avenir [39] », « la nature mère des
choses, maîtresse des éléments, née à l'origine des
siècles [40] ». C'est la déesse aux myriades de noms,
aux aspects infinis, aux vertus inépuisables. En un
mot, elle est devenue une puissance panthée qui à
elle seule est tout, « una quae est omnia » [41].

Sérapis n'a pas une autorité moins haute ni une
compréhension moins vaste. Il est conçu pareillement comme un dieu universel dont on se plaît à
affirmer qu'il est « un » : Εἷς Ζεὺς Σάραπις. Il concentre
en lui toutes les énergies, bien qu'on lui attribue de
préférence les fonctions de Zeus, de Pluton ou de
Hélios. Depuis de longs siècles, Osiris était adoré à
Abydos à la fois comme le dieu de la fécondité et le
maître du monde infernal [42], et ce double caractère le
fit regarder de très bonne heure comme identique
au Soleil qui, durant sa course diurne fertilise la
terre et qui, la nuit, parcourt les espaces souterrains.
Ainsi, la conception qu'on se faisait déjà sur les
bords du Nil de ce dieu de la nature, s'accorda sans
peine avec le panthéisme solaire qui fut la dernière
forme du paganisme romain. Mais ce ne fut pas
l'Égypte qui importa ce système théologique en
Occident, où il ne triompha qu'au IIe siècle de notre
ère. Dans ce pays, il n'avait pas la prédominance

7

exclusive qu'il obtint sous l'Empire, et ce n'était encore du temps de Plutarque qu'une opinion parmi beaucoup d'autres [43]. A cet égard, l'action décisive fut exercée par les Baals syriens et par l'astrologie chaldéenne.

La théologie des mystères égyptiens suivit donc le mouvement général des idées plutôt qu'elle ne le provoqua. Il en fut de même de leur morale. Ils ne s'imposèrent pas au monde par la noblesse de leurs préceptes éthiques et par un idéal plus sublime de sainteté. On a souvent admiré la liste édifiante, dressée dans le Livre des morts, des devoirs qu'à tort ou à raison, le défunt affirmait avoir pratiqués, pour obtenir d'Osiris un jugement favorable. Cette déontologie est sans doute fort élevée, si l'on tient compte de l'époque où elle apparaît, mais elle semblera rudimentaire et presque enfantine si on la compare, je ne dis même pas aux fines analyses psychologiques des casuistes stoïciens, mais aux principes formulés par les jurisconsultes romains. D'ailleurs, dans cet ordre d'idées aussi, le maintien des contrastes les plus éclatants caractérise la mentalité égyptienne. Elle ne fut jamais choquée de toutes les cruautés et les obscénités qui souillaient la mythologie et le rituel. Certains textes sacrés, tout comme Épicure à Athènes, engagent même à jouir de la vie avant la tristesse de la mort [44].

Lorsqu'elle arriva en Italie, Isis n'était pas une déesse très austère. Identifiée avec Vénus comme Harpocrate l'était avec Éros, elle fut particulièrement honorée par les femmes pour qui l'amour est une profession. Dans la ville de plaisirs qu'était alors Alexandrie, elle avait perdu toute sévérité ; et à Rome cette bonne déesse resta fort indulgente aux faiblesses humaines. Juvénal la traite brutalement d'entremetteuse [15], et ses temples avaient une réputation plus qu'équivoque ; ils étaient fréquentés par les jeunes gens en quête d'aventures galantes. Apulée lui-même choisit un conte licencieux pour y faire montre de sa ferveur d'initié.

Mais l'Égypte, nous le disions, est pleine de contradictions et quand une moralité plus exigeante demanda aux dieux de rendre l'homme vertueux, les mystères alexandrins s'offrirent à la satisfaire.

De tout temps le rituel égyptien attribuait une importance considérable à la pureté ou, pour employer une expression plus adéquate, à la propreté. Avant toute cérémonie, l'officiant devait se soumettre à des ablutions, parfois à des fumigations ou à des onctions, s'imposer l'abstinence de certains mets et la continence durant un certain temps. A l'origine on n'attachait à cette cathartique aucune idée morale. Dans la pensée du célébrant elle a simplement pour but de le mettre dans un état tel que le sacrifice puisse produire l'effet attendu. Elle est comparable à la diète, aux douches et aux frictions que le médecin prescrit pour obtenir la santé physique. Les dispositions intérieures de l'officiant étaient aussi indiffé-

rentes aux esprits célestes que l'était le mérite ou le
démérite du défunt à Osiris, juge des enfers ; il suffi-
sait pour qu'il ouvrît à l'âme l'entrée des champs
d'Aalou qu'elle prononçât les formules liturgiques,
et si elle affirmait selon le texte prescrit ne point
être coupable, elle était crue sur parole.

Mais dans la religion égyptienne, comme dans
toutes celles de l'antiquité [46], la conception primitive se transforma peu à peu, et une notion nouvelle
s'en dégagea lentement. On attendit des actes sacra-
mentels la purification de taches morales, on se per-
suada qu'ils rendaient l'homme meilleur. Les dévotes
d'Isis que Juvénal [47] nous montre brisant la glace du
Tibre pour se baigner dans le fleuve et faisant le tour
du temple sur leurs genoux ensanglantés, espèrent
par ces souffrances expier leurs péchés et racheter
leurs manquements.

Lorsqu'au IIᵉ siècle un idéal nouveau grandit dans
la conscience populaire, lorsque les magiciens eux-
mêmes devinrent des gens pieux et graves, exempts
de passions et d'appétits, honorés pour la dignité de
leur vie plus que pour leur blanche robe de lin [48], les
vertus dont les prêtres égyptiens imposèrent la pratique furent aussi moins extérieures. On exigea plutôt
la pureté du cœur que celle du corps. Le renoncement
aux plaisirs sensuels fut la condition indispensable
pour arriver à la connaissance de la divinité, qui
était le souverain bien [49]. Isis ne favorisait plus alors
les amours illicites : dans le roman de Xénophon

d'Éphèse (vers 280 ap. J.-C.) elle protège la chasteté
de l'héroïne contre toutes les embûches et assure
son triomphe. L'existence entière, conformément à
l'ancienne croyance, était une préparation à ce jugement formidable que Sérapis rendait

Dans la profonde nuit où tout doit redescendre,

mais pour qu'il prononçât à l'avantage du myste,
il ne suffit plus que celui-ci connût les rites de la
secte, il fallut aussi que sa vie fût exempte de crimes, et le maître des enfers y assignait à chacun
une place suivant ses mérites [50]. On voit se développer la doctrine d'une rétribution future.

Seulement ici aussi, comme dans leur conception
de la divinité, les mystères égyptiens ont suivi le
progrès général des idées plus qu'ils ne l'ont dirigé ;
ils ont été transformés par la philosophie plus qu'ils
ne l'ont inspirée.

* *
*

Comment un culte qui n'était réellement novateur
ni dans sa théologie ni dans sa morale a-t-il provoqué chez les Romains à la fois tant d'hostilité et tant
de ferveur? La théologie et la morale c'est aujour-
d'hui pour beaucoup d'esprits à peu près toute la
religion ; mais dans l'antiquité il n'en était pas de
même, et les prêtres d'Isis et de Sérapis ont conquis les âmes surtout par d'autres moyens. Ils les

ont attirées d'abord par la séduction puissante de leur rituel; ils les ont retenues par les promesses merveilleuses de leurs doctrines eschatologiques.

Le rite chez les Égyptiens a une valeur bien supérieure à celle que nous lui attribuons de nos jours. Il a une force opérante par lui-même et quelles que soient les intentions du célébrant. L'efficacité de la prière ne dépend pas des dispositions intimes du fidèle mais de l'exactitude des mots, du geste et de l'intonation. Le culte ne se distingue pas nettement de la magie. Si une divinité est invoquée suivant les formes exactes, surtout si l'on sait prononcer son véritable nom, elle est contrainte d'agir selon la volonté de son prêtre. Les paroles sacrées sont une incantation qui oblige les puissances supérieures à obéir à l'officiant, quel que soit le but poursuivi par celui-ci. L'homme acquiert par la connaissance de la liturgie un pouvoir immense sur le monde des esprits. Porphyre s'étonne et s'indigne de ce que les Égyptiens dans leurs oraisons osent parfois menacer leurs dieux [51].

Aussi le rituel, qui communique une puissance surhumaine [52], se développe-t-il en Égypte avec une perfection, une abondance, une splendeur inconnues en Occident. Il a une unité, une précision et une permanence qui contrastent étrangement avec la variété des mythes, l'incertitude des dogmes et l'arbitraire des interprétations. Malgré le nombre énorme d'années qui les séparent, les livres sacrés

de l'époque gréco-romaine reproduisent fidèlement
les textes gravés autrefois sur les parois des pyramides. On accomplit encore sous les Césars avec un
souci scrupuleux les antiques cérémonies qui remontent aux premiers âges de l'Égypte et dont le plus
petit mot et le moindre geste ont leur importance.
Ce rituel et l'idée qu'on s'en faisait ont passé en
grande partie dans les temples latins d'Isis et de
Sérapis. C'est un fait longtemps méconnu, mais qui
ne peut faire aucun doute. Une première preuve en
est que le clergé de ces temples est organisé comme
l'était celui de l'Égypte à l'époque ptolémaïque [53].
Il forme une hiérarchie dirigée par un grand-prêtre,
et qui comprend, comme sur les bords du Nil, des *prophètes* instruits dans la science divine, des *stolistes*,
ou *ornatrices* [54], chargées de vêtir les statues des dieux,
des *pastophores* qui portent dans les processions
les chapelles sacrées, d'autres encore. Comme dans
leur pays d'origine, ces prêtres se distinguent du
commun des mortels par une tonsure, par une aube
de lin, par leurs mœurs comme par leur habit. Ils se
consacrent tout entiers à leur ministère, et n'ont pas
d'autre profession. Ce sacerdoce est toujours resté
égyptien par son caractère, sinon par sa nationalité,
parce que la liturgie qu'il devait accomplir l'était;
de même, les prêtres des Baals sont des Syriens [55],
parce que seuls ils savent comment il faut honorer
les dieux de la Syrie.
Tout d'abord, comme dans la vallée du Nil, il faut

célébrer un service quotidien. Les dieux égyptiens ne
jouissaient que d'une éternité précaire ; ils étaient sujets à la destruction et soumis aux besoins. Selon une
conception très primitive, qui s'est toujours maintenue, chaque jour, sous peine de périr, ils devaient
être nourris, habillés, vivifiés. Ainsi s'imposa la nécessité d'une liturgie qui fut sensiblement la même
dans tous les nomes, qui resta en usage durant des
milliers d'années et dont la fixité s'opposa à la multiplicité des légendes et des croyances locales [56].

Cette liturgie quotidienne, traduite en grec puis
peut être en latin, et adaptée par les fondateurs du
Sérapéum à des besoins nouveaux, est fidèlement
suivie dans les temples romains des dieux alexandrins. La cérémonie essentielle est restée « l'ouver-
ture » (*apertio* [57]) du sanctuaire c'est-à-dire qu'à
l'aube on découvrait aux fidèles la statue de la divinité, enfermée dans le naos, qui était fermé et scellé
la nuit [58]. Puis, toujours comme en Égypte, le prêtre
allumait le feu sacré et faisait des libations d'une eau
qui passait pour être celle du Nil déifié [59], en psal-
modiant les hymnes d'usage accompagnées par le son
des flûtes. Enfin, « debout sur le seuil — je traduis
littéralement un passage de Porphyre [60] —, il éveille
le dieu en l'appelant en langue égyptienne ». Le
dieu est donc, comme sous les Pharaons, ranimé
par le sacrifice, et à l'appel de son nom il sort de son
sommeil. Le nom est en effet indissolublement lié à
la personnalité ; celui qui sait prononcer le vrai

nom d'un individu ou d'une divinité se fait obéir
d'eux comme un maître de son esclave. De là la nécessité de conserver la forme originale de ce vocable
mystérieux. L'introduction d'une foule d'appella-
tions barbares dans les incantations magiques n'a
pas d'autre motif.

Il est probable que chaque jour aussi, comme
dans le rituel égyptien, on procédait à la toilette de la
statue, on l'habillait, on la coiffait [61]. Nous avons
vu qu'à des « ornatrices » ou « stolistes » étaient
spécialement confiés ces soins. L'idole était couverte de vêtements somptueux, chargée de bijoux
et de gemmes. Une inscription nous a conservé l'in-
ventaire des joyaux que portait une Isis dans l'ancienne Cadix [62] : sa parure est plus brillante que
celle d'une madone espagnole.

Toute la matinée, depuis le moment où une accla-
mation bruyante avait salué le lever du soleil, les
images des dieux étaient offertes à l'adoration muette
des initiés [63]. L'Égypte est le pays d'où la dévotion
contemplative a pénétré en Europe. Puis dans l'après-
midi se célébrait un second service qui était celui
de la clôture du sanctuaire [64].

Cette liturgie quotidienne devait être fort absorbante. Elle introduisit dans le paganisme romain une
innovation grosse de conséquences. On ne sacrifie
plus seulement au dieu à telle ou telle occasion, mais
deux fois chaque jour longuement. La dévotion tend,
comme chez les Égyptiens, qu'Hérodote proclamait

déjà le plus religieux de tous les peuples [65], à remplir toute l'existence et à dominer les intérêts privés et publics. La reproduction constante des mêmes prières entretenait et renouvelait la foi, et l'on vivait pour ainsi dire perpétuellement sous le regard des dieux.

Aux rites journaliers s'opposent dans le rituel d'Abydos les fêtes du début des saisons, lesquelles revenaient tous les ans à date fixe [66]. Il en était de même en Italie. Les calendriers nous ont conservé les noms de plusieurs d'entre elles et le rhéteur Apulée [67] nous a laissé de l'une d'elles, le *Navigium Isidis*, une description brillante où, pour parler comme les anciens, il vide tous ses tubes de couleurs. Le 5 mars, au moment où se rouvrait la navigation interrompue durant les mois d'hiver, une procession magnifique se dirigeait vers le rivage, et l'on faisait glisser dans les flots un vaisseau consacré à Isis, protectrice des marins. Un groupe burlesque de personnages travestis ouvrait le cortège [68], puis venaient les femmes en robe blanche, semant des fleurs ; les stolistes, agitant les ustensiles de toilette de la déesse ; un groupe portant des torches allumées ; les hymnodes dont les chants alternés se mêlaient au son aigu des flûtes traversières et au tintement des sistres d'airain, puis la foule pressée des initiés et les prêtres, la tête rasée, vêtus de robes de lin d'une blancheur éclatante, et portant les images des dieux à figure animale avec des symboles étranges, comme une urne d'or con-

tenant l'eau divine du Nil. On s'arrêtait devant
des reposoirs [69], où ces objets sacrés étaient offerts
à la vénération des fidèles. Le faste somptueux
et bizarre déployé dans ces fêtes laissait dans la
plèbe avide de spectacles une impression inoublia-
ble.

Mais de toutes les solennités isiaques, la plus émouvante et la plus suggestive était la commémoration
de l'« Invention d'Osiris » (*Inventio*, Εὕρεσις). Ses
antécédents remontent à une antiquité très reculée.
Dès l'époque de la XII* dynastie et sans doute bien
auparavant, on célébrait à Abydos et ailleurs une
représentation sacrée, analogue aux mystères du
moyen âge, qui reproduisait les péripéties de la passion et de la résurrection d'Osiris. Nous en avons
conservé le rituel [70] : le dieu sortant du temple tom-
bait sous les coups de Set; on simulait autour de son
corps les lamentations funèbres, on l'ensevelissait
selon les rites; puis Set était vaincu par Horus, et
Osiris, à qui la vie était rendue, rentrait dans son
temple après avoir triomphé de la mort.

C'était le même mythe qui, chaque année, au commencement de novembre, était représenté à Rome
presque dans les mêmes formes [71]. Isis, accablée de
douleur, cherchait au milieu des plaintes désolées
des prêtres et des fidèles le corps divin d'Osiris, dont
les membres avaient été dispersés par Typhon. Puis
le cadavre retrouvé, reconstitué, ranimé, c'était une
longue explosion de joie, une jubilation exubérante

dont retentissaient les temples et les rues — au point
d'importuner les passants.

Ce désespoir et cet enthousiasme partagés agissaient fortement sur le sentiment des fidèles, comme
la fête du printemps dans la religion phrygienne et
par les mêmes moyens. Mais de plus on y attachait
un sens esotérique dont n'était instruite qu'une élite
pieuse. A côté des cérémonies publiques il y avait un
culte secret, auquel on n'était admis qu'à la suite
d'une initiation graduelle. Trois fois le héros d'Apulée doit se soumettre à cette épreuve pour obtenir la
révélation intégrale. Déjà en Égypte certains rites,
certaines interprétations n'étaient communiqués par
le clergé que moyennant la promesse de ne rien
divulguer ; c'était le cas précisément pour le culte
d'Isis à Abydos et ailleurs [72]. Lorsque les Ptolémées
réglèrent le rituel grec de leur nouvelle religion,
celle-ci prit la forme des mystères répandus dans le
monde hellénique et fut rapprochée en particulier
de ceux d'Éleusis. Ici se fait sentir l'intervention de
l'Eumolpide Timothée [73].

Mais si le cérémonial des initiations, la représentation même du drame liturgique, furent ainsi
accomodées aux habitudes religieuses des Grecs, le
contenu doctrinal des mystères alexandrins resta
purement égyptien. Conformément aux vieilles
croyances, on crut toujours obtenir l'immortalité
par une identification du défunt avec Osiris ou
Sérapis.

Chez aucun peuple peut-être ne se vérifie aussi
pleinement que chez les Égyptiens, ce mot de Fustel
de Coulanges : « La mort fut le premier mystère, il
mit l'homme sur la voie des autres mystères [74] ».
Nulle part la vie ne fut à ce point dominée par la
préoccupation de l'au-delà; nulle part on ne prit
des soins aussi minutieux et aussi compliqués pour
assurer et conserver aux défunts une autre existence. La littérature funéraire, dont nous avons retrouvé des documents en nombre infini, avait acquis
un développement à nul autre pareil, et l'architecture d'aucun peuple n'a élevé de tombeaux compa-
rables aux pyramides ou aux sépultures rupestres
de Thèbes.

Ce souci constant d'assurer à ses proches et à soi-
même une vie après cette vie, se manifesta sous des
formes variées, mais il finit par se concrétiser dans
le culte d'Osiris. Le destin d'Osiris, dieu mort et
ressuscité, finit par devenir le prototype de celui de
tout être humain qui observait les rites des funérailles. «Aussi vrai qu'Osiris vit, dit un texte égyptien, lui aussi vivra ; aussi vrai qu'Osiris n'est pas
anéanti, lui non plus ne sera pas anéanti [75]. »

Le mort donc, s'il sert pieusement Osiris-Séra-
pis, sera assimilé à lui, il partagera son éternité dans
le royaume souterrain, où siège le juge des défunts.
Il vivra non seulement comme une ombre ténue ou
comme un esprit subtil, mais en pleine possession de son corps comme de son âme. Telle fut la

doctrine égyptienne et telle fut certainement aussi celle des mystères pratiqués dans le monde gréco-latin [76].

Par l'initiation, le myste renaissait à une vie surhumaine et devenait l'égal des immortels [77]. Dans son extase, il croyait franchir le seuil de la mort et contempler face à face les dieux de l'enfer et ceux du ciel [78]. Après le trépas, s'il a accompli exactement les prescriptions, que, par la bouche de leurs prêtres, lui imposent Isis et Sérapis, ceux-ci prolongeront sa vie au-delà de la durée que lui ont assignée les destins, et il pourra éternellement dans leur royaume souterrain participer à leur béatitude et leur offrir ses hommages [79]. La « volupté ineffable » qu'il ressent en contemplant les images sacrées du temple [80], deviendra un perpétuel ravissement quand, au lieu du simulacre, il jouira de la présence divine.

Lorsque sous la république, les mystères alexandrins se répandirent en Italie, aucune religion n'avait encore apporté aux hommes une promesse aussi formelle d'immortalité bienheureuse, et c'est là surtout ce qui leur communiqua une irrésistible puissance d'attraction. Au lieu des opinions flottantes et contradictoires des philosophes sur la destinée de l'âme, Sérapis offrait une certitude fondée sur une révélation divine et corroborée par la foi des générations innombrables qui s'y étaient attachées. Ce que les Orphiques avaient confusément entrevu à

travers le voile des légendes et enseigné à la Grande
Grèce [81], à savoir que cette vie terrestre est une
épreuve qui prépare à une autre vie plus haute et
plus pure, que le bonheur d'outre-tombe peut être
assuré par des rites, des observances, révélés par les
dieux eux-mêmes, tout cela était maintenant prêché
avec une fermeté et une précision jusqu'alors inconnues. C'est surtout par ces doctrines eschatologiques
que l'Égypte a conquis le monde latin et en particulier les foules misérables sur qui pesait douloureu-
sement le poids de toutes les iniquités de la société
romaine.

* *

La puissance, la popularité de ces croyances sur
la vie future a laissé des traces jusque dans notre
langue, et, en terminant cette étude où j'ai dû
forcément m'abstenir de tout détail pittoresque, je
voudrais indiquer comment un mot français per-
pétue encore obscurément le souvenir des vieilles
idées égyptiennes.

Durant la froide nuit de leurs longs hivers, les
Scandinaves ont rêvé d'un Walhalla où, dans des
salles bien closes et brillamment illuminées, les
guerriers défunts s'échauffaient en buvant la liqueur
capiteuse servie par les Valkyries; sous le ciel brû-
lant de l'Égypte, au bord des sables arides où le
voyageur succombe dévoré par la soif, ce qu'on

souhaite au mort pour ses pérégrinations posthumes,
c'est qu'il trouve une source limpide pour éteindre
l'ardeur qui le dévore et qu'il soit rafraîchi par les
souffles du vent du nord [82]. A Rome même, les
fidèles des dieux alexandrins inscrivent souvent sur
leurs tombes le souhait : « Qu'Osiris te donne l'eau
froide » [83]. Cette eau devint bientôt au figuré la fon-
taine de vie qui versait aux âmes altérées l'immortalité. La métaphore entra si bien dans l'usage qu'en
latin *refrigerium* finit par être synonyme de réconfort
et de béatitude. L'expression continua à être employée avec ce sens dans la liturgie de l'Église [84],
et c'est pourquoi, aujourd'hui encore, bien que le
paradis chrétien ne ressemble guère aux champs
d'Aalou, on continue à prier pour le « rafraîchisse-
ment » spirituel des trépassés.

V

LA SYRIE

Les cultes syriens n'eurent jamais en Occident la cohésion de ceux de l'Égypte ou de l'Asie-Mineure. Ils y arrivèrent à des époques différentes, comme les vagues successives d'une marée montante, de la côte de Phénicie et des vallées du Liban, de la frontière de l'Euphrate et des oasis du désert, et ils vécurent dans le monde romain sans se confondre malgré leurs similitudes. L'isolement où ils se maintiennent, l'attachement persistant de leurs fidèles à leurs rites spéciaux sont une conséquence et comme une image du morcellement de la Syrie elle-même, où les diverses tribus et les divers cantons restèrent plus distincts que partout ailleurs, même quand ils eurent été confondus sous la domination de Rome. Ils gardèrent avec ténacité leurs dieux locaux comme leurs dialectes sémitiques.

. Il serait impossible de marquer ici d'un trait distinctif et individuel chacun de ces cultes particuliers

et de reconstituer son histoire — l'insuffisance de
nos informations ne le permettrait pas — mais nous
pouvons indiquer en général les voies par lesquelles
ils pénétrèrent à des dates différentes dans les pays
occidentaux et essayer de définir leurs caractères
communs, en nous attachant à montrer ce qu'apporta de nouveau aux Romains le paganisme syrien.

La première divinité sémitique que l'Italie apprit
à connaître fut *Atargatis*, — souvent confondue avec
l'Astarté phénicienne — qui possédait un temple fa-
meux à Bambyce ou Hiérapolis, non loin de l'Euphrate, et qui, en dehors de la ville sainte, était
adorée avec son époux Hadad dans une grande partie de la Syrie. Aussi, les Grecs la regardèrent-ils
comme la déesse syrienne (Συρία θεά) par excellence,
et dans les pays latins elle fut connue vulgairement
sous le nom de *dea Syria*, qui dans la bouche du
peuple finit même par se corrompre en *Iasura*.

On se rappellera les descriptions peu édifiantes
que Lucien et Apulée [1] nous ont laissées de ses prêtres ambulants. Conduits par un vieil eunuque de
mœurs équivoques, une troupe de jeunes gens maquillés, court les grands chemins, portant sur un
âne l'image parée de la déesse. Passent-ils dans un
bourg ou devant une riche villa, aussitôt ils se
livrent à leurs exercices sacrés. Au son strident de
leurs flûtes syriennes ils tournoient et se trémous-
sent convulsivement, la tête renversée, en poussant
de rauques clameurs, puis quand le vertige les a

saisis, que l'insensibilité est complète, ils se flagel-
lent éperdûment, se percent de leurs glaives, font
jaillir leur sang devant la foule rustique, dont le
cercle se resserre autour d'eux, et font enfin parmi
les spectateurs émerveillés une fructueuse collecte.
Ils reçoivent dans les plis de leur large robe des
jarres de lait et de vin, des fromages et de la farine
avec de la menue monnaie de bronze et même quelques pièces d'argent. A l'occasion, ils savent aussi
augmenter leurs profits par d'habiles larcins ou en
débitant pour un prix modique des oracles familiers.

Ce tableau pittoresque, qui remonte à un roman de
Lucius de Patras, est sans doute poussé très au
noir. On a peine à croire que le sacerdoce de la déesse
d'Hiérapolis n'ait été qu'un ramassis de charlatans et
de maraudeurs. Mais comment expliquer la présence
en Occident de ce bas-clergé mendiant et nomade ?

Il est certain que les premiers adorateurs de la
déesse syrienne dans le monde latin furent des
esclaves. Les guerres contre Antiochus le Grand
avaient provoqué le transport en Italie d'une foule de
prisonniers, qui, selon l'usage, furent vendus à
l'encan, et l'on a mis en relation avec ce fait la première apparition en Italie des *Chaldaei* [2] — c'est-à-
dire des diseurs de bonne aventure orientaux qui se
réclamaient de l'astrologie chaldéenne. Ces devins
trouvaient des clients crédules parmi les valets de
ferme, et le grave Caton engage le bon propriétaire
à les éconduire [3].

Dès le nᵉ siècle av. J.-C., l'introduction d'esclaves
syriens se faisait également par le commerce. Délos
était alors le grand entrepôt de cette denrée humaine,
et précisément dans cette île, Atargatis fut adorée
par des citoyens d'Athènes et de Rome [4]. La traite
propagea son culte en Occident [5]. Nous savons que
la grande révolte servile qui désola la Sicile en 134
av. J.-C., fut provoquée par un esclave d'Apamée,
serviteur de la déesse syrienne. Simulant une fureur
sacrée, il appela ses compagnons aux armes, comme
sur un ordre reçu du ciel [6]. Ce détail, que nous apprenons par hasard, montre combien était considérable alors la proportion des sémites dans les équipes
qui exploitaient les champs et de quelle autorité
Atargatis jouissait dans ces milieux ruraux. Trop
pauvres pour élever des temples à leur divinité
nationale, ces ouvriers agricoles attendaient, pour
faire leurs dévotions, qu'une troupe de galles ambulants passât par le bourg lointain où les avait relégués le hasard des enchères. L'existence de ces prêtres itinérants dépendait donc du grand nombre de
compatriotes qu'ils rencontraient partout dans les
campagnes et qui les faisaient vivre en leur sacri-
fiant une partie de leur pauvre pécule.

A la fin de la République, la considération qui
entourait ces devins à Rome, semble avoir été assez
sérieuse. Une pythonisse de Syrie indiquait à Marius
les sacrifices qu'il devait accomplir [7].

Sous l'Empire, l'importation des esclaves syriens

devint plus considérable encore. L'Italie dépeuplée
a de plus en plus besoin de bras étrangers, et la
Syrie fournit un fort contingent à l'immigration
forcée des cultivateurs. Mais ces Syriens, vifs et
intelligents autant que robustes et laborieux, occupent bien d'autres fonctions. Ils remplissent les
innombrables emplois domestiques dans les hôtels
de l'aristocratie, et sont particulièrement appréciés
comme porteurs de litière [8]. L'administration impériale et celle des municipalités, les gros entrepreneurs qui prennent à ferme le produit des douanes
et des mines, les embauchent ou les achètent en
foule, et jusqu'aux provinces frontières les plus
lointaines on trouve le *syrus* au service du prince,
des villes ou des particuliers. Le culte de la déesse
syrienne profita largement de ce courant économique
qui lui amenait sans cesse de nouveaux fidèles.
Elle est nommée au 1er siècle de notre ère, dans une
inscription romaine qui se rapporte précisément au
marché des esclaves, et nous savons que Néron eut
un caprice dévot pour cette étrangère, que bientôt
il délaissa [9]. Dans le quartier populaire de Trasté-
vère, elle eut un temple jusqu'à la fin du paganisme.

Cependant, à l'époque impériale, les esclaves ne
sont plus les seuls missionnaires qui viennent de
Syrie, et Atargatis n'est plus la seule divinité de ce
pays qui soit adorée en Occident. Alors la propagation des cultes sémitiques s'opère surtout d'une
autre façon.

Au début de notre ère, on vit les négociants syriens, les *Syri negotiatores*, entreprendre une véritable colonisation des provinces latines [10]. Déjà, au ii* siècle av. J.-C., les marchands de cette nationalité avaient fondé des comptoirs sur la côte d'Asie-Mineure, au Pirée, dans l'Archipel. Ils avaient à Délos, petite île mais grande place de commerce, des associations de marchands qui adoraient leurs dieux nationaux, en particulier Hadad et Atagartis. Mais les guerres qui troublèrent l'Orient à la fin de la République, et surtout l'extension de la piraterie ruinèrent le commerce maritime et arrêtèrent le mouvement d'émigration. Celui-ci reprit avec une puissance nouvelle quand la fondation de l'empire eut assuré la sécurité des mers, et que le trafic du Levant acquit un développement jusqu'alors inconnu. On peut suivre l'histoire des établissements syriens dans les provinces latines depuis le ı^{er} jusqu'au viii* siècle, et l'on commence depuis peu à apprécier à sa véritable valeur leur importance économique, sociale et religieuse.

L'esprit de lucre des Syriens était proverbial. Actifs, souples, habiles, souvent peu scrupuleux, partout ils savaient faire d'abord de petites, puis de grosses affaires. Profitant des aptitudes spéciales de leur race, ils parvinrent à s'établir sur toutes les côtes de la Méditerranée jusqu'en Espagne [11] : une inscription de Malaga fait mention d'une corporation formée par eux. Les ports d'Italie où le négoce était surtout

actif, Pouzzoles, Ostie, plus tard Naples, les attirèrent
en masse. Mais ils ne se confinèrent pas sur le rivage ;
ils pénétrèrent au loin dans l'intérieur des terres,
partout où ils avaient l'espoir de trafiquer avanta-
geusement. Ils suivirent les voies commerciales et
remontèrent le cours des grands fleuves. Ils pénètrè-
rent par le Danube jusqu'en Pannonie, par le Rhône
jusqu'à Lyon. En Gaule, cette population était particulièrement dense : dans ce pays inexploité, qui venait d'être ouvert au commerce, on pouvait s'enri-
chir rapidement. Un rescrit découvert dans le Liban
est adressé aux mariniers d'Arles, chargés du transport du blé [12], et l'on a trouvé dans le département
de l'Ain une épitaphe bilingue d'un marchand du
IIIe siècle, Thaïm ou Julien, fils de Saad, décurion de
la cité de Canatha en Syrie, qui possédait deux facto-
reries dans le bassin du Rhône, où il faisait venir les
marchandises d'Aquitaine. Les Syriens se répandirent ainsi dans toute la province jusqu'à Trèves,
où leur colonie était puissante. Même les invasions des barbares au ve siècle n'arrêtèrent pas leur
immigration. Saint Jérôme nous les montre parcourant tout le monde romain au milieu des troubles
de l'invasion, séduits par l'appât du gain jusqu'à
braver tous les dangers. Dans la société barbare l'influence de cet élément civilisé et citadin augmenta
encore. Sous les Mérovingiens, vers 591, ils étaient
assez puissants à Paris pour faire élire évêque un
des leurs et s'emparer de tous les offices ecclésias-

tiques. Grégoire de Tours raconte que, lors de
l'entrée du roi Gontrand à Orléans, en 585, on entendait la foule chanter ses louanges « dans la langue
des Latins, des Juifs et des Syriens » [13]. Il fallut, pour
faire disparaître ces colonies de marchands, que les
corsaires sarrasins eussent ruiné le commerce de la
Méditerranée.

Ces établissements exercèrent une action profonde
sur la vie économique et matérielle des provinces
latines et en particulier de la Gaule : comme banquiers, les Syriens concentrèrent entre leurs mains
une grande partie du commerce de l'argent et mo-
nopolisèrent l'importation des denrées précieuses du
Levant et celle des articles de luxe; ils vendaient
des vins, des épices, des verreries, des soieries et
des tissus de pourpre, et aussi des pièces d'orfèvre-
rie, qui servirent de modèles aux artisans indigènes.
Leur influence morale et religieuse ne fut pas moins
considérable : ainsi, l'on a montré comment, à l'époque chrétienne, ils favorisèrent le développement de
la vie monastique et comment la dévotion au crucifix, qui grandit par opposition aux monophysites, fut
introduite par eux en Occident; durant les cinq
premiers siècles, les chrétiens éprouvèrent une invincible répugnance à représenter le Sauveur du monde
cloué sur un instrument de supplice plus infâmant,
que notre guillotine. A un symbolisme vague les
Syriens substituèrent les premiers la réalité dans
toute son horreur pathétique [14].

Au temps du paganisme, le rôle religieux joué par cette population exotique ne fut pas moins remarquable. Ces marchands se préoccupèrent toujours des affaires du ciel comme de celles de la terre. A toutes les époques, la Syrie fut une terre d'ardente dévotion, et ses enfants mirent, au premier siècle, autant de ferveur à répandre en Occident le culte de leurs dieux barbares qu'après leur conversion à propager le christianisme jusque dans le Turkestan et en Chine. Dans les îles de l'Archipel, durant la période alexandrine, comme dans les provinces latines sous l'Empire, les négociants s'empressaient de fonder, en même temps que leurs comptoirs, des chapelles où ils pratiquaient leurs rites exotiques.

Les divinités de la côte de Phénicie passèrent aisément au-delà des mers : on vit débarquer Adonis, que pleuraient les femmes de Byblos; Balmarcodès, « le seigneur des danses », venu de Béryte; Marnas, le maître des pluies, adoré à Gaza, et l'on célébrait au printemps sur le rivage d'Ostie, comme en Orient, la fête nautique de Maïoumas [15].

A côté de ces cultes à demi-grécisés, d'autres plus purement sémitiques arrivèrent de l'intérieur du pays, car les marchands étaient souvent originaires de cités de l'*hinterland*, comme d'Apamée ou d'Épiphanie dans la Cœlé-Syrie, ou même de villages du plat pays. Le courant de l'émigration alla grossissant à mesure que Rome incorpora à l'empire les petits royaumes qui conservaient au-delà du Liban

et de l'Oronte une indépendance précaire. En 71, la
Commagène, qui s'étend entre le Taurus et l'Euphrate, fut annexée par Vespasien ; un peu plus tard,
les dynasties de Chalcis et d'Émèse furent pareillement privées de leur pouvoir. Trajan prit possession
de Damas en même temps qu'il constituait la nouvelle province d'Arabie (106 après J.-C.), et l'oasis de
Palmyre, grand entrepôt de marchandises, perdit
aussi son autonomie. Rome étendait ainsi son autorité directe jusqu'au désert sur des pays qui n'étaient
hellénisés que superficiellement et où les dévotions
indigènes avaient conservé toute leur ferveur sauvage. Des relations fréquentes s'établirent dès lors
entre ces contrées, jusque là peu accessibles, et
l'Occident. Le commerce s'y développa à mesure
qu'on y créa des routes, et, avec les intérêts du négoce, les besoins de l'administration provoquèrent
un échange incessant d'hommes, de produits et de
croyances entre ces pays excentriques et les provinces latines.

Aussi, voit-on ces annexions suivies d'un nouvel
afflux de divinités syriennes en Occident. C'est
ainsi qu'à Pouzzoles, où venaient aboutir les principales lignes de navigation du Levant, le Baal de
Damas (*Jupiter Damascenus*) avait au II\e siècle un
temple desservi par des bourgeois considérés, et
Dusarès, originaire du fond de l'Arabie, s'y voyait
dresser des autels et offrir deux chameaux d'or [16].
Ils vinrent y tenir compagnie à une divinité

plus anciennement réputée, le Hadad de Baalbek-
Héliopolis (*Jupiter Heliopolitanus*), dont le temple,
restauré par Antonin le Pieux et qui passait pour
une des merveilles du monde [17], fait encore l'admiration des voyageurs en Terre-Sainte. Héliopolis avait
été avec Béryte la plus ancienne colonie fondée en
Syrie sous Auguste ; son dieu participa à la position
privilégiée accordée aux habitants de ces deux villes
qui l'adoraient avec une commune dévotion [18], et fut
plus facilement que les autres naturalisé romain.

La conquête de la Syrie entière jusqu'à l'Euphrate
et la soumission même d'une partie de la Mésopotamie favorisèrent encore d'une autre façon la diffusion
des cultes sémitiques. Les Césars allèrent chercher
dans ces contrées, peuplées de races guerrières, des
recrues pour l'armée impériale. Ils y levèrent un
grand nombre de légionnaires et surtout des troupes
auxiliaires, qui furent transportées sur toutes les
frontières. Cavaliers et fantassins originaires de
ces provinces, formaient des contingents importants
dans les garnisons d'Europe et d'Afrique. Ainsi, une
cohorte montée de mille archers d'Émèse est établie
en Pannonie, une autre d'archers de Damas dans la
Germanie supérieure ; la Maurétanie reçoit des
irréguliers de Palmyre, et des corps recrutés dans
l'Iturée, à la lisière du désert d'Arabie, campent à
la fois en Dacie, en Germanie, en Égypte et en
Cappadoce. La Commagène à elle seule ne fournit
pas moins de six cohortes de cinq cents hommes

qui sont envoyées sur le Danube et en Numidie [19].

Le nombre des dédicaces consacrées par des soldats prouve à la fois la vivacité de leur foi et la diversité de leurs croyances. Comme les marins d'aujour-
d'hui, transportés sous des climats étrangers, exposés
à des périls incessants, ils étaient enclins à invoquer
sans cesse la protection du ciel, et ils restaient attachés aux dieux, qui, dans leur lointain exil, leur rap-
pelaient la patrie absente. Aussi n'est-il pas étonnant
que les Syriens enrôlés dans l'armée aient pratiqué
près de leurs camps le culte de leurs Baals. Une
inscription en vers à la louange de la déesse d'Hiérapolis a été découverte au nord de l'Angleterre, près
du vallum d'Hadrien; elle a pour auteur un préfet,
probablement celui d'une cohorte d'*Hamii*, station-
née en cet endroit [20].

Les militaires ne sont pas tous, comme cet officier,
venus grossir les rangs des fidèles qui adoraient des
divinités depuis longtemps adoptées par le monde
latin. Ils en ont aussi apporté de nouvelles, arrivées
de plus loin encore que leurs devancières, des confins
mêmes du monde barbare, car c'est là surtout qu'on
peut recruter des hommes aguerris. Ce seront, par
exemple, *Baltis*, une « Notre Dame » de l'Osrhoène au-
delà de l'Euphrate [21], *Aziz*, le « dieu fort » d'Édesse,
assimilé à l'étoile Lucifer [22], *Malakbel*, le « messager
du Seigneur », patron des Palmyréniens, qui apparaît avec divers compagnons à Rome, en Numidie,
en Dacie [23]. Le plus célèbre de ces dieux est à cette

époque le Jupiter de Doliché, une petite ville de
la Commagène qui lui dut son illustration. Grâce
aux troupes originaires de cette contrée, ce Baal
obscur, dont aucun écrivain ne mentionne le nom,
trouva des adorateurs dans toutes les provinces
romaines jusqu'en Afrique, en Germanie et en Bretagne. Le nombre des dédicaces connues qui lui sont
consacrées, dépasse la centaine, et il s'accroît tous les
jours. Primitivement un dieu de la foudre, représenté
brandissant une hache, ce génie local de l'orage
s'éleva au rang de divinité tutélaire de armées
impériales [24].

La diffusion des cultes sémitiques en Italie, qui
commença insensiblement sous la République, se produisit surtout à partir du Iᵉʳ siècle de notre ère. Leur
expansion et leur multiplication furent rapides, et ils
atteignirent l'apogée de leur puissance au IIIᵉ siècle. |
Leur influence devint presque prépondérante quand
l'avènement des Sévères leur valut l'appui d'une cour
à demi syrienne. Les fonctionnaires de tout ordre,
les sénateurs et les officiers, rivalisèrent de piété
envers les dieux protecteurs de leurs souverains et
protégés par ceux-ci. Des princesses intelligentes et
ambitieuses, Julia Domna, Julia Maesa, Julia Mam-
maea, dont l'ascendant fut si considérable, se firent
les propagatrices de leur religion nationale. On connaît le pronunciamento audacieux qui, en 218, mit sur
le trône un enfant de quatorze ans, serviteur du Baal
d'Émèse, l'empereur Héliogabale. Il voulut donner

8*

à son dieu barbare, jusqu'alors presque inconnu, la
primauté sur tous les autres. Les auteurs anciens
racontent avec indignation comment ce prêtre couronné voulut élever sa pierre noire, idole grossière
apportée d'Émèse, au rang de divinité souveraine
de l'empire en lui subordonnant tout l'ancien panthéon; ils ne tarissent pas en détails révoltants
sur le débordement de débauches, auxquelles les
fêtes du nouveau *Sol invictus Elagabal* servaient
de prétexte [25]. A la vérité, on peut se demander si les historiens romains, très hostiles à
l'étranger qui prétendait faire dominer partout les
usages de sa patrie, n'ont pas en partie dénaturé ou
méconnu la réalité des faits. La tentative d'Héliogabale pour faire reconnaître son dieu comme le dieu
suprème, pour établir dans le ciel une sorte de monothéisme, comme la monarchie régnait sur la terre, fut
sans doute trop violente, maladroite et prématurée,
mais elle répondait aux aspirations du temps, et l'on
doit se souvenir que non seulement à Rome, mais
dans tout l'empire, des colonies puissantes de Syriens
pouvaient servir d'appui à la politique impériale.

Un demi siècle plus tard, Aurélien s'inspirait de
la même pensée en créant un nouveau culte du
« Soleil invincible ». Adoré dans un temple splendide par des pontifes égalés aux anciens pontifes de
Rome, fêté tous les quatre ans par des jeux magni-
fiques, *Sol invictus* était, lui aussi, élevé au rang
suprème dans la hiérarchie divine, et devenait le pro-

tecteur spécial des empereurs et de l'empire. Le pays
où Aurélien trouva le modèle qu'il chercha à reproduire, fut encore la Syrie : il transporta dans le nouveau sanctuaire une image de Bèl, emportée de
Palmyre, vaincue par ses armes [26].

* *

Ainsi les souverains à deux reprises voulurent
remplacer par un dieu sémitique le Jupiter capito-
lin, faire d'un culte sémitique le culte principal et
officiel des Romains. Ils proclamaient la déchéance
de la vieille idolâtrie latine au profit d'un autre paganisme emprunté à la Syrie. Quelle supériorité reconnaissait on donc aux croyances de ce pays? Pourquoi
même un général d'Illyrie, comme Aurélien, allait-il
y chercher le type le plus parfait de la religion
païenne? Voilà le problème qui se pose et qui ne
pourra être résolu que si l'on se rend un compte
exact de ce qu'étaient devenues sous l'Empire les
croyances des Syriens.

C'est là une question encore mal élucidée. En
dehors de l'opuscule, très superficiel, de Lucien
sur la *dea Syria* nous ne trouvons guère de renseignements dignes de créance dans les écrivains
grecs ou latins. L'ouvrage de Philon de Byblos,
interprétation evhémériste d'une prétendue cosmo-
gonie phénicienne, est un alliage de très mauvais
aloi. Nous ne possédons pas non plus, comme pour

l'Égypte, les recueils originaux des liturgies sémitiques. Ce que nous avons appris, nous le devons
surtout aux inscriptions, et si celles-ci fournissent
des indications précieuses sur la date et l'aire d'expansion de ces cultes, elles sont presque muettes sur
leurs doctrines. La lumière doit être attendue ici de
fouilles pratiquées dans les grands sanctuaires de
Syrie et aussi d'une interprétation plus exacte des
monuments figurés, que nous possédons déjà en assez
grand nombre, notamment de ceux du Jupiter Dolichénus.

Cependant dès à présent certains caractères du
paganisme sémitique peuvent être reconnus, et, il
faut l'avouer, si on le jugeait sur les apparences
qui frappent tout d'abord, on l'apprécierait défavorablement.

Il était resté en lui un fonds d'idées très primitives,
de naturisme aborigène, qui s'était maintenu à travers de longs siècles et devait persister en partie
sous le christianisme et l'islamisme jusqu'à nos
jours [27] — culte des hauts lieux sur lesquels une
enceinte rustique marque parfois la limite du territoire consacré — culte des eaux, qui s'adresse à la
mer, aux rivières qui coulent des montagnes, aux
sources qui jaillissent du sol, aux étangs, aux lacs
et aux puits où l'on jette pareillement les offrandes,
soit qu'on vénère en eux la boisson qui désaltère et
vivifie ou bien l'humeur féconde de la terre — culte
des arbres qui ombragent les autels et que nul ne

peut abattre ou mutiler — culte des pierres et surtout des pierres brutes appelées « bétyles » et qui, leur nom l'indique (*beth-El*), sont regardées comme la demeure du dieu, ou pour mieux dire la matière où le divin s'incorpore [28]. C'est sous la forme d'une pierre conique qu'Aphrodite Astarté était adorée à Paphos, et un aérolithe noir, couvert de saillies et d'empreintes, auxquelles on attachait un sens symbolique, représentait Élagabal, et fut transporté, nous le rappelions, d'Émèse à Rome.

En même temps que les objets matériels, les animaux recevaient leur tribut d'hommages. Jusqu'à la fin du paganisme et même bien au-delà, se sont perpétuées des survivances de la vieille zoolâtrie des sémites. Souvent les dieux sont représentés debout sur des animaux : ainsi le Baal de Dolichè se tient sur un taureau, et sa parèdre, sur un lion. Autour de certains temples une quantité de bêtes sauvages erraient en liberté dans un parc sacré [29], souvenir du temps où elles passaient pour divines. Deux animaux surtout étaient l'objet d'une vénération générale : la colombe et le poisson. La colombe, dont les multitudes vagabondes accueillaient le voyageur débarquant à Ascalon [30] et dont les blancs tourbillons s'ébattaient dans les parvis de tous les sanctuaires d'Astarté [31], appartenait, pour ainsi dire, en propre à la déesse de l'amour, dont elle est restée le symbole, et au peuple qui adorait celle-ci avec prédilection.

Quid referam ut volitet crebras intacta per urbes
Alba Palaestino sancta columba Syro? [32]

Le poisson, consacré à Atargatis, qui sans doute primitivement était représentée elle-même sous cette forme, comme Dagon le resta toujours [33], était nourri dans des viviers à proximité des temples [34], et une crainte superstitieuse empêchait de le toucher, car la déesse punissait le sacrilège en couvrant son corps d'ulcères et de tumeurs [35]. Mais dans certains repas mystiques les prêtres et les initiés consommaient cette nourriture prohibée, et croyaient ainsi absorber la chair de la divinité elle-même. Cette adoration et ces usages, répandus en Syrie, ont probablement inspiré à l'époque chrétienne le symbolisme de l'Ichthys [36].

Mais au-dessus de cette couche inférieure et primordiale, qui affleurait encore par endroits, des croyances moins rudimentaires s'étaient formées. A côté des objets matériels et des animaux, le paganisme syrien vénérait aussi et surtout des divinités personnelles. On a reconstitué avec ingéniosité le caractère des dieux adorés primitivement par les tribus sémitiques [37]. Chacune a son Baal et sa Baalat qui la protège et auxquels ses membres seuls peuvent rendre un culte. Le nom de *Ba'al* « maître » résume la conception qu'on se fait de lui. Il est regardé d'abord comme le souverain de ses fidèles, et sa situation à leur égard est celle d'un potentat oriental par rapport à ses sujets ; ils sont ses serviteurs ou pour mieux dire ses esclaves. Le Baal est en même temps le « maître » ou propriétaire de la terre où il réside et qu'il fertilise en y faisant jaillir les sources. Ou bien son domaine est le firmament, il est le *dominus caeli* d'où il fait tomber les eaux supérieures dans le fracas des orages. Toujours on l'unit à une « reine » céleste ou terrestre, et il est, en troisième lieu, le « seigneur » ou l'époux de la « dame » qui lui est associée. L'un représente le principe mâle, l'autre le principe féminin ; ils sont les auteurs de toute fécondité, et par suite le culte de ce couple divin prend souvent un caractère sensuel et voluptueux.

Nulle part, en effet, l'impudeur ne s'étalait aussi crûment que dans les temples d'Astarté, dont les servantes honoraient la déesse avec d'inlassables ardeurs. Les prostitutions sacrées n'ont été en aucun pays aussi développées qu'en Syrie, et on ne les trouve guère en Occident qu'où les Phéniciens les ont importées, comme au mont Éryx. Ces égarements où l'on persévéra jusqu'à la fin du paganisme [38], doivent probablement s'expliquer par la constitution primitive de la tribu sémitique, et l'usage religieux dut être à l'origine une des formes de l'exogamie, qui obligeait la femme à s'unir d'abord à un étranger [39].

De plus, seconde tare, aucune religion n'a pratiqué aussi longtemps les sacrifices humains, immolant pour plaire à des dieux sanguinaires, des enfants et des hommes faits. Hadrien eut beau interdire ces offrandes meurtrières [40] ; elles se maintinrent dans

certains rites clandestins et dans les bas-fonds de la
magie jusqu'à la chute des idoles et même plus tard.
Elles correspondaient aux idées d'une époque où la
vie d'un captif ou d'un esclave n'était pas plus pré-
cieuse que celle du bétail.

Ces usages sacrés et beaucoup d'autres sur lesquels
Lucien insiste avec complaisance dans son opuscule
sur la déesse d'Hiérapolis, faisaient ainsi revivre
journellement dans les temples de Syrie les mœurs
d'un passé barbare. De toutes les vieilles conceptions
qui avaient régné successivement dans le pays,
aucune n'avait complètement disparu. Comme en
Égypte, des croyances de date et de provenance très
diverses coexistaient, sans qu'on cherchât ou sans
qu'on réussît à les accorder. La zoolâtrie, la litholâ-
trie, toutes les dévotions naturistes y survivaient à la
sauvagerie qui les avaient créées. Les dieux étaient
restés plus qu'ailleurs des chefs de clan [41], parce que
l'organisation en tribus subsistait plus vivace et plus
développée que dans toute autre région : sous l'Empire, beaucoup de cantons sont encore soumis à ce
régime et commandés par des « ethnarques » [42]. La
religion, qui sacrifiait à la divinité la vie des hommes
et la pudeur des femmes, était demeurée sous bien
des rapports au niveau moral de peuplades inso-
ciables et sanguinaires. Ses rites obscènes et atroces
provoquèrent un soulèvement exaspéré de la conscience romaine quand Héliogabale tenta de les introduire en Italie avec son Baal d'Émèse.

*
* *

Comment est-il donc compréhensible que les dieux
syriens se soient néanmoins imposés à l'Occident et
fait accepter des Césars eux-mêmes ? C'est que le
paganisme sémitique, pas plus que celui de l'Égypte,
ne doit être jugé uniquement d'après certaines pratiques qui semblent révoltantes, et qui perpétuaient
au milieu de la civilisation la barbarie et les puérili-
tés d'une société inculte. Comme en Égypte, il faut
distinguer entre la dévotion populaire, infiniment diverse, enfermée dans ses coutumes locales, et la religion sacerdotale. La Syrie possédait une quantité de
grands sanctuaires où un clergé instruit méditait et
dissertait sur la nature des êtres divins et sur le
sens de traditions héritées de lointains aïeux. Il
s'efforçait constamment — son intérêt même le lui
commandait — d'amender les traditions sacrées,
d'en modifier l'esprit quand la lettre était immuable,
afin qu'elles répondissent aux aspirations nouvelles
d'une époque plus avancée, et il avait ses mystères
et ses initiés à qui il révélait une sagesse supérieure
aux croyances vulgaires de la foule [43].

On peut souvent tirer d'un même principe des conséquences diamétralement opposées. C'est ainsi que
la vieille idée du *tabou*, qui transforma, ce semble,
les maisons d'Astarté en maisons de débauche,
devint aussi la source d'un code sévère de morale.

Les tribus sémitiques étaient hantées de la crainte du tabou. Une multitude de choses étaient impures ou sacrées, car, dans la confusion originelle, ces deux notions n'étaient pas nettement différenciées. La faculté qu'a l'homme d'user pour ses besoins de la nature qui l'environne, était ainsi limitée par une foule de prohibitions, de restrictions, de conditions. Celui qui touchait un objet interdit était souillé et corrompu ; ses semblables s'écartaient de lui, et il ne pouvait plus participer au sacrifice. Pour effacer cette tache, il devra recourir à des ablutions ou à d'autres cérémonies, connues des prêtres. La pureté conçue d'abord comme purement matérielle devient bientôt rituelle et enfin spirituelle. La vie est enveloppée d'un réseau de prescriptions circonstanciées dont toute violation entraîne une déchéance et exige une pénitence. La préoccupation de se maintenir toujours en état de sainteté, ou de la recouvrer quand on l'a perdue, occupe toute l'existence. Elle n'est pas particulière aux Sémites, mais ils lui ont accordé une valeur primordiale [44]. Et les dieux, qui possèdent nécessairement cette qualité d'une manière éminente, sont par excellence des êtres « saints » (ἄγιοι) [45].

Ainsi, l'on réussit souvent à dégager de vieilles croyances, instinctives et absurdes, des principes de conduite et des dogmes de foi. Toutes les doctrines théologiques qui se répandaient en Syrie modifiaient l'antique conception qu'on se faisait des Baals. Mais il est infiniment difficile, dans l'état actuel de nos

connaissances, de déterminer la part des influences diverses, qui depuis les conquêtes d'Alexandre jusqu'à
la domination romaine contribuèrent à faire du
paganisme syrien ce qu'il était devenu sous les
Césars. La civilisation de l'empire des Séleucides est
mal connue, et nous ne pouvons déterminer ce qu'y
produisit l'alliance de la pensée grecque avec les traditions des Sémites [46]. Les religions des peuples voisins eurent aussi une action indéniable. La Phénicie
et le Liban restèrent tributaires de l'Égypte au point
de vue moral longtemps après qu'ils se furent affranchis de la suzeraineté des Pharaons. La théogonie
de Philon de Byblos emprunte à ce pays des dieux et
des mythes, et Hadad était honoré à Héliopolis « suivant le rite égyptien plutôt qu'assyrien [47]. » Le monothéisme rigoureux des Juifs dispersés dans tout le
pays dut agir aussi comme un ferment actif de transformation. Mais ce fut Babylone qui conserva l'hégémonie intellectuelle, même après sa déchéance
politique. La puissante caste sacerdotale qui y régnait ne fut pas détruite avec l'indépendance de sa
patrie, et elle survécut aux conquêtes d'Alexandre
comme précédemment à la domination perse. Les
recherches des assyriologues ont prouvé la persistance de son ancien culte sous les Séleucides, et du
temps de Strabon les « Chaldéens » disputaient
encore dans les écoles rivales de Borsippa et d'Or-
choè sur les premiers principes et la cosmologie [48].
L'ascendant de ce clergé érudit s'exerça sur toutes

les contrées d'alentour : à l'est sur la Perse, au nord
sur la Cappadoce, mais plus que nulle part ailleurs il
fut reconnu par les Syriens, qui étaient unis aux Sémites orientaux par la communauté de la langue
et du sang. Même quand les Parthes eurent arraché
aux Séleucides la vallée de l'Euphrate, les rapports
avec les grands temples de cette région restèrent
ininterrompus. Les plaines de la Mésopotamie, peuplées de races congénères, s'étendaient des deux côtés
d'une frontière que n'avait pas marquée la nature ;
de grandes voies commerciales suivaient le cours
des deux fleuves qui descendent vers le golfe Persique ou coupaient à travers le désert, et les pèlerins
venaient de Babylone, nous dit Lucien, faire leurs
dévotions à la Dame de Bambyce [49].

Les relations spirituelles entre le judaïsme et
cette grande métropole religieuse furent constantes
depuis l'époque de l'Exil. A la naissance du christianisme, elles se manifestèrent par l'éclosion de
sectes gnostiques, où la mythologie sémitique formait avec les idées juives et grecques des combinaisons étranges et servait de fondement à des cons-
tructions extravagantes [50]. Enfin au déclin de l'Empire, c'est encore de Babylonie, que sortit la dernière
forme de l'idolâtrie qui fut accueillie dans le monde
latin : le manichéisme. On peut se figurer combien
l'action religieuse de ce pays dut être puissante sur le
paganisme syrien.

Cette action se manifesta sous diverses formes. Elle

introduisit d'abord des dieux nouveaux : ainsi le Bêl
de Palmyre fut certainement emprunté au panthéon
babylonien. Elle provoqua aussi des groupements
nouveaux d'anciennes divinités : on ajouta au couple
primitif du Baal et de la Baalat un troisième membre /
pour former une de ces triades qu'affectionnait la
théologie chaldéenne. Ce fut le cas à Hiérapolis
comme à Héliopolis, dont les trois dieux Hadad,
Atargatis et Simios deviennent dans les inscriptions
latines Jupiter, Vénus et Mercure [51]. Enfin et surtout l'astrolâtrie modifia profondément le caractère
des puissances célestes, et, par une conséquence
ultérieure, celui du paganisme romain tout entier.
Elle leur donna d'abord à côté de leur nature
propre une seconde personnalité; les mythes sidéraux vinrent s'inscrire en surcharge sur les mythes
agraires, et peu à peu les effacèrent. L'astrologie, née
sur les bords de l'Euphrate, s'imposa même en Égypte
au clergé hautain et inabordable du plus conservateur
de tous les peuples [52]. La Syrie l'accueillit sans
réserve et se donna à elle tout entière [53]; c'est ce dont
témoignent aussi bien la littérature que la numis-
matique et l'archéologie : ainsi, le roi Antiochus de
Commagène, qui mourut en 34 avant J.-C., s'était bâti
sur un éperon du Taurus un tombeau monumental,
où il plaça à côté des images de ses divinités ancestrales son horoscope figuré sur un grand bas-relief [54].

L'importance qu'eut l'introduction des cultes syriens en Occident est donc qu'ils y apportèrent indirec-

tement certaines doctrines théologiques des Chaldéens, comme Isis et Sérapis y transportèrent
d'Alexandrie des croyances de la vieille Égypte. L'empire romain reçut successivement le tribut religieux
des deux grands peuples qui avaient autrefois dominé
le monde oriental. Il est caractéristique que le dieu
qu'Aurélien ramena d'Orient pour en faire le protecteur de ses états (p. 139), Bêl, soit en réalité un
Babylonien, émigré à Palmyre[55], entrepôt cosmopolite que sa situation semblait prédestiner à devenir
l'intermédiaire entre la civilisation de la vallée de
l'Euphrate et celle du bassin de la Méditerranée.

L'action qu'exercèrent les spéculations des Chaldéens sur la pensée gréco-romaine, peut être affirmée
avec certitude mais non encore strictement définie.
Elle fut à la fois philosophique et religieuse, littéraire
et populaire. Toute l'école néo-platonicienne se réclame de ces maîtres vénérables, sans qu'il soit possible de déterminer ce qu'elle leur doit réellement.
Un recueil de vers, souvent cité depuis le IIIe siècle
sous le nom d' « Oracles chaldaïques » (Λόγια Χαλ-
δαϊκά), combine les anciennes théories helléniques
avec un mysticisme fantastique certainement importé
d'Orient. Il est à la Babylonie ce que la littérature
hermétique est à l'Égypte, et il est pareillement difficile de déterminer la nature de chacun des ingré-
dients que le rédacteur du poème a fait entrer dans
ses compositions sacrées. Mais auparavant déjà, les
cultes syriens avaient, par leur propagande dans les

masses, largement répandu en Occident des idées
nées sur les bords lointains de l'Euphrate, et je voudrais essayer d'indiquer brièvement ici quel fut leur
apport dans le syncrétisme païen.

* *

Nous avons vu que les dieux d'Alexandrie avaient
séduit les âmes surtout par la promesse d'une immortalité bienheureuse. Ceux de la Syrie durent certainement aussi satisfaire des préoccupations qui
tourmentaient alors tous les esprits. A la vérité, les
vieilles idées sémitiques sur la destinée dans l'au-delà
étaient peu consolantes. On sait combien leur conception de la vie d'outre-tombe était triste, terne, dé-
sespérante. Les morts descendent dans un royaume
souterrain où ils mènent une existence misérable,
pâle reflet de celle qu'ils ont perdue ; sujets aux
besoins et à la souffrance, ils doivent être sustentés
par les offrandes funèbres que leurs descendants font
sur leur sépulture. Ce sont là d'antiques croyances
et d'antiques usages qui se retrouvent dans la Grèce
et l'Italie primitives.

Mais à cette eschatologie rudimentaire se substitua
une toute autre conception, qui était en relation
étroite avec l'astrologie chaldéenne et qui se répandit
avec elle en Occident vers la fin de la République. Suivant cette doctrine, l'âme de l'homme après la mort
remonte au ciel pour y vivre au milieu des étoiles

divines. Tant qu'elle séjourne ici-bas, elle est soumise à toutes les exigences amères d'une destinée déterminée par les révolutions des astres; mais lorsqu'elle s'élève dans les régions supérieures, elle échappe à cette nécessité et aux limites même du temps; elle participe à l'éternité des dieux sidéraux qui l'environnent et auxquels elle est égalée. Une théorie plus purement astrologique enseignait que les âmes descendaient sur la terre du haut du ciel en traversant les sphères des sept planètes et acquéraient ainsi les dispositions et les qualités propres à chacun de ces astres. Après le trépas, elles retournaient par le même chemin à leur première demeure. Pour parvenir d'une sphère à la suivante, elles devaient franchir une porte gardée par un commandant (ἄρχων) [56]. Seules, celles des initiés connaissaient le mot de passe qui fléchissait ces gardiens incorruptibles, et sous la conduite d'un dieu psychopompe [57] montaient sûrement de zone en zone. A mesure qu'elles s'élevaient, elles se dépouillaient « comme de vêtements », des passions et des facultés qu'elles avaient reçues en s'abaissant ici-bas, et débarrassées de tout vice et de toute sensualité, pénétraient dans le huitième ciel pour y jouir, essences subtiles, d'une béatitude sans fin.

Peut-être cette dernière doctrine, qui est indubitablement d'origine babylonienne, n'a-t-elle pas été acceptée généralement dans tous les cultes syriens, comme elle le fut dans les mystères de Mithra, mais

certainement tous ces cultes, imprégnés d'astrologie,
répandirent la croyance que les âmes des fidèles, qui
avaient vécu pieusement, s'élevaient jusqu'aux sommets des cieux, où une apothéose les rendait semblables aux dieux lumineux [58]. Cette doctrine détrôna
peu à peu sous l'Empire toutes les autres ; les Champs
Élysées, que les sectateurs d'Isis et Sérapis situaient
encore dans les profondeurs de la terre, furent transportés dans la zone éthérée des étoiles fixes [59], et le
monde souterrain fut dès lors réservé aux méchants,
qui n'avaient pas obtenu le passage à travers les
portes célestes.

Les espaces sublimes où vivent les âmes puri-
fiées, sont aussi le séjour du dieu suprême [60]. En
même temps que les idées sur la fin de l'homme,
l'astrologie transforma celles qu'on se faisait de la nature de la divinité. C'est surtout par là que les cultes
syriens furent originaux ; car si les mystères alexandrins pouvaient offrir aux hommes des perspectives
d'immortalité aussi réconfortantes que l'eschatologie
de leurs rivaux, ils ne se haussèrent que tardivement
jusqu'à une théologie équivalente. Aux Sémites
revient l'honneur d'avoir réformé le plus radicalement l'ancien fétichisme. Leurs conceptions étroites
et basses au moment où nous pouvons d'abord les
saisir, s'élargissent et s'élèvent jusqu'à atteindre à
une sorte de monothéisme.

Les tribus syriennes, nous l'avons vu (p. 143), adoraient comme toutes les peuplades primitives un dieu

de la foudre [61]. Il ouvrait les réservoirs du firmament pour faire tomber la pluie et fendait les arbres géants des forêts à l'aide de la double hache, qui resta toujours son attribut [62]. Lorsque les progrès de l'astronomie reculèrent les constellations à des distances incommensurables, le « Ba'al des cieux » (*Ba'al-šamîn*) dut nécessairement grandir en majesté. Sans doute à l'époque des Achéménides, un rapprochement avec l'Ahura-Mazda des Perses, ancien dieu de la voûte céleste devenu la plus haute puissance physique et morale, favorisa la transformation du vieux génie du Tonnerre [63]. On continua à adorer en lui le ciel matériel, il est encore sous les Romains dit simplement *Caelus,* aussi bien que « Jupiter céleste » (*Jupiter Caelestis*, Ζεὺς Οὐράνιος [64]), mais c'est un ciel dont une science sacrée étudie et vénère le mécanisme harmonieux. Les Séleucides le réprésentent sur leurs monnaies le front surmonté d'un croissant et portant un soleil à sept rayons, pour rappeler qu'il préside au cours des astres [65]; ailleurs il est accosté des deux Dioscures, parce que ces héros qui, suivant le mythe grec, participaient alternativement à la vie et à la mort, étaient devenus des personnifications des deux hémisphères célestes. Cette uranographie religieuse plaça dans la région la plus élevée du monde la résidence de la divinité suprême, elle lui donna pour siège la zone la plus éloignée de la terre, au dessus de celles des planètes et des étoiles fixes. C'est ce qu'on entendit exprimer par le nom de Très-

Haut ("Ὕψιστος) qu'on appliqua aussi bien aux Baals syriens qu'à Jéhovah. Suivant la théologie de cette religion cosmique, le Très-Haut a pour séjour l'orbe immense qui contient les sphères de tous les astres et embrasse l'univers entier, soumis à sa domination. Les latins traduisirent le nom de cet « Hypsistos » par *Jupiter summus, exsuperantissimus* [66] pour montrer sa prééminence sur tous les êtres divins.

Son pouvoir était en effet infini. Le postulat primordial de l'astrologie chaldéenne, c'est que tous les phénomènes et les événements de ce monde sont déterminés nécessairement par des influences sidérales. Les changements de la nature comme les dispositions des hommes sont soumis fatalement aux énergies divines qui résident dans le ciel. En d'autres termes, les dieux sont « tout-puissants » ; ils sont les maîtres du Destin qui gouverne souverainement l'univers. Cette notion de leur omnipotence apparaît comme le développement de l'antique autocratie qu'on reconnaissait aux Baals. Ceux-ci étaient conçus nous l'avons dit, à l'image d'un monarque asiatique, et la terminologie religieuse se plaisait à faire ressortir l'humilité de leurs serviteurs par rapport à eux. On ne trouve en Syrie rien d'analogue à ce qui existait en Égypte, où le prêtre croyait pouvoir contraindre ses dieux à agir et osait même les menacer (p. 114) [67]. La distance qui sépare l'humain et le divin fut toujours beaucoup plus large chez les Sémites, et l'astrologie vint seulement la marquer davantage en lui donnant un fondement doctrinal et une apparence scientifique. Les cultes asiatiques répandirent dans le monde latin la conception de la souveraineté absolue, illimitée, de Dieu sur la terre. Apulée appelle la déesse syrienne *omnipotens et omniparens*, « maîtresse et mère de toutes choses » [68].

En outre l'observation des cieux étoilés avait conduit les Chaldéens à la notion de l'éternité divine. La constance des révolutions sidérales fit conclure à leur perpétuité. Les astres poursuivent sans cesse leur course toujours inachevée ; parvenus au terme de leur carrière, ils reprennent sans trêve la route déjà parcourue, et les cycles d'années, selon lesquels se produisent leurs mouvements, se prolongent à l'infini dans le passé et se succèdent à l'infini dans l'avenir[69]. Ainsi un clergé d'astronomes conçut nécessairement le Baal « seigneur du ciel » comme étant — ces titres reviennent constamment dans les inscriptions sémitiques — le « maître de l'éternité » ou « celui dont le nom est loué dans l'éternité ». [70] Les astres divins ne meurent plus, comme Osiris ou comme Attis ; chaque fois qu'ils semblent s'affaiblir, ils renaissent à une vie nouvelle, toujours invincibles (*invicti*).

Cette notion théologique pénétra avec les mystères des Baals de Syrie dans le paganisme occidental [71]. Toujours, quand on trouve dans les provinces latines une dédicace à un *deus aeternus*, il s'agit d'un dieu sidéral syrien et, fait remarquable, ce n'est qu'au II° siè-

cle de notre ère que cette épithète entre dans l'usage
rituel, en même temps que se propage le culte du
dieu Ciel (*Caelus*) [72]. Les philosophes avaient eu beau
placer depuis longtemps la cause première en dehors
des limites du temps ; leurs théories n'avaient pas
pénétré dans la conscience populaire, ni réussi à modifier le formulaire traditionnel des liturgies. Pour le
peuple, les divinités étaient toujours des êtres plus
beaux, plus vigoureux, plus puissants que les hommes, mais nés comme eux et soustraits seulement à
la vieillesse et au trépas, les Immortels du vieil Homère. Les prêtres syriens vulgarisèrent dans le monde
romain l'idée que Dieu est sans commencement et
sans fin, et contribuèrent ainsi, parallèlement au
prosélytisme juif, à donner l'autorité d'un dogme
religieux à ce qui n'était auparavant qu'une théorie
métaphysique.

. Les Baals sont universels comme ils sont éternels
et leur pouvoir devient sans limite dans l'espace
comme dans le temps. Les deux idées sont corréla-
tives ; le titre de « mar'olam » qu'ils portent parfois,
peut être traduit par « seigneur de l'univers » comme
par « seigneur de l'éternité », et l'on s'est complu
certainement à revendiquer pour eux cette double
qualité [73]. Les cieux, peuplés de constellations divines
et parcourus par les planètes assimilées aux habitants de l'Olympe, déterminent par leurs mouvements les destinées de tout le genre humain, et la
terre entière est soumise aux changements que pro-

voquent leurs révolutions [74]. Dès lors, le vieux *Ba'al*
šamin se transforme nécessairement en une puissance universelle. Sans doute, il subsistait encore
en Syrie sous les Césars des vestiges d'une époque
où, fétiche d'un clan, le dieu local ne pouvait être
adoré que par ses membres, et où les étrangers
n'étaient admis auprès de ses autels qu'après une
cérémonie d'initiation, à titre de frères ou du moins
d'hôtes et de clients [75]. Mais dès que s'ouvre pour
nous l'histoire des grandes divinités d'Héliopolis
ou d'Hiérapolis, elles sont regardées comme communes à tous les Syriens, et une foule d'étrangers
viennent de lointains pays en pèlerinage dans ces
villes saintes. C'est comme protecteurs de l'humanité entière que les Baals ont faits des prosélytes en
Occident, et y ont réuni dans leurs temples des
fidèles de toute race et de toute nationalité. Ils se
distinguent nettement à cet égard de Jéhovah.

Il est de l'essence du paganisme que la nature
d'une divinité s'élargit en même temps que la quantité de ses fidèles augmente. Chacun lui attribue
quelque qualité nouvelle, et son caractère se com-
plique à mesure que se multiplie le nombre de ses
adorateurs. En devenant plus puissante, elle tend
aussi à se soumettre les dieux qui l'entourent et à
concentrer en soi leurs fonctions. Pour résister à
l'absorption qui les menace, ceux-ci doivent posséder une personnalité fortement accusée, un caractère très original. Or, les vagues déités des Sémites

étaient dépourvues de cette individualité nettement
tranchée. On ne trouve pas chez eux, comme dans
l'Olympe hellénique, une société bien organisée
d'immortels, ayant chacun sa physionomie propre,
sa vie indépendante, riche en aventures et en expériences et, exerçant un métier particulier à l'exclusion des autres : celui-ci médecin, celui-là poète,
un troisième berger ou chasseur ou forgeron. Les
dédicaces grecques qu'on trouve en Syrie sont à
cet égard d'une concision éloquente [76] : elles portent
d'ordinaire le nom de Zeus accompagné d'une simple
épithète : χύριος « Seigneur » ἀνίχητος, « invincible »,
μέγιστος « très grand ». Tous ces Baals paraissent
frères. Ce sont des personnages aux contours indéter-
minés, des valeurs interchangeables, et ils furent
aisément confondus.

Au moment où les Romains entrèrent en contact
avec elle, la Syrie avait déjà traversé une période de
syncrétisme analogue à celle que nous pouvons étudier avec plus de précision dans le monde latin. Le
vieil exclusivisme, le particularisme national étaient
vaincus. Les Baals des grands sanctuaires s'étaient
enrichis des vertus [77] de leurs voisins ; puis le même
processus se poursuivant, ils avaient emprunté
certains traits aux divinités étrangères, apportées
par les conquérants grecs. Leur caractère était ainsi
devenu indéfinissable ; ils remplissaient des fonctions
incompatibles, et possédaient des attributs inconci-
liables. Une inscription trouvée en Bretagne [78] assi-

mile la déesse syrienne à la Paix, la Vertu, Cérès,
la Mère des dieux et même au signe de la Vierge.
Les dieux sémitiques tendaient ainsi, conformément à la loi qui préside au développement du paganisme, à devenir des « Panthées », embrassant tout
dans leur compréhension et identifiés avec la nature
entière. Les diverses déités ne sont plus que des aspects différents sous lesquels se fait connaître l'Être
suprême et infini. La Syrie, restée dans la pratique
profondément et même grossièrement idolâtre, se
rapprochait cependant théoriquement du monothéisme ou, si l'on préfère, de l'hénothéisme. Par
une étymologie absurde mais curieuse, le nom de
Hadad était expliqué comme signifiant « un, un »
('ad'ad) [79].

On trouve partout dans le polythéisme, étroit et
morcelé, une tendance confuse qui le pousse à s'élever vers une synthèse supérieure, mais en Syrie
l'astrologie donna à des velléités indécises ailleurs,
la fermeté d'une conviction raisonnée. La cosmologie chaldéenne qui déifie tous les éléments mais
attribue une action prépondérante aux astres,
domine tout le syncrétisme syrien. Elle considère le
monde comme un grand organisme dont toutes les
parties, unies par une solidarité intime, agissent
et réagissent les unes sur les autres. La divinité peut
donc être regardée, ainsi que le croyaient les anciens
Sémites, comme incorporée dans les eaux, dans le
feu de la foudre, dans les pierres ou les plantes. Mais

les dieux les plus puissants sont les constellations et
les planètes qui régissent le cours des temps et des
choses, et surtout le Soleil qui, comme disent les
astrologues, mène le chœur des étoiles, est le roi et
le guide de tous les autres luminaires et du monde
tout entier [80]. Le Très-Haut, qui siège aux limites
supérieures de l'univers, manifeste sa puissance dans
ce foyer éclatant de lumière, qui est la source de
toute chaleur et de toute vie, et c'est à cet astre lui-
même que les foules réservent de préférence leurs
hommages [81].

Le panthéisme solaire, qui durant la période hellénistique [82] grandit ainsi parmi les Syriens sous l'influence de l'astrolâtrie chaldéenne, s'imposa durant
l'Empire au monde romain tout entier. En esquissant
ici très rapidement la constitution de ce système théologique, nous avons fait connaître en même temps
la dernière forme que prit l'idée de la divinité dans
le paganisme. Rome eut ici la Syrie pour maîtresse
et pour devancière. Une divinité unique, toute-puissante, éternelle, universelle, ineffable, qui se rend
sensible dans toute la nature mais dont le Soleil est
la manifestation la plus splendide et la plus énergi-
que, telle est la dernière formule à laquelle aboutit
la religion des Sémites païens et à leur suite celle
des Romains. Il ne restait qu'une attache à rompre,
en isolant en dehors des bornes du monde ce Dieu
qui résidait dans un ciel lointain, pour aboutir au
monothéisme chrétien. Ainsi nous constatons ici

encore comment la propagation des cultes orientaux a aplani les voies au christianisme et annoncé son triomphe. L'astrologie, qui fut toujours combattue par l'Église, avait cependant préparé les esprits à accueillir les dogmes que celle-ci allait proclamer.

VI

LA PERSE

Le fait capital qui domine toute l'histoire de l'Asie
antérieure dans l'antiquité, c'est l'opposition de la
civilisation gréco-romaine et de celle de l'Iran; épi-
sode de la grande lutte qui s'est toujours poursuivie
dans ces contrées entre l'Orient et l'Occident. Les
Perses, dans le premier élan de leurs conquêtes, éten-
dent leur domination jusque sur les villes d'Ionie et
sur les îles de la mer Égée ; mais leur force d'expansion vient se briser au pied de l'Acropole. Cent cin-
quante ans après, Alexandre détruit l'empire des
Achéménides, et porte la culture hellénique jusqu'aux bords de l'Indus. Les Parthes Arsacides,
deux siècles et demi plus tard, se sont de nouveau
avancés jusque près des frontières de la Syrie, et
Mithridate Eupator, prétendu descendant de Darius,
pénètre à la tête de la noblesse perse du Pont jusqu'au cœur de la Grèce. Après le flux, le reflux;
l'empire romain, reconstitué par Auguste, soumet

bientôt à une sorte de vassalité, l'Arménie, la Cappadoce et le royaume des Parthes lui-même. Mais, depuis le milieu du IIIe siècle, les Sassanides rendent à l'Iran sa puissance et font valoir ses antiques prétentions. Dès lors, jusqu'au triomphe de l'Islam, se poursuit un long duel entre deux états rivaux, dont chacun est tantôt vainqueur tantôt vaincu, mais sans jamais être abattu, deux états qui, selon le mot d'un ambassadeur du roi Narsès à Galère, étaient « les deux yeux du genre humain [1] ».

L'astre « invincible » des Perses peut pâlir et s'éclipser mais pour reparaître toujours plus éclatant. La force politique et militaire que ce peuple conserve à travers les siècles, est le résultat et la manifestation de ses hautes qualités intellectuelles et morales. Sa culture originale resta toujours rebelle à une assimilation que subirent à des degrés divers les Aryens de Phrygie, comme les Sémites de Syrie et les Chamites d'Égypte. L'hellénisme et l'*iranisme* — si je puis employer ce terme — sont deux adversaires de même noblesse mais d'éducation différente, qui restèrent toujours séparés par une hostilité instinctive de race autant que par une opposition héréditaire d'intérêts.

Toutefois il était inévitable qu'entre deux civilisations restées en contact durant plus de mille ans se produisissent des échanges multiples. L'influence qu'exerça l'hellénisme jusqu'au plateau de l'Asie centrale, a souvent été mise en lumière [2], mais on

n'a peut être pas montré aussi exactement combien
fut grand à travers les âges le prestige de l'Iran,
combien étendu le rayonnement de son énergie. Car
si le mazdéisme fut l'expression la plus haute de son
génie, et si son action fut par suite surtout religieuse,
elle ne le fut cependant pas exclusivement.

Le souvenir de l'empire des Achéménides continua
longtemps après leur chute de hanter l'esprit des successeurs d'Alexandre. Non seulement les dynasties,
soi-disant issues de Darius, qui régnaient sur le Pont,
la Cappadoce et la Commagène, cultivèrent les traditions politiques qui les rapprochaient de leurs ancêtres supposés, mais même les Séleucides et les
Ptolémées les adoptèrent en partie, comme héritiers
légitimes des anciens maîtres de l'Asie. On se rappelait volontiers un idéal de grandeur passée, et l'on
cherchait à le réaliser dans le présent. Plusieurs institutions furent ainsi transmises aux empereurs romains par l'intermédiaire des monarchies asiatiques.
Ainsi celle des *amici Augusti*, amis attitrés et conseillers intimes des princes, adopta en Italie les
formes qu'elle avait prises à la cour des diadoques,
qui avaient eux-mêmes imité l'antique organisation
du palais des Grands Rois [3]. De même la coutume
de porter devant les Césars le feu sacré, comme
emblème de la perpétuité de leur pouvoir, remonte
jusqu'à Darius, et passa avec d'autres traditions iraniennes aux dynasties qui se partagèrent l'empire
d'Alexandre. La similitude non seulement de l'ob-

servance des Césars avec la pratique des monarques
orientaux mais encore des croyances qu'elles expriment est frappante, et l'on ne saurait douter de la
continuité de cette tradition politique et religieuse [4].
A mesure que le cérémonial aulique et l'histoire
interne des royaumes hellénistiques seront mieux
connus, on pourra établir avec plus de précision
comment la succession des Achéménides, morcelée
et amoindrie, finit par être léguée à travers des générations des souverains à ces princes d'Occident qui
se proclamaient, comme les Artaxercès, les maîtres
sacro-saints du monde [5]. Sait-on encore que l'habitude de donner aux amis un baiser de bienvenue
fut une cérémonie du protocole oriental avant de
devenir en Europe une habitude familière [6]?

Il est plus difficile de suivre les voies dérobées par
lesquelles cheminent les idées pures pour passer de
peuple à peuple. Mais il est certain qu'au début de
notre ère certaines conceptions mazdéennes s'étaient
déjà répandues au loin, en dehors de l'Asie. Sous les
Achéménides, le parsisme avait eu sur les croyances
d'Israël une action dont on peut discuter l'étendue,
mais qui est indéniable [7]. Quelques-unes de ses doctrines, comme celles relatives aux anges et aux démons, à la fin du monde et à la résurrection finale,
furent, grâce à la diffusion des colonies juives, propagées dans tout le bassin de la Méditerranée.

D'autre part, depuis les conquêtes de Cyrus et de
Darius, l'attention toujours éveillée des Grecs se

porta vers les doctrines et les pratiques religieuses
des nouveaux dominateurs de l'Orient[8]. Une foule de
légendes qui font de Pythagore, de Démocrite et
d'autres philosophes, les disciples des mages, conservent le souvenir du prestige dont jouissait alors
cette puissante tribu sacerdotale. La conquête macé-
donienne, qui mit les Grecs en rapports directs avec
de nombreux sectateurs du mazdéisme, donna une
nouvelle impulsion aux travaux dont cette religion
était l'objet, et le grand mouvement scientifique
qu'Aristote avait inauguré, poussa une quantité d'érudits à s'occuper des doctrines professées par les
sujets iraniens des Séleucides. Un renseignement
digne de créance nous apprend que les œuvres cata-
loguées sous le nom de Zoroastre dans la bibliothèque
d'Alexandrie, comprenaient deux millions de lignes.
Cette immense littérature sacrée dut attirer l'attention des savants et provoquer les réflexions des philosophes. La science trouble et équivoque qui se
répandait jusque dans les classes populaires sous le
nom de *magie*, était, comme son nom même l'indique, en grande partie d'origine perse, et, en même
temps que des recettes des physiciens et de procédés
de thaumaturges, elle enseignait confusément des
doctrines théologiques[9].

Ainsi, bien avant que les Romains ne prissent
pied en Asie, certaines institutions des Perses avaient
trouvé, dans le monde gréco-oriental, des imitateurs,
certaines de leurs croyances, des adeptes. Leur ac-

tion est indirecte, furtive, souvent indiscernable, mais
certaine. Les agents les plus actifs de cette diffusion
semblent avoir été pour le mazdéisme, comme pour
le judaïsme, des colonies de fidèles qui avaient émigré loin de la mère-patrie. Il y eut une *Diaspora* iranienne analogue à celle des Israélites. Des communautés de mages étaient établies non seulement
dans l'est de l'Asie mineure, mais en Galatie, en
Phrygie, en Lydie et même en Égypte, et restaient
partout attachées avec une ténacité persistante à
leurs mœurs et à leurs croyances [10].

L'action de l'Iran devint beaucoup plus immédiate lorsque Rome étendit ses conquêtes en Asie
Mineure et en Mésopotamie. Des contacts passagers
avec des populations mazdéennes se produisirent à
partir des guerres contre Mithridate, mais ils ne
devinrent fréquents et durables qu'au 1er siècle de
notre ère. C'est alors que l'Empire étendit graduel-
lement ses annexions jusqu'à l'Euphrate supérieur,
s'adjoignant ainsi tout le plateau d'Anatolie et, au
sud du Taurus, la Commagène. Les dynasties indigènes, qui, malgré la vassalité où elles étaient ré-
duites, protégeaient l'isolement séculaire de ces contrées lointaines, disparurent l'une après l'autre. Les
Flaviens construisirent un immense réseau routier,
à travers ces régions jusqu'alors presque inaccessi-
bles, et établirent ainsi des voies de pénétration
aussi importantes pour Rome que le sont, pour la
Russie actuelle, les chemins de fer du Turkestan

ou de Sibérie. En même temps, les légions vinrent camper sur les bords de l'Euphrate et dans les montagnes de l'Arménie. Ainsi, d'une part, tous les îlots mazdéens disséminés en Cappadoce et dans le Pont entrèrent forcément en rapports constants avec le monde latin, et, d'autre part, la disparition des états tampons de la frontière, fit, à l'époque de Trajan, de l'empire romain et de celui des Parthes, des puissances limitrophes..

De ces conquêtes et de ces annexions en Asie Mineure et en Syrie date la propagation soudaine en Occident des mystères persiques de Mithra. Car si une communauté de leurs adeptes paraît avoir existé à Rome dès l'époque de Pompée, leur diffusion réelle ne commença qu'à partir des Flaviens. Ils se firent de plus en plus envahissants sous les Antonins et les Sévères pour rester jusqu'à la fin du IVᵉ siècle le culte le plus important du paganisme. C'est par leur intermédiaire que les doctrines originales du mazdéisme se répandirent le plus largement dans toutes les provinces latines, et c'est d'eux que nous avons à nous occuper en première ligne pour apprécier l'action de l'Iran sur le paganisme romain.

Mais, remarquons-le, l'influence grandissante de la Perse ne se manifeste pas seulement dans la sphère religieuse. Surtout depuis que ce pays eut, avec l'avènement de la dynastie Sassanide (228 ap. J.-C.), repris conscience de son originalité, se fut remis à cultiver

10

ses traditions nationales, eut réorganisé la hiérarchie
d'un clergé d'État, et retrouvé cette cohésion politique qui lui faisait défaut sous les Parthes, il sentit et
fit sentir sa supériorité sur l'empire voisin, déchiré
alors par les factions, livré au hasard des pronuncia-
mentos, ruiné économiquement et moralement. Les
études qui se poursuivent sur l'histoire de cette période si mal connue, montrent de plus en plus que
Rome affaiblie fut alors l'imitatrice de la Perse.

La cour de Dioclétien avec ses prosternations
devant le maître égalé à la divinité, sa hiérarchie
compliquée de fonctionnaires et la foule d'eunuques
qui l'avilissent, est de l'aveu des contemporains une
imitation de celle des Sassanides. Galère déclarait
sans ambages que l'absolutisme perse devait être
introduit dans son empire [11], et l'ancien césarisme,
fondé sur la volonté populaire, parut sur le point de
se transformer en une sorte de khalifat.

Des découvertes récentes ont aussi permis d'entrevoir le développement, dans l'empire parthe puis
dans l'empire sassanide, d'une puissante école artistique, qui grandit indépendamment des centres grecs
de production. Si elle emprunte à la sculpture ou à
l'architecture helléniques certains modèles, elle les
fond avec des motifs orientaux dans une décoration
d'une richesse exubérante. Son champ d'action
s'étendit bien au-delà de la Mésopotamie jusqu'au
sud de la Syrie, où elle nous a laissé des monuments
d'une incomparable splendeur d'ornementation, et

le rayonnement de ce foyer étincelant éclaira sans
doute à la fois Byzance, les barbares du Nord et la
Chine [12].

Ainsi l'Orient iranien agit victorieusement sur
les institutions politiques et sur les goûts artistiques
comme sur les idées et les croyances des Romains.
La propagation de la religion mithriaque, qui se pro-
clama toujours fièrement persique, fut accompa-
gnée d'une foule d'actions parallèles du peuple dont
elle était issue. Jamais, pas même à l'époque des
invasions musulmanes, l'Europe ne sembla plus
près de devenir asiatique qu'au moment où Dioclétien reconnaissait officiellement en Mithra le protecteur de l'empire reconstitué [13]. L'époque où ce dieu
parut devoir établir son autorité sur tout le monde
civilisé fut une des phases critiques de l'histoire
morale de l'antiquité. Une invasion irrésistible de
conceptions sémitiques et mazdéennes faillit conquérir à jamais l'esprit occidental. Même quand
Mithra eut. été vaincu et expulsé de Rome devenue
chrétienne, la Perse ne désarma pas. L'œuvre de
conversion où il avait échoué fut reprise par le
manichéisme, héritier de ses doctrines cardinales,
et le dualisme iranien continua jusqu'au moyen âge
à provoquer des luttes sanglantes dans l'ancien
monde romain.

* *
* *

De même qu'on ne peut comprendre le caractère des mystères d'Isis et Sérapis qu'en étudiant les circonstances de leur création par les Ptolémées, de même on ne se rendra compte des causes de la puissance où atteignirent ceux de Mithra, qu'en remontant à leur première formation.

Pour ceux-ci la question est malheureusement plus obscure. Les auteurs anciens ne nous apprennent presque rien sur l'origine de Mithra. Qu'il soit un dieu perse, c'est un point sur lequel tous sont d'accord, et à défaut de leur témoignage, l'Avesta nous l'aurait appris. Mais comment est-il arrivé du plateau de l'Iran jusqu'en Italie? Deux pauvres lignes de Plutarque sont ce que nous possédons de plus explicite à cet égard. Il nous rapporte incidemment que les pirates d'Asie Mineure vaincus par Pompée accomplissaient des sacrifices étranges sur l'Olympe, un volcan de Lycie, et pratiquaient des rites occultes, entre autres ceux de Mithra, qui, dit-il, « conservés jusqu'à nos jours, ont été d'abord enseignés par eux [14] ». Un scholiaste de Stace, Lactantius Placidus, écrivain d'une médiocre autorité, nous apprend encore que ce culte passa des Perses aux Phrygiens et des Phrygiens aux Romains [15].

Les deux auteurs s'accordent donc à placer en Asie Mineure, l'origine de la religion iranienne qui se répandit en Occident, et, en effet, divers indices nous ramènent vers cette région. Ainsi, la fréquence du nom de Mithridate dans les dynasties du Pont, de Cappadoce, d'Arménie et de Commagène, que des généalogies fictives prétendaient rattacher aux Achéménides, montre la dévotion que ces rois professaient pour Mithra.

Le mithriacisme, qui fut révélé aux Romains du temps de Pompée, s'était donc constitué dans les monarchies anatoliques durant l'époque précédente, époque d'une intense fermentation morale et religieuse. Malheureusement nous n'avons aucun monument de cette période de son histoire. L'absence de témoignages directs sur le développement des sectes mazdéennes durant les trois derniers siècles avant notre ère, s'oppose à une connaissance sûre du parsisme d'Asie Mineure.

On n'a fouillé dans cette contrée aucun temple consacré à Mithra [16]. Les inscriptions qui mentionnent son nom y sont jusqu'ici rares et insignifiantes. Par suite, nous ne pouvons atteindre qu'indirectement ce culte primitif qui se dérobe à nos investigations. C'est en étudiant le milieu où il naquit, que nous pourrons tenter d'expliquer les caractères qui le distinguèrent en Occident.

Sous la domination des Achéménides, l'est de l'Asie Mineure fut colonisé par les Perses. Le plateau d'Anatolie se rapprochait, par ses cultures et son climat, de celui de l'Iran et se prêtait notamment à

l'élève des chevaux [17]. La noblesse, qui possédait
le sol, appartenait en Cappadoce et même dans le
Pont, comme en Arménie, à la nation conquérante.
Sous les divers régimes qui se succédèrent après la
mort d'Alexandre, ces seigneurs fonciers restèrent
les véritables maîtres du pays, chefs de clan admi-
nistrant le canton où ils avaient leurs domaines,
et au moins aux confins de l'Arménie, ils conservèrent, à travers toutes les vicissitudes politiques
jusqu'à Justinien, le titre héréditaire de satrapes,
qui rappelait leur origine iranienne [18]. Cette aristocratie militaire et féodale fournit à Mithridate Eupator bon nombre des officiers qui l'aidèrent à braver
si longtemps les efforts de Rome, et, plus tard, elle
sut défendre contre les entreprises des Césars l'indépendance, toujours menacée, de l'Arménie. Or,
ces guerriers adoraient Mithra, comme génie protecteur de leurs armes, et c'est pourquoi Mithra resta
toujours, même dans le monde latin, le dieu « invincible », le dieu tutélaire des armées, honoré surtout
par les soldats.

A côté de la noblesse perse, un clergé perse s'était
établi dans la péninsule. Il desservait des temples
célèbres, consacrés aux dieux mazdéens, à Zéla dans
le Pont, à Hiérocésarée de Lydie. Des mages,
qu'on appelait maguséens ou pyrèthes (allumeurs
de feu), étaient disséminés dans tout le Levant.
Comme les Juifs, ils conservaient, avec une fidélité
scrupuleuse, leurs coutumes nationales et leurs

rites traditionnels, si bien que Bardesane d'Édesse,
voulant réfuter les doctrines de l'astrologie et montrer qu'un peuple peut garder les mêmes mœurs sous
des climats différents, invoque leur exemple [19]. Nous
connaissons suffisamment le culte qu'ils pratiquaient,
pour être assurés que l'auteur syrien ne leur attribuait pas à tort cet esprit conservateur. Les sacrifices
des pyrèthes, que Strabon observa en Cappadoce,
rappellent toutes les particularités de la liturgie aves-
tique. C'étaient les mêmes prières psalmodiées devant
l'autel du feu en tenant le faisceau sacré (bareçman),
les mêmes oblations de lait, d'huile et de miel, les
mêmes précautions pour que l'haleine de l'officiant
ne souillât pas la flamme divine. Leurs dieux étaient
ceux du mazdéisme orthodoxe ou peu s'en fallait.
Ils adoraient Ahura-Mazda, qui était resté à leurs
yeux, comme l'étaient primitivement Zeus et Jupiter,
une divinité du ciel. Au-dessous de lui, ils vénéraient des abstractions divinisées, telles Vohu-Mano,
la Bonne Pensée, Amérétat, l'Immortalité, dont
le zoroastrisme a fait ses Amshaspands, les ar-
changes qui entourent le Très-Haut [20]. Enfin, ils
sacrifiaient aux génies de la nature, les Yazatas,
comme Anâhita ou Anaïtis, la déesse des eaux fécondantes, Atar, personnification du feu et, surtout
Mithra, le pur génie de la lumière. Ainsi, le mazdéisme, un mazdéisme un peu différent de celui de
l'Avesta, resté, à certains égards plus près du naturisme primitif des Aryens, mais néanmoins un

mazdéisme nettement caractérisé et fortement constitué, est à la base de la religion des mages d'Asie
Mineure, et il devait rester, dans les mystères occidentaux de Mithra, le fondement le plus solide de
leur grandeur. ·

Seulement — c'est là un fait que les découvertes
récentes d'inscriptions bilingues ont achevé de démontrer [21] — la langue qu'employaient ou du moins
qu'écrivaient les colonies iraniennes d'Asie-Mineure,
n'était pas leur ancien idiome aryen, mais un dia-
lecte sémitique, l'*araméen*. Sous les Achéménides,
celui-ci servit aux relations diplomatiques et commerciales dans tous les pays situés à l'ouest du
Tigre. Notamment en Cappadoce et en Arménie, il
demeura jusqu'au moment où, vers le IIIe siècle
avant notre ère, il fut supplanté par le grec, la
langue littéraire et probablement aussi la langue
liturgique. Le nom même qu'on donnait aux maguséens (μαγουσαῖοι) est une transcription exacte d'un
pluriel sémitique [22]. Ce phénomène qui surprend
à première vue, s'explique par l'histoire des « maguséens », émigrés en Asie-Mineure. Ils n'y sont
pas venus directement de Persépolis ou de Suse,
mais de Mésopotamie, et leur culte avait été
profondément influencé par les spéculations du
clergé puissant qui desservait les temples de Babylone. La théologie savante des Chaldéens s'imposa
au mazdéisme primitif, qui était un ensemble de
traditions et de rites plutôt qu'un corps de doc-

trines. Les divinités des deux religions furent iden-
tifiées, leurs légendes rapprochées, et l'astrologie
sémitique, fruit de longues observations scientifiques,
vint se superposer aux mythes naturalistes des Iraniens; Ahura-Mazda fut assimilé à Bèl, Anâhita à
Ishtar, et Mithra à Shamash, le dieu solaire. C'est
pourquoi, dans les mystères romains, Mithra fut
communément appelé *Sol invictus*, bien qu'il soit
proprement distinct du Soleil, et un symbolisme
astronomique, abstrus et compliqué, fit toujours
partie de l'enseignement révélé aux initiés, et se
manifesta dans les compositions artistiques qui dé-
coraient les temples.

A propos d'un culte de Commagène, dont nous
avons dit un mot précédemment (p. 137), nous pouvons observer assez exactement comment se réalisa la
fusion du parsisme avec des croyances sémitiques
et anatoliques, car dans ces régions le syncrétisme
fut à toutes les époques la forme des transformations
religieuses. On honorait près du bourg de Dolichè,
sur le sommet d'une montagne, une déité, qui après
avoir passé par de nombreux avatars finit par devenir un Jupiter protecteur des armées romaines. Primitivement ce dieu, qui passait pour avoir inventé
l'usage du fer, paraît avoir été transporté en Commagène par une tribu de forgerons, les Chalybes venus
du nord [23]. On le représente debout sur un taureau,
tenant en main la double hache, antique symbole
vénéré en Crète à l'époque mycénienne, qui se re-

trouve à Labranda en Carie et dans toute l'Asie-
Mineure [24]. Cette bipenne, que brandit le dieu de
Dolichè, montre en lui le maître de la foudre qui dans
le fracas des orages fend les arbres des forêts. Établi
en pays syrien, ce génie du Tonnerre s'identifia avec
quelque Baal local, et son culte prit tous les caractères de ceux des Sémites. Après les conquêtes de
Cyrus et l'établissement de la domination perse,
ce « Seigneur des cieux » fut aisément confondu
avec Ahura-Mazda qui, lui aussi, pour employer
une définition d'Hérodote [25] était « le cercle entier
du ciel », que les Perses adoraient pareillement sur
les hautes cimes. Puis, après Alexandre, quand une
dynastie à demi-iranienne à demi-hellénique, régna
sur la Commagène, ce Baal devint un Zeus-Oromasdès (Ahura-Mazda) siégeant dans les espaces sublimes de l'éther. Une inscription grecque parle des
« trônes célestes » où cette divinité suprême accueille
les âmes de ses fidèles [26]. Enfin dans les pays latins
le *Jupiter Caelus* continua a être placé à la tête du
panthéon mazdéen [27], et dans toutes les provinces,
le *Jupiter Dolichenus* établit ses temples à côté de
ceux de Mithra, et entretint avec lui les rapports les
plus étroits [28].

La même série de transformations s'opéra en
une quantité d'autres lieux pour une série d'autres
dieux [29]. La religion mithriaque fut ainsi formée
essentiellement d'une combinaison des croyances
iraniennes avec la théologie sémitique et accessoire-

ment avec certains éléments empruntés aux cultes
indigènes de l'Asie Mineure. Les Grecs purent tra-
duire plus tard en leur langue les noms des divinités
perses et imposer au culte mazdéen certaines formes
de leurs mystères [30]; l'art hellénique put prêter aux
yazatas l'apparence idéale sous laquelle il s'était plu
à représenter les immortels; la philosophie, en particulier la philosophie stoïcienne, put s'efforcer de
retrouver dans les traditions des mages ses propres
théories physiques et métaphysiques. Mais malgré
tous ces accommodements, ces adaptations et ces interprétations, le mithriacisme resta toujours en substance un mazdéisme mâtiné de chaldéisme et par
conséquent une religion foncièrement barbare. Il
fut certainement beaucoup moins hellénisé que le
culte alexandrin d'Isis et de Sérapis ou même que
celui de la Grande Mère de Pessinonte, et, par suite,
il parut toujours inacceptable au monde grec, dont
il resta à peu près exclu. La langue même en fournit une preuve curieuse : elle contient une foule de
noms théophores, formés avec ceux des dieux égyptiens ou phrygiens comme Sérapion, Métrodore, Mé-
trophile — Isidore s'est maintenu jusqu'à nos jours
— mais tous les dérivés connus de Mithra sont de
formation barbare. Les Grecs n'accueillirent jamais
le dieu de leurs ennemis héréditaires, et les grands
centres de la civilisation hellénique échappèrent à
son action comme il fut soustrait à la leur [31]. Mithra
passa directement de l'Asie dans le monde latin.

Ici la transmission s'opéra avec une rapidité fou-
droyante, dès que le contact fut établi. Aussitôt que
la marche progressive des Romains vers l'Euphrate
leur eût permis d'avéindre le dépôt sacré que l'Iran
avait transmis aux mages d'Asie-Mineure, et que leur
furent révélées les croyances mazdéennes mûries à
l'écart au fond des montagnes de l'Anatolie, ils les
adoptèrent avec enthousiasme. Transporté vers la fin
du Iᵉʳ siècle par les soldats tout le long des frontières,
le culte persique a laissé des traces nombreuses de sa
présence à la fois autour des camps du Danube et du
Rhin, près des stations du vallum de Bretagne et aux
environs des postes échelonnés à la frontière du
Sahara ou répartis dans les vallées des Asturies. En
même temps, les marchands asiatiques l'introdui-
saient dans les ports de la Méditerranée, le long des
grandes voies fluviales ou terrestres, dans toutes les
les esclaves villes commerçantes. Enfin il eut pour
missionnaires orientaux qui étaient partout et se mêlaient à tout, employés dans les services publics
comme dans la domesticité privée, dans les exploita-
tions agricoles comme dans les entreprises financiè-
res et minières, et surtout dans l'administration impériale, dont ils peuplaient les bureaux. Le dieu
exotique conquit bientôt la faveur des hauts fonctionnaires et du souverain lui-même. A la fin du IIᵉ siècle, Commode se fit initier à ses mystères, et cette
conversion eut un immense retentissement. Cent
ans plus tard, la puissance de Mithra était telle, qu'il

sembla un moment pouvoir éclipser ses rivaux
d'Orient ou d'Occident et devoir dominer le monde
romain tout entier. En l'an 307, Dioclétien, Galère
et Licinius, qu'une entrevue solennelle réunissait
à Carnuntum sur le Danube, y consacrèrent un sanctuaire à Mithra « protecteur de leur empire » (*fautori
imperii sui*) [32].

* * *

Quels furent les motifs de cet entraînement général qui attira les plébéiens obscurs comme les grands
de la terre vers les autels du dieu barbare? Nous
avons tenté autrefois de répondre à cette question
en exposant ce que nous pouvions savoir des mystères de Mithra. Nous nous ferions scrupule de
répéter ici ce que chacun a pu lire, s'il en a eu la
curiosité, dans un gros et même dans un petit livre [33].
Mais nous avons à envisager dans ces études le problème à un autre point de vue. Le culte perse est
de tous ceux de l'Orient le dernier qui soit arrivé
aux Romains. Quel principe nouveau leur apportait-
il? A quelles qualités originales dût-il sa supériorité?
Par quoi se distingua-t-il dans la concurrence des
croyances de toute origine qui se disputaient alors la
domination du monde?

Ce ne sont pas ses doctrines sur la nature des
dieux célestes qui lui étaient particulières et qui firent
sa valeur propre. Sans doute le parsisme est, de

toutes les religions païennes, celle qui se rapproche
le plus du monothéisme : Ahura-Mazda y est élevé
beaucoup au-dessus de tous les autres esprits célestes. Mais les doctrines du mithriacisme ne sont pas
celles de Zoroastre. Ce qu'il reçut de l'Iran, ce sont
surtout ses mythes et ses rites; sa théologie, toute
pénétrée d'érudition chaldéenne, ne devait pas dif-
férer sensiblement de celle des prêtres syriens. Elle
place à la tête de la hiérarchie divine et regarde
comme la cause première une abstraction, le Temps
divinisé, le Zervan Akarana de l'Avesta, qui, réglant les révolutions des astres, est le maître absolu
de toutes choses. Ahura-Mazda, qui trône dans les
cieux, est devenu, nous l'avons vu, l'équivalent du
Ba'al šamîn, et, avant les mages, les Sémites introduisirent en Occident l'adoration du Soleil, principe
de toute vie et de toute lumière. L'astrolâtrie et l'astrologie de Babylone inspirent les théories enseignées dans les mithréums comme celles des temples
sémitiques, et ainsi s'explique l'intime connexion
des deux cultes. Ce n'est pas ce système mi-reli-
gieux, mi-scientifique qui dans le premier est spécialement iranien et original.

Ce n'est pas non plus par leur liturgie que les
mystères persiques ont conquis les masses. Leurs
cérémonies secrètes, célébrées dans les antres des
montagnes ou tout au moins dans les ténèbres de
cryptes souterraines, étaient propres, sans doute,
à inspirer un effroi sacré. On y trouvait, dans

la participation à des repas liturgiques, un réconfort
et un stimulant moral ; en s'y soumettant à une
sorte de baptême, on croyait obtenir l'expiation de
ses fautes et la quiétude de la conscience. Mais ces
festins sacrés et ces ablutions purificatrices se
retrouvent avec les mêmes espérances spirituelles
dans d'autres cultes orientaux, et le rituel suggestif
et splendide du clergé égyptien était certainement
plus impressionnant que celui des mages. Le drame
mythique, figuré dans les grottes du dieu perse et
dont la catastrophe finale est l'immolation d'un taureau, regardé comme le créateur et le rénovateur de
ce monde terrestre, était certainement plus trivial et
moins pathétique que la douleur et l'allégresse d'Isis,
cherchant le cadavre mutilé de son époux et le ra-
menant à la vie, ou que les plaintes et la jubilation
de Cybèle, pleurant et ressuscitant son amant Attis.

Mais la Perse introduisit dans la religion un principe capital : le dualisme. Ce fut lui qui distingua le
mithriacisme des autres sectes, et inspira sa dogmatique comme sa morale, leur donnant une rigueur
et une fermeté ignorées jusqu'alors dans le paganisme romain. Il considéra l'univers sous un aspect
inconnu et assigna en même temps un but nouveau
à l'existence.

Sans doute le dualisme, si l'on entend par là l'antithèse de l'esprit et de la matière, de la raison et
des sens, apparaît bien auparavant dans la philosophie grecque et c'est une des idées maîtresses du néo-

pythagorisme et de la pensée de Philon. Mais ce qui
distingue la doctrine des mages, c'est qu'elle déifie le
principe mauvais, l'oppose comme un rival au dieu
suprême, et enseigne qu'il faut rendre un culte à
tous deux. Ce système, qui donnait une solution
simple en apparence au problème de l'existence du
mal, écueil des théologies, séduisit les esprits cultivés comme il conquit les foules, qui trouvaient en
lui une explication de leurs souffrances. Précisément
au moment où se répandaient les mystères mithriaques, Plutarque l'expose avec complaisance et incline
à l'adopter [34], et depuis cette époque on voit apparaître, dans la littérature, les « anti-dieux » (ἀντίθεοι) [35]
démons qui, sous le commandement de la Puissance
des ténèbres[36], luttent contre les esprits célestes envoyés ou « anges » [37] de la divinité suprême. Ce sont
les *dévas* d'Ahriman aux prises avec les *yazatas*
d'Ormuzd.

Un passage curieux de Porphyre [38] nous montre
comment déjà les premiers néoplatoniciens avaient
fait entrer dans leur système la démonologie perse.
Au-dessous de la divinité suprême, incorporelle et
indivisible, au-dessous des Étoiles et des Planètes,
vivent d'innombrables démons [39]; quelques-uns ont
reçu un nom spécial — ce sont les dieux des nations
et des cités — le reste forme une foule anonyme. Ils
se divisent en deux troupes : les uns sont des esprits
bienfaisants ; ils donnent la fécondité aux plantes
et aux animaux, la sérénité à la nature, la science à

l'homme. Ils servent d'intermédiaire entre les dieux et leurs fidèles, portant au ciel les hommages et les prières, et du ciel les présages et les avertissements. Au contraire, les autres sont des êtres pervers, qui habitent les espaces voisins de la terre, et il n'est aucun mal qu'ils ne s'efforcent de causer [40]. A la fois violents et rusés, véhéments et subtils, ils sont les auteurs de toutes les calamités qui fondent sur le monde, pestes, famines, tempêtes, tremblements de terre. Ils allument dans le cœur de l'homme les passions néfastes et les désirs illicites, et provoquent les guerres et les séditions. Habiles à tromper, ils se plaisent au mensonge et aux impostures ; ils favorisent la fantasmagorie et les mystifications des sorciers [41], et viennent se repaître des sacrifices sanglants que les magiciens leur offrent, à eux tous, et surtout à celui qui les commande.

Des doctrines très voisines de celles-ci furent certainement enseignées dans les mystères de Mithra ; on y rendait un culte à Ahriman (*Arimanius*), roi du sombre royaume souterrain, maître des esprits infernaux [42].

Dans son traité contre les mages, Théodore de Mopsueste [43], parlant d'Ahriman, l'appelle Satan (Σατανᾶς). Il y a en effet entre ces deux personnages une ressemblance qui étonne à première vue. Ils sont l'un et l'autre les chefs d'une nombreuse armée de démons ; chacun d'eux est l'esprit d'erreur et de mensonge, le prince des ténèbres, le tentateur et le

corrupteur. On pourrait tracer un portrait presque
identique de ces deux sosies, et, de fait, sous des
noms différents c'est une seule et même figure. On
admet généralement que le judaïsme a emprunté
aux mazdéens avec une partie de leur dualisme la
conception d'un antagoniste de Dieu ⁴⁴. Il est donc
bien naturel que la doctrine juive, dont hérita le
christianisme, se rapproche de celles des mystères
de Mithra. Une grande partie des croyances et des
visions plus ou moins orthodoxes qui donnèrent au
moyen âge le cauchemar de l'enfer et du diable, lui
vinrent ainsi de la Perse par un double détour :
d'un côté par la littérature judéo-chrétienne, canonique ou apocryphe, de l'autre par les survivances
du culte de Mithra et par les diverses sectes du
manichéisme qui continuèrent à prêcher en Europe
les antiques doctrines iraniennes sur l'antithèse des
deux principes de l'univers.

Mais l'adhésion théorique des esprits à des dogmes
qui les satisfont ne suffit pas pour les conquérir
à une religion. Celle-ci doit leur donner, avec des
raisons de croire, des motifs d'agir et des sujets d'espérance. Le dualisme iranien n'était pas seulement
une puissante conception métaphysique; il servait
aussi de fondement à une morale très efficace. C'est
cette morale qui, dans la société romaine du ⅠⅠᵉ et du
ⅠⅠⅠᵉ siècle animée d'aspirations inassouvies vers une
justice et une sainteté plus parfaites, assura surtout
le succès des mystères mithriaques.

Une phrase malheureusement trop concise de l'empereur Julien [45] nous apprend que Mithra imposait à ses initiés des « commandements » (ἐντολαί), et en récompensait dans ce monde et dans l'autre la fidèle exécution. La valeur que les Perses attachaient à leur éthique particulière, la rigueur avec laquelle ils poursuivaient l'accomplissement de ses préceptes, sont peut-être le trait le plus saillant de leur caractère national, tel qu'il se manifeste à travers l'histoire. Race de conquérants, ils furent, comme les Romains, soumis à une forte discipline, et ils sentirent, comme eux, sa nécessité pour l'administration d'un vaste empire. Il existait entre les deux peuples-rois des affinités qui les rapprochèrent par-dessus le monde grec. Le mazdéisme apporta une satisfaction longtemps attendue au vieux sentiment latin qui voulait que la religion eût une efficacité pratique, imposât des règles de conduite aux individus et contribuât au bien de l'État [46]. En y introduisant la morale impérative de l'Iran, Mithra infusa au paganisme d'Occident une vigueur nouvelle.

Malheureusement nous n'avons pas conservé le texte du décalogue mithriaque, et ce n'est que par induction que nous pouvons retrouver ses prescriptions capitales.

Mithra, ancien génie de la lumière, est devenu dans le zoroastrisme et est resté en Occident le dieu de la vérité et de la justice. Il est l'Apollon mazdéen, mais tandis que l'hellénisme, plus sensible à la beauté, a développé dans Apollon les qualités esthétiques, les Perses que préoccupent davantage les choses de la conscience ont accentué en Mithra le caractère moral [47]. Un des traits qui avaient frappé les Grecs — peu scrupuleux à cet égard — chez leurs voisins orientaux, c'était leur horreur du mensonge ; celui-ci était en effet incarné dans Ahriman. Mithra fut toujours le dieu qu'on invoquait comme garant de la parole donnée et qui assurait l'exécution stricte des engagements pris. La fidélité absolue au serment dut être une des vertus cardinales d'un culte de soldats dont le premier acte, en s'enrôlant, était de jurer obéissance et dévouement au souverain. On y exaltait le loyalisme et la loyauté, et l'on cherchait sans doute à y inspirer des sentiments assez proches de la notion moderne de l'honneur.

A côté du respect de l'autorité, on y prêchait la fraternité. Les initiés se considéraient tous comme les fils d'un même père, qui devaient se chérir d'une affection mutuelle. Étendaient-ils l'amour du prochain jusqu'à cette charité universelle prêchée par la philosophie et le christianisme ? L'empereur Julien, qui était un myste dévôt, se plaît à proposer un idéal tout pareil, et il est probable que vers la fin du paganisme les mithriastes s'élevèrent à cette conception du devoir [48], mais ils n'en furent pas les auteurs. Ils semblent avoir attaché plus de valeur aux qualités viriles qu'à la compassion ou à la mansuétude. La fraternité de ces initiés qui prenaient

le nom de « soldats », eut sans doute des d'affinités
avec la camaraderie d'un régiment, non exempte
d'esprit de corps, plutôt qu'avec l'amour du prochain
qui inspire les œuvres de miséricorde envers tous.

Tous les peuples primitifs se représentent la
nature comme remplie d'esprits immondes et méchants, qui corrompent et torturent ceux qui troublent leur repos, mais le dualisme donna à cette
croyance universelle, avec un fondement dogmatique, une puissance inouïe. Tout le mazdéisme est
dominé par les idées de pureté et d'impureté. « Aucune religion au monde n'a jamais été aussi complètement asservie à un idéal cathartique [49]. » Ce genre
de perfection était le but vers lequel l'existence du
fidèle devait tendre. Celui-ci devait se garder avec
des précautions infinies de souiller les éléments
divins, comme l'eau et le feu, ou bien sa propre personne, et il devait se soumettre, pour effacer toute
pollution, à des lustrations multipliées. Mais pas plus
dans le mithriacisme que dans les cultes syriens à
l'époque impériale (p. 146), ces rites n'étaient restés
extérieurs, mécaniques, corporels, inspirés par la
vieille idée du *tabou*. Le baptême mithriaque effa-
çait les fautes morales ; la pureté à laquelle on
aspirait était devenue spirituelle.

Cette pureté parfaite distingue les mystères per-
siques de ceux de tous les autres dieux orientaux,
Sérapis est le frère et l'époux d'Isis, Attis, l'amant de
Cybèle, tout Baal syrien est accouplé à une parèdre,

11*

Mithra vit seul, Mithra est chaste, Mithra est saint
(*sanctus* [50]) et il se plaît à trouver parmi ses fidèles,
nous dit Tertullien, des femmes et des hommes
voués à la continence [51].

Toutefois si la résistance à la sensualité est louable,
si l'idéal de perfection de cette secte mazdéenne
incline déjà vers l'ascétisme, où sombra la conception manichéenne de la vertu, le bien ne réside pas
seulement dans le renoncement et l'empire sur soi-
même, mais dans l'action. Il ne suffit pas qu'une religion dresse une table des valeurs morales ; pour être
efficace, elle doit donner des motifs de les mettre en
pratique. Le dualisme — c'est ici qu'intervient surtout son action — était particulièrement apte à favoriser l'effort individuel et à développer l'énergie
humaine. Le monde est le théâtre d'une lutte perpétuelle entre deux puissances qui se partagent son
empire, et la destinée qu'il doit atteindre est la disparition du Mal et la domination incontestée, le règne
exclusif du Bien. Les animaux et les plantes, comme
les hommes, sont rangés dans deux camps adverses,
et une hostilité perpétuelle les anime les uns contre
les autres ; la nature entière participe au combat
éternel des deux principes opposés. Les démons,
créés par l'Esprit infernal, sortent constamment
des abîmes pour vaguer à la surface de la terre ; ils
pénètrent partout, et partout ils apportent la corruption, la détresse, la maladie et la mort. Les génies
célestes et les zélateurs de la piété doivent sans

cesse déjouer leurs entreprises, toujours renouve-
lées. La lutte se poursuit et se répercute dans le
cœur et la conscience de l'homme, abrégé de l'univers, entre la loi divine du devoir et les suggestions
des esprits pervers. La vie est une guerre sans trêve
et sans merci. La tâche du vrai mazdéen consiste à
combattre à tout instant le Mal et à amener ainsi
peu à peu le triomphe d'Ormuzd dans le monde.
Le fidèle est le collaborateur des dieux dans leur
œuvre d'épuration et de perfectionnement. Les mithriastes ne se perdaient pas comme d'autres sectes
dans un mysticisme contemplatif; leur morale ago-
nistique, je le répète, favorisait éminemment l'action, et, à une époque de relâchement, d'anarchie
et de désarroi, les initiés trouvèrent dans ses préceptes un stimulant, un réconfort et un appui. La
résistance aux sollicitations des instincts dégradants
s'auréolait pour eux du prestige des exploits guerriers, et ainsi s'introduisait dans leur caractère un
principe actif de progrès. En apportant une conception nouvelle du monde, le dualisme donna aussi un
sens nouveau à la vie.

Le dualisme détermine aussi les croyances eschatologiques des mithriastes, et l'opposition des cieux
et des enfers se continue dans l'existence d'outre-
tombe [52]. Mithra n'est pas seulement le dieu « invincible » qui assiste ses fidèles dans leur lutte contre
la malignité des démons, le fort compagnon qui, dans
les épreuves des humains, soutient leur fragilité.

Antagoniste des puissances infernales, il assure le
salut de ses protégés dans l'au-delà comme ici-bas.
Lorsqu'après la mort, le génie de la corruption se
saisit du cadavre, les esprits ténébreux et les envoyés
célestes se disputent la possession de l'âme, sortie de
sa prison corporelle. Elle est soumise à un jugement
auquel préside Mithra, et si ses mérites, pesés dans la
balance du dieu, l'emportent sur ses fautes, il la
défend contre les suppôts d'Ahriman qui cherchent à
l'entraîner dans les abîmes infernaux, et il la guide
vers les espaces éthérés où Jupiter-Ormuzd trône
dans une éternelle clarté. Les mithriastes ne croyaient
pas, comme les sectateurs de Sérapis, que le séjour
des bienheureux fût situé dans les profondeurs de
la terre [53]; ce sombre royaume est pour eux le domaine des êtres pervers : les âmes des justes vont
habiter dans la lumière infinie, qui s'étend au-dessus
des étoiles, et se dépouillant de toute sensualité
et de toute convoitise en passant à travers les sphères planétaires [54], elles deviennent aussi pures que
les dieux dont elles seront désormais les compa-
gnes.

Toutefois à la fin du monde les corps même devaient participer à leur béatitude, car, comme pour
les Égyptiens (p. 121), c'est ici la personne humaine
tout entière qui doit jouir de la vie éternelle. Quand
les temps seront révolus, Mithra ressuscitera tous
les hommes, et versera aux bons un breuvage merveilleux, qui leur assurera l'immortalité, tandis que

les méchants seront anéantis par le feu avec Ahriman lui-même.

* *

De tous les cultes orientaux, aucun n'offre un système aussi rigoureux que celui-ci; aucun n'eut une pareille élévation morale, et ne dut avoir autant de prise sur les esprits et sur les cœurs. A bien des égards, il donna au monde païen sa formule religieuse définitive, et l'action des idées qu'il avait répandues, se prolongea bien au-delà du moment où il périt de mort violente. Le dualisme iranien a introduit en Europe certains principes qui n'ont pas cessé d'y produire leurs conséquences, et toute son histoire démontre ainsi ce fait que nous signalions en commençant, la force de résistance et de pénétration de la culture et de la religion des Perses. Celles-ci eurent une originalité si indépendante qu'après avoir résisté, en Orient, à la puissance d'absorption de l'hellénisme, elles ne furent pas anéanties même par le pouvoir destructeur de l'Islam. Firdousi glorifie encore les antiques traditions nationales et les héros mythiques du mazdéisme, et, alors que l'idolâtrie de l'Égypte, de la Syrie et de l'Asie Mineure est depuis longtemps éteinte ou dégradée, il reste encore des sectateurs de Zoroastre, qui accomplissent pieusement les cérémonies de l'Avesta et pratiquent le culte pur du feu.

Le mazdéisme mithriaque faillit bien aussi — et
c'est une autre preuve de sa vitalité — devenir au
III° siècle une sorte de religion d'État de l'empire
romain. On a souvent répété à ce propos le mot de
Renan [55] : « Si le christianisme eut été arrêté dans
sa croissance par quelque maladie mortelle, le
monde eut été mithriaste ». Sans doute, quand il
hasardait cette boutade, sa pensée évocatrice s'est
représenté un instant ce que serait devenu alors ce
pauvre monde. Elle a dû se complaire à se figurer,
comme un de ses disciples voudrait nous le persua-
der [56], que la morale de l'humanité n'en eut guère
été changée — un peu plus virile peut-être, un
peu moins charitable, mais une simple nuance. La
théologie érudite que les mystères enseignaient,
aurait évidemment témoigné un respect louable à la
science, seulement, comme ses dogmes reposaient
sur une physique fausse, elle eut apparemment
assuré la persistance d'une infinité d'erreurs : l'astronomie ne se serait pas éteinte, mais l'astrologie
eut été indestructible, et, comme elle l'exigeait, les
cieux tourneraient encore autour de la terre. Le
grand danger eut été, ce semble, la fondation par les
Césars d'un absolutisme théocratique que les doctrines orientales sur la divinité des rois auraient
servi à étayer; l'alliance du trône et de l'autel eût
été indissoluble et l'Europe n'eut jamais connu la
lutte, somme toute vivifiante, entre l'Église et l'État.
Mais, d'autre part, la discipline du mithriacisme,

productrice d'énergie individuelle, et l'organisation démocratique de ses associations, où se coudoyaient les sénateurs et les esclaves, contenaient un germe de liberté... On pourrait disserter longuement sur ces possibilités contraires; mais il n'est guère de jeu d'esprit plus oiseux que de prétendre refaire l'histoire et conjecturer ce qui serait arrivé dans le cas où tel événement ne se serait pas produit. Si le torrent des actions et des réactions qui nous entraîne se fut détourné de son cours, quelle vision pourrait décrire les rivages ignorés où se seraient répandus ses flots?

VII

L'ASTROLOGIE ET LA MAGIE

Lorsque nous constatons l'autorité souveraine dont jouit l'astrologie sous l'empire romain, nous avons peine à nous défendre d'un sentiment de surprise. Nous concevons difficilement qu'on ait pu la regarder comme le plus précieux de tous les arts et comme la reine des sciences [1]. Nous nous représentons malaisément les conditions morales qui ont rendu possible un pareil phénomène, parce que notre état d'esprit est aujourd'hui très différent. Peu à peu s'est imposée la conviction qu'on ne peut connaître l'avenir — tout au moins l'avenir de l'homme et de la société — que par conjecture. Le progrès du savoir a appris à ignorer.

Il en était autrement dans l'antiquité : la foi aux présages et aux prédictions était générale. Seulement, au début de notre ère, les vieux modes de divination étaient tombés dans un certain discrédit avec le reste de la religion gréco-romaine. On ne croyait plus guère que l'avidité ou la répugnance des poulets sacrés à manger leur pâtée ou encore la direction du vol des oiseaux indiquassent des succès ou des désastres futurs. Les oracles helléniques se taisaient délaissés. L'astrologie apparut alors entourée de tout le prestige d'une science exacte, fondée sur une expérience d'une durée presque infinie. Elle promettait de déterminer les événements de la vie de chacun avec la même sûreté que la date d'une éclipse. Le monde fut attiré vers elle par un entraînement irrésistible. Elle relégua dans l'ombre et fit oublier peu à peu toutes les anciennes méthodes imaginées pour déchiffrer les énigmes de l'avenir. L'haruspicine et l'art augural furent abandonnés, et leur antique renommée ne protégea même pas les oracles contre une déchéance irrémédiable. Cette immense chimère transforma le culte comme la divination; elle pénétra tout de son esprit. Et de fait, si comme le pensent encore certains savants, le caractère essentiel de la science est la faculté de prédire [2], aucune discipline ne pouvait se mesurer avec celle-ci ni se soustraire à son ascendant.

Son succès fut lié à celui des religions orientales, qui lui prêtèrent leur appui comme elle leur accordait le sien. Nous avons vu comment elle s'était imposée au paganisme sémitique, avait transformé le mazdéisme perse et avait fait fléchir même l'orgueil exclusif du sacerdoce égyptien [3]. C'est sans doute à Alexandrie, vers l'an 150 avant notre ère [4], que furent composés en grec des traités mystiques attribués au vieux pharaon Néchepso et à son confident le prêtre Pétosiris, œuvres nébuleuses et abstruses qui devinrent en quelque sorte les livres saints de la foi nouvelle en la puissance des étoiles. Vers la même date commence à se répandre en Italie la genéthlialogie chaldéenne, à laquelle un serviteur du dieu Bèl, venu de Babylone dans l'île de Cos, Bérose, avait réussi précédemment à intéresser la curiosité des Grecs. En 139, un préteur expulse de Rome, en même temps que les Juifs, les *Chaldaei*. Mais tous les serviteurs de la déesse Syrienne, déjà nombreux en Occident, étaient les clients et les défenseurs de ces prophètes orientaux (p. 127), et les mesures de police réussirent aussi peu à arrêter la diffusion de leurs doctrines que celle des mystères asiatiques. Du temps de Pompée un sénateur très épris de l'occultisme, Nigidius Figulus, exposait en latin l'uranographie barbare. Mais le savant dont l'autorité contribua surtout à faire accepter la divination sidérale, fut un philosophe syrien d'un savoir encyclopédique, Posidonius d'Apamée, le maître de Cicéron. Les œuvres de cet esprit à la fois érudit et religieux eurent une influence sans égale sur le développement de toute la théologie romaine.

Sous l'Empire, en même temps que triomphent les Baals sémitiques et Mithra, l'astrologie fait reconnaître partout son pouvoir. A cette époque, tous lui sacrifient : les Césars deviennent ses

adeptes fervents souvent aux dépens des anciennes
dévotions. Tibère néglige les dieux parce qu'il ne
croit qu'à la fatalité [5], et Othon, rempli d'une confiance aveugle en ses devins orientaux, marche
contre Vitellius au mépris de présages funestes qui
effraient son clergé officiel [6]. Les savants les plus
sérieux, comme Ptolémée sous les Antonins, ex-
posent les principes de cette prétendue science, et
les meilleurs esprits les admettent. En fait, nul ne
distingue guère entre l'astronomie et sa sœur illé-
gitime. La littérature s'empare de ce thème nouveau et ardu, et déjà, sous Auguste, Manilius, en-
thousiasmé par le fatalisme sidéral, tâchait à rendre
poétique cette sèche « mathématique », comme Lucrèce, dont il est l'émule, l'avait fait pour l'atomisme
épicurien. L'art même y cherche des inspirations, et
se plaît à représenter les divinités stellaires : les
architectes élèvent à Rome et dans les provinces de
somptueux *septizonia* à l'image des sept sphères où
se meuvent les planètes, arbitres de nos destinées [7].
D'abord aristocratique [8] — car obtenir un horoscope
exact est une opération compliquée, et une consul-
tation coûte cher — cette divination asiatique devient
promptement populaire, surtout dans les centres
urbains, où pullulent les esclaves du Levant. Les
doctes généthliologues des observatoires avaient des
confrères marrons qui disaient la bonne aventure au
coin des carrefours ou dans les cours des fermes.
Même les épitaphes vulgaires, qui, selon un mot

de Rossi, sont « la canaille des inscriptions », ont
gardé les traces de ces croyances. L'habitude s'introduit d'y mentionner exactement jusqu'au nombre
d'heures qu'a duré la vie, car l'instant de la naissance a déterminé celui de la mort :

Nascentes morimur, finisque ab origine pendet [9].

Bientôt il n'y a plus d'affaire grande ou petite qu'on
veuille entreprendre sans consulter l'astrologue.
Non seulement on lui demande ses prévisions sur
les événements publics considérables comme les
opérations d'une guerre, la fondation d'une ville ou
l'avènement d'un prince, non seulement sur un
mariage, un voyage, un déménagement, mais les
actions les plus futiles de la vie journalière sont
gravement soumises à sa sagacité. On ne se rend
plus au bain ou chez son coiffeur, on ne change plus,
de vêtements, on ne se lime plus les ongles sans
avoir attendu le moment propice [10]. Les recueils
d' « initiatives » (καταρχαί) qui nous sont parvenus,
contiennent des questions qui font sourire. Si un fils
qui va naître sera pourvu d'un grand nez? Si une fille
qui vient au monde aura des aventures galantes [11] ?
Et certains préceptes semblent presque une parodie :
celui qui se fait couper les cheveux durant le croissant de la lune deviendra chauve — évidemment par
analogie [12].

L'existence entière des individus comme des

états, jusque dans ses moindres incidents, dépend
donc des étoiles. L'empire absolu qu'elles furent
censées exercer sur la condition quotidienne de chacun modifia même le langage vulgaire, et a laissé
des traces dans tous les dérivés du latin. Ainsi,
quand nous nommons les jours de la semaine Lundi,
Mardi, Mercredi, nous faisons de l'astrologie sans le
savoir, car c'est elle qui enseigna que le premier
était soumis à la Lune, le second à Mars, le troisième
à Mercure et les quatre derniers aux autres planètes;
ou encore, nous reconnaissons à ces astres, sans y
songer, leurs anciennes qualités, quand nous parlons
d'un caractère martial, jovial ou lunatique.

Cependant, il faut le reconnaître, l'esprit grec
essaya de réagir contre la folie qui s'emparait du
monde, et l'apotélesmatique trouva, dès l'époque de
sa propagation, des contradicteurs parmi les philosophes. Le plus subtil de ces adversaires fut, au
ii⁰ siècle avant notre ère, le probabiliste Carnéade.
Les arguments topiques qu'il avait fait valoir, furent
repris, reproduits et développés sous mille formes
par les polémistes postérieurs. Tel celui-ci : tous les
hommes qui périssent ensemble dans une bataille
ou un naufrage sont-ils nés au même moment puisqu'ils ont eu le même sort? Ou inversement ne
voyons-nous pas que deux jumeaux, venus au monde
en même temps, ont les caractères les plus dissem-
blables et les fortunes les plus différentes?

Mais la dialectique est un genre d'escrime où les

Grecs ont toujours excellé, et les défenseurs de l'astrologie trouvaient réponse à tout. Ils s'attachaient surtout à établir fermement les vérités d'observation, sur lesquelles reposait toute la construction savante de leur art : l'action exercée par les astres sur les phénomènes de la nature et le caractère des individus. Peut-on nier, disaient-ils, que le soleil fasse naître et périr la végétation, qu'il mette les animaux en rut ou les plonge dans un sommeil léthargique? Le mouvement des marées ne dépend-t-il pas du cours de la lune? Le lever de certaines constellations n'est-il pas accompagné chaque année de tempêtes? Enfin les qualités physiques et morales des races ne sont-elles pas manifestement déterminées par le climat sous lequel elles vivent? L'action du ciel sur la terre est indéniable, et, les influences sidérales étant admises, toutes les prévisions qui se fondent sur elles sont légitimes. Le premier principe une fois accepté, les théorèmes accessoires en découlent logiquement.

Ce raisonnement parut en général irréfutable. L'astrologie avant l'avènement du christianisme, qui la combattit surtout comme entachée d'idolâtrie, n'eut guère d'autres adversaires que ceux qui niaient la possibilité de toute science : les néo-académiciens, qui déclaraient que l'homme ne pouvait arriver à la certitude, et les sceptiques radicaux, comme Sextus Empiricus. Mais, soutenue par les stoïciens qui, sauf de rares exceptions, lui furent favorables, l'astrologie, on peut l'affirmer, sortit victorieuse des premiers assauts qui lui furent livrés : les objections qu'on lui fit l'amenèrent seulement à modifier certaines de ses théories. Dans la suite, l'affaiblissement général de l'esprit critique lui assura une domination presque incontestée. La polémique de ses adversaires ne se renouvela pas, ils se bornèrent à reprendre des arguments cent fois combattus, sinon réfutés, et qui semblaient bien usés. A la cour des Sévères, celui qui eût nié l'influence des planètes sur les événements de ce monde, eût passé pour plus déraisonnable que celui qui l'admettrait aujourd'hui.

Mais, dira-t-on, si les théoriciens ne parvinrent pas à démontrer la fausseté doctrinale de l'apostélesmatique, l'expérience devait en prouver l'inanité. Sans doute les erreurs ont dû être nombreuses et provoquer de cruelles désillusions. Ayant perdu un enfant de quatre ans, auquel on avait prédit de brillantes destinées, ses parents stigmatisent dans son épitaphe le « mathématicien menteur dont le grand renom les a abusés tous deux [12] ». Mais personne ne songeait à nier la possibilité de telles erreurs. Nous avons conservé des textes où les faiseurs d'horoscopes eux-mêmes expliquent candidement et doctement comment dans tel cas ils se sont trompés, faute d'avoir tenu compte d'une donnée du problème [13], et, au II⁰ siècle, Vettius Valens se plaint amèrement des détestables brouillons, qui, s'érigeant en prophètes sans la longue préparation nécessaire,

rendent odieuse ou ridicule l'astrologie qu'ils osent
invoquer [15]. Il 'faut s'en souvenir, celle-ci n'était
pas seulement une science (ἐπιστήμη) mais aussi un
art (τέχνη), tout comme la médecine ; — irrévéren-
cieuse aujourd'hui, cette comparaison n'avait rien
que de flatteur aux yeux des anciens [16]. L'observation
du ciel est infiniment délicate comme celle du corps
humain ; il est aussi scabreux de dresser un thème
de géniture que de poser un diagnostic, aussi malaisé
d'interpréter les symptômes cosmiques que ceux de
notre organisme. De part et d'autres, les éléments
sont complexes et les chances d'erreur infinies. Tous
les exemples de malades qui sont morts malgré le
médecin ou à cause de lui, n'empêcheront jamais
celui que torturent des souffrances physiques d'invoquer son aide, et de même ceux dont l'âme est dévo-
rée d'ambition ou d'inquiétude, recourront à l'astrologue pour trouver quelque remède à la fièvre morale
qui les agite. Le calculateur qui affirme pouvoir déterminer l'instant de la mort, comme le praticien qui
prétend l'écarter, attirent à eux la clientèle anxieuse
de tous les hommes que préoccupe cette échéance
redoutable. D'ailleurs, de même qu'on cite des cures
merveilleuses, on rappelle — et au besoin l'on
invente — des prédictions frappantes. Le devin n'a
d'ordinaire le choix qu'entre un nombre restreint
d'éventualités, et les probabilités veulent qu'il réus-
sisse quelquefois. Les mathématiques, qu'il invoque,
lui sont en somme favorables, et le hasard souvent

corrige le hasard. Puis, celui qui a un cabinet de
consultations, bien achalandé ne possède-t-il pas
mille moyens, s'il est habile, de mettre dans le métier
aléatoire qu'il exerce toutes les chances de son côté
et de lire dans les constellations ce qu'il croit oppor-
tun? Il observera la terre plutôt que le ciel, et il
n'aura garde de se laisser choir au fond d'un puits.

* *

Toutefois, ce qui surtout rendait l'astrologie invul-
nérable aux coups que lui portaient la raison et le
sens commun, c'est qu'elle était en réalité, malgré
la rigueur apparente de ses calculs et de ses théorèmes, non pas une science mais une foi. Nous ne
voulons pas seulement dire par là qu'elle impliquait la
croyance en des postulats indémontrables — on pourrait dire la même chose de presque tout notre pauvre
savoir humain, et nos systèmes de physique ou de
cosmologie reposent pareillement en dernière analyse sur des hypothèses —; mais l'astrologie était née
et avait grandi dans les temples de la Chaldée et de
l'Égypte ; même en Occident, elle n'oublia jamais ses
origines sacerdotales et ne se dégagea jamais qu'à
demi de la religion qui l'avait engendrée. C'est par ce
côté qu'elle se rattache aux cultes orientaux qui font
l'objet de ces études, et c'est ce point surtout que
je voudrais mettre ici en lumière.

Les ouvrages ou les traités grecs d'astrologie qui

nous sont parvenus, ne nous révèlent que très imparfaitement ce caractère essentiel. Les Byzantins ont
écarté de cette pseudo-science, qui resta toujours
suspecte à l'Église, tout ce qui sentait le paganisme.
On peut suivre parfois les progrès de ce travail d'épuration de manuscrit à manuscrit[17]. S'ils maintiennent
le nom de quelque dieu ou héros de la mythologie,
ils ne se hasardent plus à l'écrire qu'en cryptogra-
phie. Ils ont conservé surtout des traités purement
didactiques; dont le type le plus parfait est la Tétrabible de Ptolémée, sans cesse citée, copiée, com-
mentée, et ils ont reproduit presque exclusivement
des textes expurgés, résumant sèchement les principes des diverses doctrines. Dans l'antiquité, on
lisait de préférence des œuvres d'un autre caractère.
Beaucoup de « Chaldéens » mêlaient à leurs calculs
et à leurs théories cosmologiques des considérations
morales et des spéculations mystiques. Critodème,
au début d'un ouvrage qu'il intitule Vision (Ὅρασις),
représente en un langage de prophète les vérités qu'il
révèle comme un refuge assuré contre les orages de
ce monde, et il promet à ses lecteurs de les élever
au rang des immortels[18]. Vettius Valens, un contemporain de Marc Aurèle, les conjure, avec des
exécrations solennelles, de ne pas divulguer aux
ignorants et aux impies les arcanes auxquels il va
les initier[19]. Les astrologues aiment à se donner les
apparences de prêtres incorruptibles et saints, et
se plaisent à considérer leur profession comme un

sacerdoce [20]. De fait les deux ministères se concilient : un membre du clergé mithriaque se dit dans son épitaphe *studiosus astrologiæ* [21].

Ainsi par quelques passages échappés à la censure orthodoxe, par le ton que prennent certains de ses adeptes, se révèle déjà le caractère sacré de l'astrologie, mais il faut remonter plus haut et montrer que, malgré les secours que lui prêtent les mathématiques et l'observation, elle est religieuse dans son principe et par ses conclusions.

Le dogme fondamental de l'astrologie, telle que l'ont conçue les Grecs, est celui de la solidarité universelle. Le monde forme un vaste organisme dont toutes les parties sont unies par un échange incessant de molécules ou d'effluves. Les astres, générateurs inépuisables d'énergie, agissent constamment sur la terre et sur l'homme — sur l'homme, abrégé de la nature entière, « microcosme » dont chaque élément est en correspondance avec quelque partie du ciel étoilé. Voilà en deux mots la théorie formulée par les stoïciens [22] ; mais, si on la dépouille de tout l'appareil philosophique dont on l'a décorée, au fond qu'y trouve-t-on ? C'est l'idée de la « sympathie », croyance aussi vieille que les sociétés humaines. Les peuples sauvages établissent aussi des relations mystérieuses entre tous les corps et tous les êtres qui peuplent la terre et les cieux et qui, à leurs yeux, sont tous pareillement animés d'une vie propre et doués d'une force latente — nous y reviendrons tan-

tôt à propos de la magie. Avant la propagation des
théories orientales, la superstition populaire attribuait déjà en Italie et en Grèce une foule d'actions
bizarres au soleil, à la lune et même aux constellations [23].

Seulement, les *Chaldaei* prêtent une puissance
prédominante aux astres. C'est, qu'en effet, ceux-ci
furent regardés par la religion des vieux Chaldéens,
lorsqu'elle se développa, comme les dieux par excellence. Le culte sidéral de Babylone concentra, si
j'ose dire, le divin dans ces êtres lumineux et mobiles, au détriment des autres objets de la nature,
pierres, plantes, animaux, où la foi primitive des
Sémites le plaçait pareillement. Les étoiles conservèrent toujours ce caractère, même à Rome. Elles
n'étaient pas, comme pour nous, des corps infiniment lointains, qui se meuvent dans l'espace suivant les lois inflexibles de la mécanique et dont on
détermine la composition chimique. Elles étaient
restées, pour les Latins, comme pour les Orientaux,
des divinités propices ou funestes, dont les relations, sans cesse modifiées, déterminent les événements de ce monde. Le ciel, dont on n'avait pas
encore aperçu l'insondable profondeur, était peuplé
de héros et de monstres animés de passions contraires, et la lutte qui s'y poursuivait exerçait une
répercussion immédiate sur la terre. En vertu de quel
principe attribue-t-on aux astres telle qualité et
telle influence? Est-ce pour des raisons tirées de leur

mouvement apparent, reconnues par l'observation ou
par l'expérience ? Parfois : Saturne rend les gens
apathiques et irrésolus, parce que de toutes les planètes il se déplace avec le plus de lenteur [24]. Mais le
plus souvent ce sont des raisons purement mythologiques qui ont inspiré les préceptes de l'astrologie.
Les sept planètes sont assimilées à des divinités,
Mars, Vénus ou Mercure, qui ont un caractère et une
histoire connus de tous. Il suffit de prononcer leurs
noms pour qu'on se représente une personnalité qui
agira conformément à sa nature : Vénus ne peut que
favoriser les amoureux et Mercure assurer le succès
des affaires et des escroqueries. De même pour les
constellations, auxquelles se rattachent une quantité
de légendes : le « catastérisme », c'est-à-dire la trans-
lation dans les astres, devient la conclusion naturelle d'une foule de récits. Les héros de la fable ou
même ceux de la société humaine continuent à vivre
au ciel sous la forme d'étoiles brillantes. Persée y
retrouve Andromède, et le centaure Chiron, qui n'est
autre que le Sagittaire, y fraternise avec les Dioscures jumeaux. Ces astérismes prennent alors en
quelque mesure les qualités et les défauts des êtres
mythiques ou historiques qu'on y a transportés : le
Serpent, qui brille près du pôle boréal, sera l'auteur
de cures médicales parce qu'il est l'animal sacré
d'Esculape [25].
   Mais ce fondement religieux des règles de l'astrologie n'est pas toujours reconnaissable, parfois

12*

il est entièrement oublié, et ces règles prennent
alors l'apparence d'axiomes ou de lois fondées sur
une longue observation des phénomènes célestes.
C'est là une simple façade scientifique. Les procédés
de l'assimilation aux dieux et du catastérisme ont été
pratiqués en Orient longtemps avant de l'être en
Grèce. Les images traditionnelles que nous repro-
duisons sur nos cartes célestes, sont les restes fos-
siles d'une luxuriante végétation mythologique, et
les anciens, outre notre sphère classique, en connaissaient une autre, la « Sphère barbare », peuplée de
tout un monde de personnages et d'animaux fantas-
tiques. Ces monstres sidéraux, auxquels on attribuait des vertus puissantes, étaient pareillement le
résidu d'une multitude de croyances oubliées. La
zoolâtrie était abandonnée dans les temples, mais on
continuait à considérer comme divins le Lion, le
Taureau, l'Ours, les Poissons, que l'imagination
orientale avait reconnus sur la voûte étoilée. De
vieux totems des tribus sémitiques ou des nomes
égyptiens se survivaient transformés en constellations. Des éléments hétérogènes, empruntés à toutes
les religions de l'Orient, se combinent dans l'uranographie des anciens, et, dans la puissance attribuée
aux fantômes qu'elle évoque, se propage l'écho indis-
tinct d'antiques dévotions, qui nous restent souvent
inconnues [26].

Ainsi l'astrologie fut religieuse par son origine
et ses principes; elle le fut encore par son alliance

étroite avec les cultes orientaux, surtout avec ceux
des Baals syriens et de Mithra ; elle le fut enfin par
les effets qu'elle produisit. Je ne veux pas parler des
effets qu'on attend de tel astérisme dans tel cas particulier : on lui supposait parfois la puissance de
provoquer même l'apparition des divinités soumises
à son empire [27]. Mais j'ai en vue l'action générale
que ces doctrines exercèrent sur le paganisme
romain.

Quand les dieux de l'Olympe furent incorporés
dans les astres, quand Saturne et Jupiter devinrent
des planètes et la Vierge Céleste un signe du zodiaque,
ils prirent un caractère très différent de celui qui
leur avait appartenu à l'origine. Nous avons montré [28] comment en Syrie, l'idée de la répétition indéfinie de cycles d'années suivant lesquels se produisent
les révolutions célestes, conduisit à la conception de
l'éternité divine, comment la théorie de la domination fatale des astres sur le monde amena celle de la
toute-puissance du « maître des cieux », comment
l'introduction d'un culte universel fut le résultat
nécessaire de l'idée que les étoiles exercent leur
influence sur les peuples de tous les climats [1]. Toutes
ces conséquences des principes de l'astrologie en
furent logiquement déduites, dans les pays latins
comme chez les Sémites, et amenèrent une rapide
métamorphose de l'ancienne idolâtrie. Comme en
Syrie aussi, le Soleil, qui, selon les astrologues,
mène le chœur des planètes, « qui est constitué le roi

et le conducteur du monde entier [29] », devient nécessairement la puissance la plus élevée du panthéon
romain.

L'astrologie modifia aussi la théologie en introduisant dans ce panthéon une foule de dieux nouveaux, dont quelques-uns sont singulièrement abstraits. On adorera désormais les constellations du
firmament, et en particulier les douze signes du zodiaque, qui ont chacun leur légende mythologique,
le Ciel (*Caelus*) lui-même, regardé comme la cause
première et qui parfois se confond avec l'Être suprême, les quatre éléments dont l'antithèse et la
transmutation perpétuelles produisent tous les phénomènes sensibles et qui sont souvent symbolisés par
un groupe d'animaux prêts à s'entre-dévorer [30], enfin
le Temps et ses subdivisions [31]. Les calendriers
furent religieux avant de devenir civils ; ils n'eurent pas d'abord pour objet de noter la mesure des
instants qui s'écoulaient, mais la récurrence de dates
propices ou néfastes, séparées par des intervalles
périodiques. Le retour de moments déterminés,
c'est un fait d'expérience, est associé à l'apparition
de certains phénomènes : ils ont donc une efficacité spéciale, sont doués d'un caractère sacré.
L'astrologie, en fixant les époques avec une rigueur
mathématique, continua à leur reconnaître, pour
parler comme Zénon, « une force divine » [32]. Le
Temps, qui règle le cours des astres et la transubs-
tantiation des éléments, est conçu comme le maître

des dieux et le principe primordial, et il est assimilé
au Destin. Chaque portion de sa durée infinie amène
quelque mouvement propice ou funeste des cieux,
anxieusement observés, et transforme l'univers, in-
cessamment modifié. Les Siècles, les Années, les
Saisons, qu'on met en relation avec les quatre vents
et les quatre points cardinaux, les douze Mois, soumis
au zodiaque, le Jour et la Nuit, les douze Heures,
sont personnifiés et divinisés, comme étant les auteurs de tous les changements de l'univers. Les
figures allégoriques, imaginées pour ces abstractions
par le paganisme astrologique, ne périrent même
pas avec lui [33]; le symbolisme qu'il avait vulgarisé
lui survécut, et jusqu'au moyen âge ces images de
dieux déchus furent reproduites indéfiniment dans
la sculpture, la mosaïque et les miniatures chrétiennes [24].

L'astrologie intervient ainsi dans toutes les idées
religieuses, et les doctrines sur la destinée du monde
et de l'homme se conforment aussi à ses enseignements. Selon Bérose, qui est l'interprète de vieilles
théories chaldéennes, l'existence de l'univers est formée d'une série de « grandes années », ayant chacune leur été et leur hiver. Leur été se produit
quand toutes les planètes sont en conjonction au
même point du Cancer, et il amène une conflagra-
tion générale. Inversement, leur hiver arrive quand
toutes les planètes sont réunies dans le Capricorne,
et il a pour résultat un déluge universel. Chacun de

ces cycles cosmiques, dont la durée, suivant les calculs les plus probables, était de 432,000 ans, est la
reproduction exacte de ceux qui l'ont précédé. En
effet, les astres reprenant exactement la même position doivent agir d'une manière identique. Cette
théorie babylonienne, anticipation de celle du « retour éternel des choses » que Nietzsche se glorifiait
d'avoir découverte, jouit d'une faveur durable dans
l'antiquité, et elle se transmit sous diverses formes
jusqu'à la Renaissance [35]. La croyance que le monde
devait être détruit par le feu, répandue aussi par la
philosophie stoïcienne, trouva dans ces spéculations
cosmologiques un nouvel appui.

Ce n'est pas seulement l'avenir de l'univers que
l'astrologie révèle, c'est aussi la vie future des mortels. Selon une doctrine chaldéo-persique, acceptée
par les mystères païens et que nous avons déjà signalée [36], une amère nécessité contraint les âmes, dont la
multitude peuple les hauteurs célestes, à descendre
ici-bas pour y animer les corps qui les tiennent cap-
tives. En s'abaissant vers la terre, elles traversent
les sphères des planètes, et reçoivent de chacun de
ces astres errants, suivant sa position, quelques-unes
de leurs qualités. Inversement, lorsqu'après la
mort elles s'échappent de leur prison charnelle,
elles remontent à leur première demeure, du moins
si elles ont vécu pieusement, et à mesure qu'elles
passent par les portes des cieux superposés, elles se
dépouillent des passions et des penchants qu'elles

avaient acquis durant leur premier voyage, pour
s'élever enfin, pures essences, jusqu'au séjour lumineux des dieux. Elles y vivent à jamais au milieu
des astres éternels, soustraites à la domination des
destins et aux limitations mêmes du temps.

Ainsi l'alliance des théorèmes astronomiques avec
leurs vieilles croyances fournit aux Chaldéeus des ré-
ponses à toutes les questions que l'homme se pose sur
les relations du ciel et de la terre, sur la nature de
Dieu, sur l'existence du monde et sur sa propre fin.
L'astrologie fut véritablement la première théologie
scientifique. La logique de l'hellénisme coordonna
les doctrines orientales, les combina avec la philosophie stoïcienne et en constitua un système d'une
incontestable grandeur, reconstruction idéale de
l'univers, dont la hardiesse puissante inspire à
Manilius, lorsqu'il ne s'épuise pas à dompter une matière rebelle, des accents convaincus et sublimes [37].
La notion vague et irraisonnée de la « sympathie »
s'est transformée en un sentiment profond, fortifié
par la réflexion, de la parenté de l'âme humaine,
essence ignée, avec les astres divins [38]. La contemplation du ciel est devenue une communion. Dans
la splendeur des nuits, l'esprit s'enivre de la lumière
que lui versent les feux de l'éther ; porté sur les
ailes de l'enthousiasme, il s'élève au milieu du
chœur sacré des étoiles, et suit leurs mouvements
harmonieux ; « il participe à leur immortalité et,
avant le terme fatal, il s'entretient avec les dieux [39] ».

Malgré la précision subtile que les Grecs introduisirent dans leurs spéculations, le sentiment qui pénétra l'astrologie jusqu'à la fin du paganisme, ne dé-
mentit jamais ses origines orientales et religieuses.

Le principe capital qu'elle imposa fut celui du
fatalisme. Comme s'exprime le poète [40] :

> Fata regunt orbem, certa stant omnia lege.

Au lieu de dieux agissant dans le monde, comme
l'homme dans la société, au gré de leurs passions,
les Chaldéens ont les premiers conçu l'idée d'une
nécessité inflexible, dominant l'univers. Ils obser-
vèrent qu'une loi immuable réglait le mouvement
des corps célestes, et, dans le premier enthousiasme
de leur découverte, ils étendirent ses effets à tous les
phénomènes moraux et sociaux. Un déterminisme
absolu est impliqué dans les postulats de l'apotélesmatique. La Tyché ou Fortune divinisée devient la
maîtresse irrésistible des mortels et des immortels,
et elle fut en effet, sous l'Empire, révérée par quelques esprits exclusivement. Notre volonté réfléchie
n'a jamais qu'une part bien restreinte dans notre
bonheur et nos succès, mais, au milieu des pronun-
ciamentos et de l'anarchie du mᵉ siècle, un Hasard
aveugle semblait bien se jouer souverainement de la
vie de chacun, et l'on comprend que les princes éphé-
mères de cette époque aient, comme les foules,
reconnu en lui le seul arbitre de leur sort [41]. La puissance de cette conception fataliste dans l'antiquité

peut se mesurer à sa longue persistance, tout au
moins en Orient d'où elle était originaire. Sortie de
Babylonie [42], elle se répand dès l'époque alexandrine dans tout le monde hellénique, et à la fin du
paganisme, c'est encore contre elle qu'est dirigé en
grande partie l'effort de l'apologétique chrétienne [43];
mais elle devait résister à toutes les attaques et s'imposer encore à l'Islam. Même dans l'Europe latine,
malgré les anathèmes de l'Église, survécut confusément à travers le moyen âge la croyance que sur
cette terre tout arrive de quelque manière

> Per ovra delle rote magne,
> Che drizzan ciascun seme ad alcun fine
> Secondo che le stelle son compagne [44].

Les armes dont les écrivains ecclésiastiques se servent pour combattre ce fatalisme sidéral, sont empruntées à l'arsenal la vieille dialectique grecque :
ce sont en général celles qu'avaient employées
depuis des siècles tous les défenseurs du libre arbitre : le déterminisme détruit la responsabilité; les
récompenses et les châtiments sont absurdes si les
hommes agissent en vertu d'une nécessité qui les
domine, s'ils sont des héros ou des criminels nés.
Nous n'insisterons pas sur ces discussions métaphysiques [45]; mais il est un argument qui touche de plus
près au sujet dont nous nous occupons : si un Destin
irrévocable s'impose à nous, aucune supplication,
objectait-on, ne peut changer sa volonté; le culte

13

est inefficace, et les prières ne sont plus, pour employer une expression de Sénèque, que « les conso-
lations d'esprits maladifs " ».

Et, sans doute, certains adeptes de l'astrologie,
comme l'empereur Tibère ", négligent les pratiques
religieuses dans la persuasion que la Fatalité gouverne toutes choses; à l'exemple des stoïciens, ils
érigent en devoir moral la soumission absolue au
sort omnipotent, la résignation joyeuse à l'inévitable,
et se contentent de vénérer, sans lui rien demander,
la puissance supérieure qui régit l'univers. Ils se
disent soumis au destin même le plus capricieux,
semblables à l'esclave intelligent qui devine, pour
les satisfaire, les désirs de son maître et sait rendre supportable la plus dure servitude ". Mais les
masses ne s'élevaient pas à cette hauteur de renoncement. Toujours le caractère religieux de l'astrologie fut maintenu aux dépens de la logique. Les
planètes et les constellations n'étaient pas seulement des forces cosmiques dont l'action propice ou
néfaste s'affaiblissait ou se renforçait suivant les
détours d'une carrière fixée de toute éternité. Elles
étaient des divinités qui voyaient et entendaient, se
réjouissaient ou s'affligeaient, avaient une voix et un
sexe, étaient prolifiques ou stériles, douces ou sauvages, obséquieuses ou dominatrices ". On pouvait
donc apaiser leur courroux et se concilier leur faveur
par des rites et des offrandes; même les astres
adverses n'étaient pas inexorables, et se laissaient

fléchir par des sacrifices et des supplications. Le
pédant borné qu'est Firmicus Maternus, affirme avec
force la toute puissance de la fatalité, mais en même
temps il invoque les dieux, pour résister avec leur
aide à l'influence des étoiles. Encore au ive siècle, les
païens de Rome étaient-ils sur le point de se marier,
voulaient-ils faire quelque emplette, ambitionnaient-
ils quelque dignité, ils couraient demander au devin
ses pronostics, tout en priant les Destins de leur
accorder des années prospères [50]. Une antinomie
fondamentale se manifeste ainsi dans tout le développement de l'astrologie, qui prétendait devenir une
science exacte, mais qui fut à l'origine et qui resta
toujours une théologie sacerdotale.

Toutefois, à mesure que l'idée de la Fatalité s'imposa et se répandit, le poids de cette théorie déses-
pérante opprima davantage la conscience. L'homme
se sentit dominé, accablé, par des forces aveugles,
qui l'entraînaient aussi irrésistiblement qu'elles faisaient mouvoir les sphères célestes. Les âmes cherchèrent à échapper à la pression de ce mécanisme
cosmique, à sortir de l'esclavage où les maintenait
l'Anankè. Mais pour se soustraire aux rigueurs de sa
domination, on n'a plus confiance dans les cérémonies de l'ancien culte. Les puissances nouvelles qui
se sont emparées du ciel, doivent être apaisées par
des moyens nouveaux. Les religions orientales
apportent le remède aux maux qu'elles ont créés, et
enseignent des procédés puissants et mystérieux

pour conjurer le sort [51]. Aussi parallèlement à l'astrologie, voit-on se propager une aberration plus
néfaste, la magie [52].

*
* *

Si l'on passe de la lecture de la Tétrabible de Ptolémée à celle d'un papyrus magique, on se croira
tout d'abord transporté à l'autre extrémité du monde
intellectuel. On ne trouve plus rien ici de l'ordon-
nance systématique, de la méthode sévère qui distinguent l'œuvre du savant d'Alexandrie. Sans doute,
les doctrines de l'astrologie sont aussi chimériques
que celles de la magie, mais elles sont déduites avec
une logique qui force l'assentiment des esprits réflé-
chis, et qui fait totalement défaut dans les ouvrages
de sorcellerie. Recettes empruntées à la médecine et
à la superstition populaires, pratiques primitives
rejetées ou délaissées par les rituels sacerdotaux,
croyances répudiées par une religion progressive-
ment moralisée, plagiats et contrefaçons de textes
littéraires ou liturgiques, incantations où sont invo-
quées au milieu d'un baragouin inintelligible les
dieux de toutes les nations barbares, cérémonies
bizarres et déconcertantes, forment un chaos où l'imagination se perd, un pot-pourri où il semble qu'un
syncrétisme arbitraire ait cherché à réaliser une confusion inextricable.

Cependant, si l'on observe avec plus d'attention

comment la magie opère, on constatera qu'elle part
de principes analogues et agit d'après des raisonne-
ments parallèles à ceux de l'astrologie. Nées en même
temps dans les civilisations primitives de l'Orient,
toutes deux reposent sur un fonds d'idées communes [53]. La première découle, comme la seconde, du
principe de la sympathie universelle, seulement elle
ne considère plus la relation qui existe entre les astres, courant sur le plafond du ciel, et les phénomènes
physiques et moraux, mais celle qui unit entre eux
les corps quels qu'ils soient. Elle part de l'idée pré-
conçue qu'il existe entre certaines choses, certains
mots, certaines personnes, des relations obscures
mais constantes. Ces correspondances sont établies
sans hésitation entre les objets matériels et les êtres
vivants, car les peuples sauvages attribuent à tout ce
qui les entoure, une âme et une existence analogues
à celle de l'homme. La distinction des trois règnes
de la nature ne leur a pas été enseignée; ils sont « ani-
mistes ». La vie d'une personne peut ainsi être liée
à celle d'un objet, d'un arbre, d'un animal, de telle
sorte que si l'un périt, l'autre meure, et que tout dommage éprouvé par l'un fasse souffrir son inséparable
associé. Parfois le rapport qu'on établit provient
de motifs clairement intelligibles comme la ressemblance entre l'objet et l'être : ainsi, dans la pratique
de l'envoûtement, lorsque pour tuer un ennemi on
transperce une figure de cire qui est censée le représenter ; ou bien ce lien présumé résulte d'un contact,

même passager, qu'on suppose avoir créé des affinités indestructibles, par exemple lorsqu'on opère
sur le vêtement d'un absent. Mais ces relations ima-
ginaires ont souvent des raisons qui nous échappent ;
elles dérivent comme les qualités attribuées aux
étoiles par l'apotélesmatique, de vieilles croyances
dont le souvenir s'est perdu.

Comme l'astrologie, la magie est donc à certains
égards une science. D'abord, elle repose en partie,
comme les prédictions de sa compagne, sur l'observation, — une observation souvent rudimentaire, superficielle, hâtive, erronée, mais néanmoins très considérable. C'est une discipline expérimentale. Parmi
la multitude des faits que la curiosité des magiciens
a notés, il en était d'exacts, qui ont reçu plus tard la
consécration des savants. L'attraction de l'aimant sur
le fer a été utilisée par les thaumaturges avant d'être
interprétée par les physiciens. Dans les vastes com-
pilations qui circulaient sous les noms vénérables de
Zoroastre ou d'Hostanès, des remarques fécondes se
mêlaient certainement à des idées puériles et à des
préceptes absurdes, tout comme dans les traités
d'alchimie grecque qui nous sont parvenus. L'idée
même qu'en connaissant la puissance de certains
agents on peut faire agir les forces cachées de l'univers et obtenir des résultats extraordinaires, inspire
les recherches de la physique comme les affirmations
de la magie. La magie est une physique, dévoyée
comme l'astrologie est une astronomie pervertie.

De plus, la magie, toujours comme l'astrologie, est une science, parce qu'elle part de la conception fondamentale qu'il existe dans la nature un ordre et des lois et que la même cause produit toujours les mêmes effets. La cérémonie occulte, qui s'accomplit avec le soin d'une expérience de laboratoire, aura régulièrement la conséquence attendue. Il suffit de connaître les affinités mystérieuses qui unissent toutes choses, pour mettre en mouvement le mécanisme de l'univers. Seulement l'erreur des sorciers est d'établir une association entre des phénomènes qui ne dépendent nullement l'un de l'autre. Le fait d'exposer un instant à la lumière une plaque sensible dans une chambre noire, de la plonger ensuite, suivant des recettes données, dans des liquides appropriés et d'y faire apparaître ainsi l'image d'un parent ou d'un ami, est une opération magique, mais fondée sur des actions et des réactions véritables, au lieu de l'être sur des sympathies et des antipathies arbitrairement supposées. La magie est donc bien une science qui se cherche et qui devient plus tard, comme l'a définie Frazer, « une sœur bâtarde de la science ».

Seulement, comme l'astrologie, elle aussi fut religieuse à l'origine, et resta toujours une sœur bâtarde de la religion. Toutes deux grandirent ensemble dans les temples de l'Orient barbare. Leurs pratiques firent partie d'abord du savoir équivoque de féticheurs qui prétendaient, par des rites connus d'eux seuls, agir sur les esprits qui peuplaient la nature

et la vivifiaient tout entière. La magie a été ingé-
nieusement définie « la stratégie de l'animisme [54] ».
Mais, de même que la puissance de plus en plus
grande attribuée par les Chaldéens aux divinités
sidérales, transforma la vieille astrologie, de même
la sorcellerie primitive prit un autre caractère à
mesure que le monde des dieux, conçus à l'image de
l'homme, se dégagea et se distingua davantage des
forces physiques. L'élément mystique, qui de tout
temps se mêlait à ses cérémonies, en reçut une précision et un développement nouveaux. Le magicien,
par ses charmes, ses talismans et ses conjurations,
agit désormais sur les « démons » célestes ou infernaux et les contraint à lui obéir. Mais ces esprits ne
lui opposent plus seulement la résistance aveugle de
la matière, animée d'une vie incertaine; ce sont des
êtres actifs et subtils, doués d'intelligence et de
volonté. Ils savent parfois se venger de l'esclavage
qu'on prétend leur faire subir et punir de son au-
dace l'opérateur qui les redoute, tout en invoquant
leur secours. L'incantation prend ainsi souvent la
forme d'une prière adressée à des puissances supérieures à l'homme, et la magie devient un culte. Ses
rites se développent parallèlement aux liturgies
canoniques et souvent les envahissent [55]. Ils sont
séparés par cette frontière vague, constamment dé-
placée, qui limite les domaines contigus de la religion et de la superstition.

•

Cette magie, mi-scientifique, mi-religieuse, ayant ses livres et ses adeptes professionnels, est d'origine orientale. La vieille sorcellerie grecque et italique semble avoir été assez bénigne. Conjurations qui détournent la grêle ou formules qui attirent la pluie, maléfices qui rendent les champs stériles et font périr le bétail, philtres d'amour, onguents de jeunesse, remèdes de bonne femme, talismans contre le mauvais œil, tout cela s'inspire des croyances de la superstition populaire, et se maintient aux confins du folk-lore et du charlatanisme. Même les magiciennes de Thessalie, qui passaient pour faire descendre la lune du ciel, étaient surtout des botanistes qui connaissaient les vertus merveilleuses des simples. L'effroi que les nécromanciens inspirent, provient en grande partie de ce qu'ils exploitent la vieille croyance aux revenants. Ils mettent en œuvre la puissance qu'on attribue aux fantômes, et glissent dans les tombeaux des tablettes de métal couvertes d'exécrations, pour vouer un ennemi au malheur ou à la mort. Mais il n'y a aucune trace, en Grèce ni en Italie, d'un système cohérent de doctrines, d'une discipline occulte et savante, ni d'un enseignement sacerdotal.

Aussi les adeptes de cet art douteux sont-ils méprisés. Encore à l'époque d'Auguste, ce sont surtout des

13*

gueuses équivoques qui exercent leur misérable métier dans les bas-fonds des quartiers populaires. Mais avec l'invasion des religions orientales, la considération pour le magicien grandit, et sa condition s'élève [56]. On l'honore et on le redoute davantage. Au n° siècle, nul ne conteste plus guère qu'il puisse provoquer des apparitions divines, converser avec les esprits supérieurs et même s'élever en personne jusqu'au ciel [57].

On saisit ici l'action victorieuse des cultes alexandrins. En Égypte [58], nous l'avons vu (p. 114), le rituel, à proprement parler, n'était pas autre chose à l'origine qu'un ensemble de pratiques magiques. Les fidèles imposaient par la prière ou même la menace leurs volontés aux dieux. Ceux-ci étaient contraints d'obéir sur le champ à l'officiant, si la liturgie était exactement accomplie, si les incantations et les paroles opérantes étaient récitées avec l'intonation juste. Le prêtre instruit avait une puissance presque illimitée sur tous les êtres surnaturels qui peuplaient la terre, les eaux, l'air, les enfers et les cieux. Nulle part on ne maintint moins la distance qui sépare l'humain du divin; nulle part la différenciation progressive qui éloigna partout la magie de la religion, ne resta moins avancée. Elles demeurèrent si intimement associées jusqu'à la fin du paganisme qu'on a peine parfois à distinguer les textes qui appartiennent à l'une ou à l'autre.

Les Chaldéens [59] aussi étaient de grands maîtres èssorcellerie, à la fois versés dans la connaissance des présages et experts à conjurer les maux que ceux-ci annonçaient. Les magiciens, conseillers écoutés des rois, y faisaient partie du clergé officiel, y invoquaient dans leurs incantations l'aide des dieux de l'État, et leur science sacrée y était aussi respectée que l'haruspicine en Étrurie. Le prestige fabuleux qui continua de l'entourer, en assura la persistance après la chute de Ninive et de Babylone. La tradition n'en était point perdue sous les Césars, et une quantité d'enchanteurs se réclamaient à tort ou à raison de l'antique sagesse de la Chaldée [60].

Aussi, le thaumaturge, héritier supposé des prêtres archaïques, prend-il à Rome même une apparence toute sacerdotale. Sage inspiré qui reçoit les confidences des esprits célestes, il se rapproche par la dignité de sa tenue et de sa vie des philosophes. Le vulgaire ne tarde pas à les confondre [61], et, de fait, la philosophie orientalisante de la fin du paganisme accueille et justifie toutes les superstitions. Le néoplatonisme, qui fait à la démonologie une large place, penche de plus en plus vers la théurgie, où il finit par se perdre.

Mais les anciens distinguent expressément de cet art licite et honorable, pour lequel on inventa ce nom de « théurgie » [62], la « magie » proprement dite, toujours suspecte et réprouvée. Le nom de mages (μάγοι) appliqué à tous les faiseurs de miracles, désigne proprement les prêtres du mazdéisme, et une

Perses [63],
que le
l'ont pas
ité, ils
un fon-
dans un
C'est le
pernicieux
qui le

est-elle
ce
La fu-
tes doc-
celles
cet ordre
Mesopota-
avec le
sorciers
obtint
cette science
comme
sent avoir fai:
servations
nisèrent san-
le vrai s
la cor-
lantes ou
physiqu

Cependant le clair génie des Hellènes se détourna toujours des spéculations troubles de la magie, et ne leur accorda qu'une attention distraite et une considération médiocre. Mais à l'époque alexandrine on traduisit en grec les livres attribués aux maîtres à demi-fabuleux de la science persique, Zoroastre, Hostanès, Hystaspe, et depuis lors jusqu'à la fin du paganisme ces noms jouirent d'une autorité prestigieuse. En même temps, les Juifs, initiés aux arcanes des doctrines et des procédés irano-chaldéens, en firent connaître indirectement certaines recettes partout où la Dispersion les répandit [66]. Postérieurement une action plus immédiate fut exercée sur le monde romain par les colonies perses d'Asie Mineure [67], demeurées obstinément fidèles à leurs antiques croyances nationales.

La valeur particulière que les mazdéens attribuaient à la magie découle nécessairement de leur système dualiste, tel que nous l'avons exposé déjà [68]. En face d'Ormuzd, qui siège dans le ciel lumineux, se dresse son adversaire irréconciliable Ahriman, qui règne sur le monde souterrain. L'un est synonyme de clarté, de vérité, de bonté; l'autre, de ténèbres, de mensonge et de perversité. L'un commande aux génies bienfaisants qui protègent la piété des fidèles; l'autre aux démons dont la malice provoque tous les maux qui affligent l'humanité. Les deux principes opposés se disputent la domination de la terre, et chacun y a produit

des animaux et des plantes favorables ou nuisi-
bles. Tout y est céleste ou infernal. Ahriman et ses
démons, qui viennent errer autour des hommes pour
les tenter et leur nuire[69], sont des dieux malfaisants,
mais des dieux indépendants de ceux qui forment
l'armée secourable d'Ormuzd. Le mage leur sacrifie
soit pour détourner les malheurs dont ils le mena-
cent, soit aussi pour les exciter contre les ennemis
du vrai croyant. Car les esprits immondes se
délectent aux immolations sanglantes, et ils viennent se repaître des vapeurs de la chair fumant sur
les autels[70]. Des actes et des paroles redoutables
accompagnent toutes les offrandes. Plutarque[71] nous
donne un exemple des sombres sacrifices des mazdéens. « Ils pilent dans un mortier, dit-il, une herbe
appelée moly (une espèce d'ail) en invoquant Hadès
(Ahriman) et les Ténèbres, puis mêlant cette herbe
au sang d'un loup qu'ils égorgent, ils l'emportent et
la jettent dans un lieu où le soleil ne pénètre pas. »
C'est bien là une opération de nécromant.

On comprend quelle force nouvelle une pareille
conception de l'univers devait donner à la magie.
Elle n'est plus seulement un assemblage disparate
de superstitions populaires et d'observations scientifiques. Elle devient une religion à rebours ; ses rites
nocturnes forment l'effroyable liturgie des puissances infernales. Il n'est aucun miracle que le magicien expérimenté ne puisse attendre du pouvoir
des démons, s'il connaît le moyen de les transformer

en ses serviteurs ; il n'est aucune atrocité qu'il ne puisse inventer pour se rendre propices des divinités mauvaises, que le crime satisfait et que la souffrance réjouit. De là, cet ensemble de pratiques impies, célébrées dans l'ombre, et dont l'horreur n'a d'égale que leur ineptie : préparation de breuvages qui troublent les sens et égarent la raison ; composition de poisons subtils qu'on extrait de plantes démoniaques et de cadavres qu'a saisis la corruption, fille des enfers [72] ; immolations d'enfants pour lire l'avenir dans leurs entrailles palpitantes ou évoquer les revenants. Tous les raffinements sataniques que peut concevoir en un jour de démence une imagination pervertie [73] plairont à la malignité des esprits immondes ; plus leur monstruosité sera odieuse, plus certaine sera leur efficacité.

En présence de ces abominations, l'État romain s'émeut, et il les frappe de toute la rigueur de sa justice répressive. Tandis qu'on se contentait d'ordinaire, en cas d'abus constaté, d'expulser de Rome les astrologues — qui se hâtaient d'y rentrer, — les magiciens étaient assimilés aux meurtriers et aux empoisonneurs et punis des derniers supplices. On les clouait sur la croix, on les exposait aux bêtes. On poursuivait non seulement l'exercice de leur profession, mais le simple fait de posséder des ouvrages de sorcellerie [74].

Seulement, il est avec la police des accommodements, et les mœurs furent ici encore plus fortes

que les lois. Les rigueurs intermittentes des édits
impériaux ne furent pas plus efficaces pour détruire une superstition invétérée, que la polémique
chrétienne pour la guérir. L'État et l'Église en
s'unissant pour la combattre reconnaissaient sa
puissance. Ni le premier ni la seconde n'atteignait
la racine du mal, et ne niait la réalité du pouvoir
exercé par les sorciers. Tant qu'on admit que les esprits malins intervenaient constamment dans les
affaires terrestres, et qu'il existait des moyens secrets
permettant à l'opérateur de les dominer ou de partager leur puissance, la magie fut indestructible.
Elle faisait appel à trop de passions humaines pour
n'être pas entendue. Si, d'une part, le désir de pénétrer les mystères de l'avenir, la crainte de malheurs
inconnus et l'espoir toujours renaissant poussaient
les foules anxieuses à chercher une certitude chimé-
rique dans l'astrologie, de l'autre, dans la magie,
l'attrait troublant du merveilleux, les sollicitations
de l'amour et de l'ambition, l'âpre volupté de la
vengeance, la fascination du crime et l'ivresse du
sang versé, tous les instincts inavouables dont on
cherche dans l'ombre l'assouvissement, exerçaient
tour à tour leur séduction. Elle poursuivit à travers
tout l'empire romain son existence occulte, et le
mystère même dont elle était forcée de s'entourer
augmenta son prestige en lui donnant presque l'autorité d'une révélation.

Une affaire curieuse qui se passa dans les der-

nières années du v° siècle à Béryte en Syrie, nous
montre quelle confiance les esprits les plus éclairés
gardaient encore à cette époque dans les pratiques de
la magie la plus atroce. Des étudiants de la célèbre
école de droit de cette ville voulurent une nuit
égorger dans le cirque un esclave, afin que le maître
de celui-ci obtînt les faveurs d'une femme qui lui
résistait. Dénoncés, ils durent livrer les volumes
qu'ils tenaient cachés, parmi lesquels on trouva ceux
de Zoroastre et d'Hostanès, avec ceux de l'astrologue Manéthon. La ville fut en émoi, et de nouvelles perquisitions prouvèrent que beaucoup de
jeunes gens préféraient à l'étude des lois romaines
celle de la science qu'elles prohibaient. Sur l'ordre
de l'évêque, ou fit un solennel autodafé de toute
cette littérature en présence des magistrats et du
clergé, après avoir donné lecture publique des passages les plus révoltants, en sorte, dit le pieux auteur qui nous raconte cette histoire [73], que chacun
apprît à connaître les promesses orgueilleuses et
vaines des démons.

Ainsi se perpétuaient encore dans l'Orient chrétien après la chute du paganisme les antiques traditions des mages. Elles devaient y survivre même à la
domination de l'Église, et, malgré les principes rigoureux de son monothéisme, l'Islam fut infecté par
les superstitions de la Perse. L'art néfaste que celle-ci
avait enseigné n'opposa pas en Occident une résistance moins obstinée aux poursuites et aux anathè-

mes ; il restait toujours vivace dans la Rome du v° siècle [76], et, alors que l'astrologie savante sombra en
Europe avec la science même, le vieux dualisme mazdéen continua à s'y manifester à travers le moyen
âge jusqu'à l'aurore des temps modernes dans les
cérémonies de la messe noire et du culte de Satan.

*
* *

Sœurs jumelles engendrées par l'Orient superstitieux et érudit, la magie et l'astrologie sont toujours
restées les filles hybrides de sa culture sacerdotale.
Leur existence est gouvernée par deux principes
contraires, le raisonnement et la foi, et leur volonté
oscille perpétuellement entre ces deux pôles de la
pensée. Elles s'inspirent l'une et l'autre de la
croyance en une sympathie universelle, qui suppose
entre les êtres et les objets, animés tous pareillement
d'une vie mystérieuse, des relations occultes et puissantes. La doctrine des influences sidérales, combi-
née avec la constatation de l'immutabilité des révolutions célestes, conduit l'astrologie à formuler pour
la première fois la théorie d'un fatalisme absolu et
préconnaissable. Mais à côté de ce déterminisme rigoureux, elle conserve la foi de son enfance en des
étoiles divines, dont l'homme par sa dévotion peut
s'assurer la bienveillance et désarmer la malignité.
La méthode expérimentale s'y réduit à compléter les
pronostics fondés sur le caractère supposé des dieux
stellaires.

La magie, elle aussi, reste à demi-empirique, à demi religieuse. Comme notre physique, elle repose sur l'observation, elle proclame la constance des lois de la nature, et elle cherche à s'emparer des énergies latentes du monde matériel pour les asservir à la volonté de l'homme. Mais en même temps elle reconnaît dans les forces qu'elle prétend se soumettre des esprits ou démons, dont on peut, par des sacrifices et des incantations, se concilier la protection, adoucir la malveillance ou déchaîner l'hostilité furibonde.

Malgré toutes les aberrations où elles s'égarèrent, l'astrologie et la magie n'ont pas été inutiles. Leur savoir mensonger a contribué sérieusement au progrès des connaissances humaines. En entretenant chez leurs adeptes des espérances chimériques et des ambitions fallacieuses, elles les vouèrent à des recherches pénibles, qu'ils n'eussent sans doute pas entreprises ou poursuivies par amour désintéressé du vrai. Les observations que les prêtres de l'antique Orient recueillirent avec une inlassable patience, provoquèrent les premières découvertes physiques et astronomiques et, comme à l'époque de la scolastique, les sciences occultes conduisirent aux sciences exactes. Mais celles-ci, en reconnaissant plus tard la vanité des illusions merveilleuses dont elles s'étaient nourries, ruinèrent les fondements de l'astrologie et de la magie, à qui elles devaient leur naissance.

VIII

LA TRANSFORMATION DU PAGANISME ROMAIN

La religion de l'Europe vers l'époque des Sévères devait offrir à l'observateur un spectacle d'une étonnante variété. Les vieilles divinités indigènes, italiques, celtiques ou ibériques, bien que détrônées, n'étaient pas mortes. Éclipsées par des rivales étrangères, elles vivaient encore dans la dévotion du petit peuple, dans les traditions des campagnes. Depuis longtemps, dans tous les municipes, les dieux romains s'étaient établis victorieusement, et ils recevaient toujours selon les rites pontificaux les hommages d'un clergé officiel. Mais à côté d'eux s'étaient installés les représentants de tous les panthéons asiatiques, et c'était à eux qu'allait l'adoration la plus fervente des foules. Des puissances nouvelles étaient venues d'Asie-Mineure, d'Égypte, de Syrie et de Perse, et l'éclat éblouissant du soleil d'Orient avait fait pâlir les astres du ciel tempéré de l'Italie.

Toutes les formes du paganisme étaient simultanément accueillies et conservées, tandis que le monothéisme exclusif des Juifs gardait ses adhérents,
et que le christianisme fortifiait ses églises et affer-
missait son orthodoxie, tout en donnant naissance
aux fantaisies déconcertantes du gnosticisme. Cent
courants divers entraînaient les esprits, ballottés
et hésitants; cent prédications contraires sollici-
taient les consciences. Supposons que l'Europe
moderne ait vu les fidèles déserter les églises chrétiennes pour adorer Allah ou Brahma, suivre les
préceptes de Confucius ou de Bouddha, adopter les
maximes du *shinto*; représentons-nous une grande
confusion de toutes les races du mondes, où des
mullahs arabes, des lettrés chinois, des bonzes japo-
nais, des lamas thibétains, des pandits hindous prê-
cheraient à la fois le fatalisme et la prédestination, le
culte des ancêtres et le dévoûment au souverain
divinisé, le pessimisme et la délivrance par l'anéan-
tissement, où tous ces prêtres élèveraient dans nos
cités des temples d'une architecture exotique et y
célébreraient leurs rites disparates; ce rêve, que
l'avenir réalisera peut-être, nous offrirait une image
assez exacte de l'incohérence religieuse où se débat-
tait l'ancien monde avant Constantin.

Dans la transformation du paganisme latin, les
religions orientales qui successivement se répandirent, exercèrent une action décisive. Ce fut d'abord
l'Asie-Mineure qui fit accepter ses dieux à l'Italie.

Dès la fin des guerres puniques, la pierre noire qui
symbolise la grande Mère de Pessimonte est établie
sur le Palatin, mais ce n'est qu'à partir du règne de
Claude que le culte phrygien se développe librement
avec toutes ses splendeurs et ses excès. Il introduit
dans la grave et terne religion des Romains une dévotion sensuelle, colorée et fanatique. Officiellement·
reconnu, il attire à lui et prend sous sa protection
d'autres divinités étrangères venues d'Anatolie, et il
les assimile à Cybèle et à Attis, métamorphosés en
divinités panthées. Des influences cappadociennes,
juives, persiques et même chrétiennes modifient les
vieux rites de Pessinonte, et y font pénétrer avec le
baptême sanglant du taurobole des idées de purification spirituelle et de rédemption éternelle. Mais
les prêtres ne réussissent point à éliminer le fond
de naturisme grossier que leur imposait une antique
tradition barbare.

Depuis le II⁰ siècle avant notre ère, les mystères
d'Isis et de Sérapis se répandent en Italie avec la culture alexandrine, dont ils sont l'expression religieuse, et, en dépit des persécutions, ils s'établissent
à Rome, où ils obtiennent de Caligula le droit de
cité. Ils n'apportaient pas un système théologique
très avancé, car l'Égypte ne produisit jamais qu'un
agrégat chaotique de doctrines disparates, ni une
éthique très élevée, car le niveau de sa morale, —
celle des Grecs d'Alexandrie, — ne dépassa que tardivement un étiage médiocre. Mais ils firent connaî-

tre d'abord à l'Italie puis aux autres provinces latines
un antique rituel d'une incomparable séduction,
qui savait surexciter les sentiments les plus opposés
dans ses processions éclatantes et dans ses drames
liturgiques. Ensuite ils donnaient à leurs fidèles
l'assurance formelle qu'ils jouiraient après la mort
d'une immortalité bienheureuse dans laquelle, unis
à Sérapis, participant corps et âme à sa divinité,
ils vivraient dans la contemplation éternelle des
dieux.

A une époque un peu plus récente, arrivèrent les
Baals de Syrie, multiples et variés. Le grand mouvement économique qui, depuis le commencement de
notre ère, amena la colonisation du monde latin par
les esclaves et les marchands syriens, ne modifia
pas seulement la civilisation matérielle de l'Europe
mais aussi ses conceptions et ses croyances. Les
cultes sémitiques firent une concurrence heureuse
à ceux de l'Asie-Mineure et de l'Égypte. Peut-être
n'avaient-ils pas une liturgie aussi émouvante,
peut-être ne s'absorbaient-ils pas aussi complètement dans la préoccupation de la vie future, bien
qu'ils enseignassent une eschatologie originale, mais
ils avaient une idée infiniment plus haute de la
divinité. L'astrologie chaldéenne, dont les prêtres
syriens furent les disciples enthousiastes, leur avait
fourni les éléments d'une théologie scientifique. Elle
les avait conduits à la notion d'un dieu siégeant loin
de la terre au-dessus de la zone des étoiles, tout-

puissant, universel et éternel, tout ici-bas étant réglé par les révolutions des cieux durant des cycles infinis d'années, et elle leur avait enseigné en même temps l'adoration du Soleil, source radieuse de la vie terrestre.

Les doctrines érudites des Babyloniens s'étaient imposées aussi aux mystères persiques de Mithra, qui considéraient comme cause suprême le Temps identifié avec le Ciel et divinisaient les astres; mais elles s'y étaient superposées, sans la détruire, à l'ancienne foi mazdéenne. Les principes essentiels de la religion de l'Iran, rival séculaire et souvent heureux de la Grèce, pénétrèrent ainsi dans l'Occident latin sous le couvert de la sagesse chaldéenne. La religion mithriaque, la dernière et la plus haute manifestation du paganisme antique, eut pour dogme fondamental le dualisme perse. Le monde est le théâtre et l'enjeu d'une lutte entre le Bien et le Mal, Ormuzd et Ahriman, les dieux et les démons, et de cette conception originale de l'univers découle une morale forte et pure; la vie est un combat; soldat placé sous les ordres de Mithra, le héros invincible, le fidèle doit constamment s'opposer aux entreprises des puissances infernales, qui sèment partout la corruption. Cette éthique impérative, productrice d'énergie, est le caractère qui distingue le mithriacisme de tous les autres cultes orientaux.

Ainsi chacun des pays du Levant — c'est ce que nous avons voulu montrer dans cette récapitulation sommaire — avait enrichi le paganisme romain, de croyances nouvelles, destinées souvent à lui survivre. Quel fut le résultat de cette confusion de doctrines hétérogènes dont la multiplicité était extrême et la valeur très différente ? Comment les idées barbares, jetées dans le creuset ardent du syncrétisme impérial, s'y sont-elles affinées et combinées ? En d'autres termes quelle forme l'antique idolâtrie, tout imprégnée de théories exotiques, avait-elle prise au IVe siècle, au moment d'être définitivement détrônée. C'est ce que nous voudrions essayer d'indiquer sommairement ici, comme conclusion de ces études.

Toutefois peut-on parler d'*une* religion païenne ? Le mélange des races n'avait-il pas eu pour résultat de multiplier la variété des dissidences ? Le choc confus des croyances n'avait-il pas produit un fractionnement, une comminution des églises, et les complaisances du syncrétisme un pullulement des sectes ? Les « Hellènes », disait Thémistius à l'empereur Valens, ont trois cents manières de concevoir et d'honorer la divinité, qui se réjouit de cette diversité d'hommages [1]. Dans le paganisme les cultes ne périssent pas de mort violente, ils s'éteignent après une longue décrépitude. Une doctrine nouvelle ne se substitue pas nécessairement à une plus ancienne. Elles peuvent coexister longtemps comme des possibilités contraires suggérées par l'intelligence ou la foi, et toutes les opinions, toutes les pratiques y

14

semblent respectables. Les transformations n'y sont
jamais radicales ni révolutionnaires.

Sans doute, pas plus au iv° siècle que précédemment, les croyances païennes n'eurent la cohésion
d'un système métaphysique ou la rigueur de canons
conciliaires. Il y a toujours une distance considérable entre la foi populaire et celle des esprits cultivés,
et cet écart devait être grand surtout dans un empire
aristocratique, dont les classes sociales étaient nettement séparées. La dévotion des foules est immuable comme les eaux profondes des mers, elle
n'est ni entraînée, ni échauffée par les courants supérieurs [2]. Les campagnards continuaient, comme
par le passé, à pratiquer des rites pieux auprès des
pierres ointes, des sources sacrées, des arbres cou-
ronnés de fleurs et à célébrer leurs fêtes rustiques
aux semailles ou aux vendanges. Ils s'attachaient
avec une ténacité invincible à leurs usages traditionnels. Dégradés, tombés au rang de superstitions,
ceux-ci devaient persister durant des siècles sous
l'orthodoxie chrétienne sans la mettre sérieusement
en péril, et s'ils ne sont plus notés dans les calendriers liturgiques, ils le sont parfois encore dans
les recueils de folk-lore.

A l'autre pôle de la société, les philosophes pouvaient se plaire à voiler la religion du tissu brillant
et fragile de leurs spéculations. Ils pouvaient,
comme l'empereur Julien, improviser au sujet du
mythe de la Grande Mère des interprétations har-

dies et incohérentes, qui étaient accueillies et goû-
tées dans un cercle restreint de lettrés. Mais ces
écarts de la fantaisie individuelle ne sont, au iv° siècle
qu'une application arbitraire de principes incontes-
tés. L'anarchie intellectuelle est alors bien moindre
qu'à l'époque où Lucien mettait « les sectes à l'encan » ; un accord relatif s'est établi parmi les païens
depuis qu'ils sont dans l'opposition. Une seule école,
le néo-platonisme, règne sur tous les esprits, et cette
école est non seulement respectueuse de la religion
positive, comme l'était déjà l'ancien stoïcisme, mais
elle la vénère, parce qu'elle y voit l'expression d'une
antique révélation, transmise par les générations
disparues ; elle regarde comme inspirés par le ciel
ses livres sacrés, ceux d'Hermès Trismégiste, d'Or-
phée, les Oracles chaldaïques, Homère lui-même,
surtout les doctrines ésotériques des mystères, et
elle subordonne ses théories à leurs enseignements.
Comme entre toutes ces traditions disparates, venues
de pays si divers et datant d'époques si différentes,
il ne peut pas y avoir de contradiction, puisqu'elles
émanent d'une divinité unique, la philosophie,
ancilla theologiae, s'emploiera à les mettre d'accord
en recourant à l'allégorie. Et de la sorte s'établit
peu à peu, par des compromis entre les vieilles
idées orientales et la pensée gréco-latine, un ensemble de croyances dont un consentement universel
semble prouver la vérité.

Ainsi, les parties atrophiées de l'ancien culte

romain s'étaient éliminées, des éléments étrangers
étaient venus lui donner une vigueur nouvelle,
s'étaient. combinés et modifiés en lui. Ce travail
obscur de décomposition et de reconstitution interne
avait élaboré insensiblement une religion très différente de celle qu'avait tenté de restaurer Auguste.

A la vérité, si l'on se bornait à lire certains écrivains qui ont combattu l'idolâtrie à cette époque, on
serait tenté de croire que rien n'était changé dans la
foi nationale des Romains. Ainsi St-Augustin dans la
« Cité de Dieu » se moque agréablement de la multitude des dieux italiques qui président aux actes les
plus mesquins de l'existence [3]. Mais ces déités futiles
et falotes des vieilles litanies pontificales ne vivaient
plus que dans les livres des antiquaires et, de fait, la
source du polémiste chrétien est ici Varron. Les défenseurs de l'Église vont chercher des armes contre
l'idolâtrie jusque chez Xénophane, le premier philosophe qui se soit posé en adversaire du polythéisme
grec. L'apologétique, on l'a fréquemment fait observer, a peine à suivre les progrès des doctrines qu'elle
combat, et souvent ses coups n'atteignent plus que
des morts. C'est aussi un défaut commun à tous les
érudits, à tous ceux qui sont imbus d'une science li-
vresque, de connaître mieux les opinions des auteurs
anciens que les sentiments de leurs contemporains
et de vivre avec le passé plus volontiers que dans
le monde qui les entoure. Il était plus aisé de reproduire les objections des épicuriens et des sceptiques

contre des croyances abolies que d'étudier, pour en
faire la critique, les défauts d'un organisme encore
agissant. La culture purement formelle de l'école
faisait alors perdre à beaucoup des meilleurs esprits
le sens de la réalité.

Ainsi la polémique chrétienne nous donnerait souvent une idée inadéquate du paganisme à son déclin.
Lorsqu'elle insiste avec complaisance sur l'immoralité
des légendes sacrées, elle ne laisse pas soupçonner
que les dieux et les héros de la mythologie n'avaient
plus qu'une existence purement littéraire *. Les fic-
tions de la fable sont chez les écrivains de cette
époque — comme chez ceux de la Renaissance —
l'accessoire obligé de toute composition poétique.
C'est un ornement de style, un procédé de rhétorique
mais non l'expression d'une foi sincère. Le théâtre
montre ces vieux mythes tombés au dernier degré
du discrédit. Les acteurs de mimes, qui tournaient
en ridicule les aventures galantes de Jupiter, ne
croyaient pas plus à leur réalité que l'auteur de
Faust à celle du pacte conclu avec Méphistophélès.

Il ne faut donc pas se laisser abuser par les effets
oratoires d'un rhéteur comme Arnobe ou les périodes
cicéroniennes d'un Lactance. L'on doit, pour se rendre compte de l'état réel des croyances, recourir de
préférence à des auteurs chrétiens qui ont été moins
hommes de lettres et plus hommes d'action, qui ont
vécu davantage de la vie du peuple et respiré l'air
de la rue, et qui parlent d'après leur expérience

plutôt que d'après les traités des mythographes. Ce
seront de hauts fonctionnaires comme Prudence [5] ou
celui à qui l'on donne depuis Érasme.le nom d'» Ambrosiaster » [6]; le païen converti Firmicus Maternus [7],
qui écrivit un traité d'astrologie avant de combattre
« l'Erreur des religions profanes » ; certains ecclésiastiques que leur ministère pastoral mit en contact
avec les derniers idolâtres, comme l'auteur d'homé-
lies attribuées à saint Maxime de Turin [8]; enfin des
pamphlets anonymes, œuvres de circonstances, qui
respirent l'ardeur de toutes les passions du moment [9].
Si l'on achève cette enquête à l'aide des indications,
malheureusement trop peu explicites, que les membres de l'aristocratie romaine restés fidèles à la foi
de leurs ancêtres, un Macrobe, un Symmaque, nous
ont laissées sur leurs convictions religieuses, si on la
contrôle surtout à l'aide des inscriptions, exception-
nellement développées, qui sont comme l'expression
publique des dernières volontés du paganisme expi-
rant, on arrivera à se faire une idée suffisamment
précise de ce qu'était devenue la religion romaine au
moment où elle allait s'éteindre.

Or un fait se dégagera immédiatement de l'examen
de ces documents. L'ancien culte national de Rome
est mort [10]. Les grands dignitaires peuvent encore se
parer des titres d'augures et de quindécimvirs, comme
de ceux de consuls ou de tribuns, mais ces préla-
tures archaïques sont aussi dépourvues d'influence
réelle sur la religion que les magistratures républi-

caines de pouvoir dans l'État. Leur déchéance a été
consommée le jour où Aurélien a établi, à côté et
au dessus des anciens pontifes, ceux du Soleil invincible, protecteur de son empire [10]. Les cultes encore
vivants, contre lesquels se porte l'effort de la polémique chrétienne, qui se fait plus amère lorsqu'elle
parle d'eux, sont ceux de l'Orient. Les dieux barbares
ont pris dans la dévotion des païens, la place des
Immortels défunts. Ce sont les seuls qui exercent
encore leur empire sur les âmes.

Firmicus Maternus combat, avant toutes les autres
« religions profanes », celles des quatre nations
orientales, et il les met en relation avec les quatre
éléments. Les Égyptiens sont les adorateurs de l'eau
— de l'eau du Nil qui féconde leur pays —, les
Phrygiens de la terre, qui est pour eux la Grande
Mère de toutes choses, — les Syriens et les Carthaginois de l'air, qu'ils vénèrent sous le nom de Junon
céleste [11], les Perses enfin du feu, à qui ils donnent
la prééminence sur les trois autres principes. Ce
système est certainement emprunté aux théologiens
païens. Dans le péril commun qui les menace, les
cultes autrefois rivaux se sont réconciliés, et se regardent comme des divisions et, si j'ose dire, des
congrégations d'une même église. Chacun d'eux est
consacré particulièrement à l'un des éléments dont
la combinaison forme l'univers; leur ensemble constitue la religion panthéiste du monde divinisé.

Toutes les dévotions venues de l'Orient, ont pris la

forme de mystères [12]. Leurs dignitaires sont, en
même temps pontifes du Soleil invincible, pères de
Mithra, tauroboliés de la Grande Mère, prophètes
d'Isis, ils portent en un mot tous les titres imagina-
bles. Ils reçoivent dans leurs initiations, que multiplie leur ferveur, la révélation d'une doctrine ésoté-
rique. [13] Quelle est la théologie qu'on leur enseigne?
Une certaine homogénéité dogmatique s'est établie
ici aussi.

Tous les écrivains sont d'accord avec Firmicus
pour reconnaître que les païens adorent les *elementa* [14]. Par là on n'entendait pas seulement les
quatre substances simples dont l'opposition et le
mélange produisent tous les phénomènes du monde
sensible [15] mais aussi les astres et en général les
principes de tous les corps célestes ou terrestres [16].

On peut donc, en un certain sens, parler d'un
retour du paganisme au culte de la nature, mais
a-t-on le droit de considérer cette transformation
comme une régression vers un passé barbare, comme
une décadence jusqu'au niveau de l'animisme primitif? Ce serait être dupe d'une apparence. Les religions vieillissantes ne retombent pas en enfance.
Les païens du IVᵉ siècle ne regardent plus naïvement
leurs dieux comme les génies capricieux, comme
les puissances désordonnées d'une physique confuse; ils les conçoivent comme des énergies cosmiques dont l'action providentielle est réglée dans un
système harmonieux. La croyance n'est plus ins-

tinctive et impulsive; l'érudition et la réflexion ont reconstitué toute la théologie. En un certain sens on peut dire que celle-ci, selon la formule de Comte, à passé de l'état fictif à l'état métaphysique. Elle est étroitement unie à la science du temps, que ses derniers fidèles cultivent avec amour et avec orgueil, en héritiers fidèles de l'antique sagesse de l'Orient et de la Grèce [17]. Elle n'est souvent qu'une forme religieuse de la cosmologie de l'époque — c'est à la fois sa force et sa faiblesse, — et les principes rigoureux de l'astrologie déterminent la conception qu'elle se fait du ciel et de la terre.

L'univers est un organisme qu'anime un Dieu unique, éternel, tout puissant. Parfois on identifie ce Dieu au destin qui domine toutes choses, au Temps infini, qui règle tous les phénomènes sensibles, et on l'adore dans chacune des subdivisions de cette durée sans borne surtout dans les Mois et les Saisons [18]. Parfois au contraire on le compare à un roi; on se le figure pareil au souverain qui gouverne l'empire, et les dieux particuliers sont alors les comtes et les dignitaires qui intercèdent auprès du prince pour ses sujets et les introduisent en quelque sorte en sa présence. Cette cour céleste a ses messagers ou « anges » qui signifient aux hommes les volontés de leur maître et apportent à celui-ci les vœux et les requêtes de ses sujets : une monarchie aristocratique règne dans le ciel comme sur la terre [19]. Une conception plus philosophique fait de

la divinité une puissance infinie, imprégnant la
nature entière de ses forces débordantes : « Il
n'existe, écrivait vers 390 Maxime de Madaure, qu'un
Dieu suprême et unique, sans commencement et
sans descendance, dont nous invoquons, sous des
vocables divers, les énergies répandues dans le
monde, parce que nous ignorons son nom véritable,
et, en adressant nos supplications successivement à
ses divers membres nous entendons l'honorer tout
entier. Grâce à l'intermédiaire des dieux subalter-
nes, ce Père commun et d'eux mêmes et de tous les
mortels, est honoré de mille manières par les humains, qui restent ainsi d'accord dans leur désac-
cord [20] ».

Ce Dieu ineffable, qui embrasse tout dans sa
compréhension, se manifeste cependant par excellence dans la clarté resplendissante du ciel éthéré [21].
Il révèle sa puissance dans l'eau et le feu, dans la
terre, la mer et le souffle des vents, mais son épiphanie la plus pure, la plus éclatante, la plus active,
se produit dans les Astres, dont les révolutions déterminent tous les événements et toutes nos actions, et
surtout dans le Soleil, foyer inépuisable de lumière
et de vie, dont dépend l'existence de notre monde.
Certains théologiens, comme le sénateur Prétextat
que met en scène Macrobe, confondaient, dans une
syncrasie radicale, toutes les anciennes divinités
du paganisme avec le Soleil [22].

De même qu'une observation superficielle induirait

à croire que la théologie des derniers païens était re-
montée à ses origines premières, de même la transformation du rituel pourrait sembler à première vue
un retour à la sauvagerie. Sans doute avec l'adoption des mystères orientaux se répandent des pratiques barbares, cruelles et obscènes : déguisements
en animaux dans les initiations mithriaques, danses
sanglantes des galles de la Grande Mère, mutilation
des prêtres syriens. Le culte de la nature est primitivement aussi « amoral » que le spectacle même
de la nature. Mais un spiritualisme éthéré transfigu-
rait idéalement la grossièreté de ces coutumes primitives. Comme la doctrine est tout imprégnée de
philosophie et d'érudition, la liturgie est toute
pénétrée de préoccupations éthiques. Le taurobole,
douche dégoûtante de sang tiède, est devenu un
moyen d'obtenir une renaissance éternelle ; les
ablutions rituelles ne sont plus un acte extérieur et
matériel, elles sont censées purifier l'âme de ses
souillures et lui rendre son innocence première : les
repas sacrés communiquent une vertu intime et sont
devenus des aliments de vie spirituelle. Tout en s'ef-
forçant de maintenir la continuité de la tradition,
on avait peu à peu transformé son contenu. Comme
les cérémonies du culte, les fables les plus cho-
quantes et les plus licencieuses étaient métamorpho-
sées en récits édifiants grâce à des interprétations
complaisantes et subtiles, où se jouait l'esprit des
mythographes lettrés. Le paganisme était devenu

une école de moralité, le prêtre un docteur et un directeur de conscience [23].

La pureté, la sainteté que donne la pratique des cérémonies sacrées sont la condition indispensable pour obtenir la vie éternelle [24]. Les mystères promettent à leurs initiés une immortalité bienheureuse, et prétendent leur révéler des moyens infaillibles de faire leur salut. Suivant un symbole généralement accepté, l'esprit qui nous anime est une étincelle détachée des feux qui resplendissent dans l'éther; il participe à leur divinité, et il est, croit-on, descendu sur la terre pour y subir une épreuve. On peut dire à la lettre que

L'homme est un dieu tombé qui se souvient des cieux.

Après avoir quitté leur prison corporelle, les âmes pieuses remontent vers les espaces célestes où se meuvent les astres divins, pour aller vivre à jamais dans la clarté infinie au-dessus des sphères étoilées [25].

Mais à l'autre extrémité du monde, en face de ce séjour lumineux s'étend le sombre royaume des esprits pervers. Adversaires irréconciliables des dieux et des hommes de bien, ils sortent constamment des régions infernales pour vaguer à la surface de la terre où ils répandent tous les maux. Le fidèle doit sans cesse lutter contre leurs entreprises avec l'aide des esprits célestes, et chercher à détourner leur courroux par des sacrifices sanglants. Mais le magicien sait aussi, par des procédés occultes et terribles les assujettir à son pouvoir et les faire servir à ses desseins, et cette démonologie, fruit monstrueux du dualisme perse, favorise le débordement de toutes les superstitions [26].

Toutefois le règne des puissances du mal ne doit pas durer toujours. Selon l'opinion commune, quand les temps seront révolus, l'univers sera détruit par le feu [27]. Tous les méchants périront, et les justes, qui ressusciteront, établiront dans le monde rénové le règne de la félicité universelle [28].

Voilà donc rapidement esquissée la théologie du paganisme telle qu'elle était constituée après trois siècles de pénétration orientale. D'un fétichisme grossier et de superstitions sauvages, les sacerdoces érudits des cultes asiatiques avaient peu à peu fait sortir toute une métaphysique et une eschatologie, comme les Brahmanes ont édifié le monisme spiritualiste du Vedânta sur l'idolâtrie monstrueuse de l'hindouisme, ou, pour rester dans le monde latin, comme les juristes ont su tirer des coutumes traditionnelles de tribus primitives les principes abstraits d'un droit qui régit les sociétés les plus cultivées. Cette religion n'est plus seulement, comme celle de l'ancienne Rome, un ensemble de rites propitiatoires, averruncatoires et expiatoires qui doivent être pratiqués par les citoyens pour le bien de l'État, elle prétend maintenant offrir à tous les hommes une

15

explication de l'univers, d'où découle une règle de
conduite et qui place dans l'au-delà le but de l'existence. Elle est plus éloignée du culte qu'avait prétendu restaurer Auguste que du christianisme qui
la combat. Les deux croyances opposées se meuvent
dans la même sphère intellectuelle et morale [29], et,
de fait, on passe alors de l'une à l'autre sans secousse
et sans déchirement. Parfois en lisant de longs ouvrages des derniers écrivains latins, un Ammien
Marcellin, un Boèce, ou encore les panégyriques des
orateurs officiels [30], les érudits ont pu se demander
si leurs auteurs étaient païens ou chrétiens, et les
membres de l'aristocratie romaine restés fidèles aux
dieux de leurs ancêtres n'avaient pas, du temps des
Symmaque et des Prétextat, une mentalité ni une
moralité très différentes de celles des partisans de
la foi nouvelle qui siégeaient avec eux au sénat.
L'esprit religieux et mystique de l'Orient s'était peu
à peu imposé à la société entière, et il avait préparé
tous les peuples à se réunir dans le sein d'une Église
universelle.

NOTES

CHAPITRE Iᵉʳ.

Rome et l'Orient.

1. Renan, *L'Antéchrist*, p. 130.
2. Cf. Kornemann, *Aegyptische Einflüsse im Römischen Kaiserreich* (*Neue Jahrb. fur das klass. Altertum*, II, 1898, p. 118 ss.) et Otto Hirschfeld, *Die kaiserl. Verwaltungsbeamten*, 2ᵉ édit., p. 469.
3. Cf. ce que Cicéron dit de l'ancienne domination romaine (*De off*. II. 8) : *Illud patrocinium orbis terrae verius quam imperium poterat nominari.*
4. O. Hirschfeld, *op. cit.*, pp. 53, 91, 93, etc.; cf. Mitteis, *Reichsrecht und Volksrecht*, p. 9, n. 2, etc.
5. Rostovtzew, *Der Ursprung des Kolonats* (*Beiträge zur alten Gesch.*, I, 1901, p. 295); Haussoullier, *Histoire de Milet et du Didymeion*, 1902, p. 106.
6. Mitteis, *Reichsrecht und Volksrecht in den Oestlichen Provinzen*, 1891, p. 8 ss.
7. Mommsen, *Gesammelte Schriften*, II (1905), p. 366 : *Seit Diocletian übernimmt der östlich Reichsteil, die partes Orientis, auf allen Gebieten die Führung. Dieser späte*

*Sieg des Hellenismus über die Lateiner ist vielleicht nir-
gends auffälliger als auf dem Gebiet der juristichen
Schriftstellerei.*

8. De Vogüé et Duthoit, *L'Architecture civile et religieuse de la Syrie centrale*, Paris, 1866-1877.

9. Ce résultat est dû surtout aux recherches de
M. Strzygowski, mais nous ne pouvons entrer ici dans
les controverses suscitées par ses publications : *Orient
oder Rom*, 1901 ; *Hellas in des Orient Umarmung*, Munich,
1902, et surtout *Kleinasien ein Neuland der Kunstge-
schichte*, Leipzig, 1903 ; [cf. les comptes rendus de
Ch. Diehl, *Journal des Savants*, 1904, p. 236 ss. = *Études
byzantines*, 1905, p. 336 ss.; Gabriel Millet, *Revue ar-
chéolog.*, 1905, p. 93 ss.; Marcel Laurent, *Revue de l'Instr.
publ. en Belgique*, 1905, p. 145 ss.]; *Mschatta*, 1904,
[cf. infra ch. VI, note 12].

10. Cf. aussi Pline, *Epist. Traian.* 40 : *Architecti tibi*
(en Bithynie) *deesse non possunt... cum ex Graecia etiam
ad nos* (à Rome) *venire soliti sint. —* Parmi les noms d'architectes que mentionnent les inscriptions latines, il en
est un grand nombre qui décèlent une origine grecque
ou orientale (cf. Ruggiero, *Dizion epigr. s. v. Architectus*),
malgré la considération dont leur métier éminemment
utile jouit de tout temps à Rome.

11. La question des influences artistiques et indus-
trielles exercées par l'Orient sur la Gaule à l'époque
romaine a été souvent abordée, — notamment par
Courajod (*Leçons du Louvre*, I, 1899, pp. 115, 327 ss.)
— mais elle n'a jamais été étudiée sérieusement dans
son ensemble. M. Michaëlis lui a consacré récemment
un article suggestif à propos d'une statue du musée

de Metz exécutée dans le style de l'école de Pergame
(*Jahrb. der Gesellsch. für Lothring. Geschichte*, XVII, 1905,
p. 203 ss.). Il explique par l'action de Marseille en
Gaule et les antiques rapports de cette ville avec les
cités de l'Asie hellénique, la différence profonde qui sépare les sculptures découvertes sur le Rhin supérieur,
région civilisée par les légions italiques, de celles qui ont
été mises au jour de l'autre côté des Vosges. Cette constatation est fort importante et grosse de conséquences.
Mais M. Michaëlis attribue, pensons-nous, une importance trop exclusive aux négociants massaliotes, parcourant l'ancienne « route de l'étain » vers la Bretagne et
la « route de l'ambre » vers la Germanie. Ce n'est pas
d'un seul point que les marchands et les artisans asiatiques ont rayonné. Les émigrants étaient nombreux
dans toute la vallée du Rhône : Lyon était une cité à
demi-hellénisée, et l'on connaît les relations d'Arles avec
la Syrie, de Nîmes avec l'Égypte, etc. Nous en dirons un
mot à propos des cultes de ces pays [v. pp. 102, 131].

12. Même dans le sein de l'Église, l'Occident latin au
IVe siècle est encore subordonné à l'Orient grec, qui lui
impose ses problèmes doctrinaux (Harnack, *Mission und
Ausbreitung*, II², p. 283, n. 1).

13. Les formules ont été réunies par Alb. Dieterich,
Eine Mithrasliturgie, p. 212 ss. Il y ajoute Δοίη σοι "Οσιρις
τὸ ψυχρὸν ὕδωρ, *Archiv für Religwiss.*, t. VIII, 1905, p. 504
n. 1. [Cf. *infra*, ch. IV, n. 82]. — Parmi les hymnes les
plus importants pour les cultes orientaux, il faut citer
ceux en l'honneur d'Isis découverts dans l'île d'Andros
(Kaibel, *Epigr.*, 4028) et ailleurs (cf. ch. IV, note 6). Des
fragments d'hymnes en l'honneur d'Attis sont conservés

par Hippolyte, *Philosoph.*, V, 9, p. 168 ss. Les hymnes dits orphiques (Abel, *Orphica*, 1883), qui sont d'une époque assez basse, ne paraissent cependant pas contenir beaucoup d'éléments orientaux (cf. Maas, *Orpheus*, 1895, p. 173 ss.). mais il n'en est pas de même des hymnes gnostiques dont nous possédons des fragments fort instructifs. — Cf. *Mon. myst. de Mithra*, I. p. 313, n. 1.

14. Sur les imitations du théâtre, cf. Adami *De poetis scen. Graecis hymnorum sacrorum imitatoribus* 1901. M. Dieterich a cru retrouver dans un papyrus magique de Paris un extrait étendu de la liturgie mithriaque (cf. *infra*, ch. VI, Bibliographie).

15. Par exemple l'hymne « que chantaient les mages » sur l'attelage du dieu suprême et dont le contenu est rapporté par Dion Chrysostome, *Orat.*, XXXVI, § 39 (cf. *Mon. myst. Mithra*, I, p. 298; II, p. 60).

16. Je songe aux hymnes de Cléanthe (von Arnim, *Stoic. fragm.*, I, n°ˢ 527, 537), et aussi à l'acte de renoncement de Démétrius dans Senèque, *De Provid.*, V. 5, qui offre une ressemblance étonnante avec une des prières chrétiennes les plus célèbres, le *Suscipe* de Saint Ignace qui termine le livre des Exercices spirituels (Delehaye, *Les légendes hagiographiques*, 1905, p. 170, n. 1). — Dans le même ordre d'idées, il faut citer la prière qui termine l'*Asclepius* et dont le texte grec a récemment été retrouvé sur un papyrus (cf. Reitzenstein, *Archiv. für Religwiss.*, VII, 1904, p. 395).

17. Nous avons étudié ce point plus en détail dans nos « *Monuments relatifs aux mystères de Mithra* », et nous empruntons à cet ouvrage (t. I, p. 21 ss.) une partie des observations qui suivent.

18. Voir chapitre VIII, p. 244.

19. La sculpture narrative et symbolique des cultes orientaux prépare celle du moyen âge, et bien des observations du beau livre de M. Mâle sur *L'Art du XIII° siècle en France* peuvent être appliquées à celui du paganisme finissant.

CHAPITRE II

Pourquoi les cultes orientaux se sont propagés.

BIBLIOGRAPHIE. — Boissier, *La Religion romaine d'Auguste aux Antonins,* en particulier, liv. II, ch. II. — Jean Réville, *La religion à Rome sous les Sévères,* Paris, 1886. — Wissowa. *Religion und Cultus der Römer,* Munich, 1902, p. 71 ss., 289 ss. — Samuel Dill, *Roman society from Nero to Marcus Aurelius,* Londres, 1905. — Bigg, *The Church's task under the Roman Empire,* Oxford, 1905. — Cf. aussi Gruppe, *Griech. Mythologie und Religionsgeschichte,* 1906, p. 1519 ss. — Nous citerons les monographies à propos de chacun des cultes auxquels elles se rapportent.

1. *Mélanges Frédéricq,* Bruxelles, 1904, pp. 63 ss. *(Pourquoi le latin fut la seule langue liturgique de l'Occident);* cf. les observations de Lejay, *Rev. d'hist. et litt. relig.,* 1906, p. 370.

2. Cf. Tacite, *Annales,* XIV, 44 : *Nationes in familiis habemus quibus diversi ritus, externa sacra aut nulla sunt.*

3. S. Reinach, *Epona* (Extr. *Rev. archéol.*), 1895.

4. La théorie de l'abâtardissement des races a été exposée notamment par Stewart Chamberlain, *Die Grund-*

lagen der XIX^{ten} *Jahrhunderts*, 3ᵉ éd., Munich, 1901, p. 296 ss. — L'idée d'une sélection à rebours de l'*Ausrottung der Besten*, a été défendue, comme on sait par M. Seeck, *Geschichte des Untergangs der Antiken Welt*, qui esquisse ses conséquences religieuses, t. II (1901), p. 344. Son système ne sera développé que dans le troisième volume qui n'a pas paru.

5. Apul. *Metam.*, XI, 14 ss. Cf. Préface, p. xiv, ss.

6. Hepding, *Attis*, p. 178 s., 187.

7. La connexion étroite des idées juridiques et religieuses chez les Romains a laissé même dans leur langue des traces nombreuses. L'une des plus curieuses est la double exception du mot *supplicium* qui signifie à la fois une « supplication » adressée aux dieux et un « supplice » exigé par la coutume, puis par la loi. Sur le développement de ce double sens, voir la note récente de Richard Heinze, *Archiv für lateinische Lexicographie*, XV, p. 90, ss. La sémantique est souvent l'étude des mœurs.

8. Réville, *op. cit.*, p. 144.

9. Sur l'extase dans les mystères en général, cf. Rohde. *Psyche*, 2ᵉ éd., 315-319. — Dans les cultes orientaux, cf. De Jong, *De Apuleio Isiacorum mysteriorum teste*, 1900, p. 100 ; *Mon. Myst. de Mithra*, I, p. 323.

10. La remarque en est faite déjà par Firmicus Mat., *De errore prof. relig.*, c. 8.

11. Pour l'Égypte, cf. ce que Strabon dit des prêtres de Thèbes (XVII, 21, § 46); au contraire, le sacerdoce d'Héliopolis était très dégénéré (*Ibid.*, § 27). — Pour la Babylonie, cf. Strab.. XVI, 1, § 6, et *infra*, ch. v, n. 48.

12. Strab., *l. c* : Άνατιθέασι δὲ τῷ Ἑρμῇ πᾶσαν τὴν τοιαύτην

σοφίαν. Pline, *Hist. nat.* VI, 26, § 121 : (Belus) *inventor fuit sideralis scientiae;* cf. Solin, 56, § 3 — CIL VII, 759 = Bücheler, *Carm. epigr.*, 24 : (Dea Syria) *ex quis muneribus nosse contigit deos,* etc.

13. *Mon. myst. Mithra,* I, p. 312. — Le manichéisme apporta de même avec lui de Babylonie tout un système cosmologique. Saint Augustin reproche aux livres de cette secte d'être remplis de longues considérations et de fables absurdes sur des matières qui n'intéressent en rien le salut.

14. Cf. Porphyre, *Epist. Aneb.,* 11; Jambl., *De myst.* II, 11.

15. Ce caractère honnête de la religion romaine a été bien mis en lumière par M. Boissier (*op. cit.,* I,30 ss., II, 373 ss.

16. Varron dans Augustin, *De Civ. Dei,* IV, 27; VI, 5. Cf. Varron, *Antiq. rerum divin.,* éd. Aghad, p. 145 ss.

17. Luterbacher, *Der Prodigienglaube der Römer,* Burgdorf, 1904.

18. Juvénal, II, 49. Cf. Diodore, I, 93, § 3.

19. Aug., *Civ. Dei,* VI, 2 ; Varron, *Antiq.,* éd. Aghad, 141 : *Se timere ne (dii) pereant non incursu hostili sed civium neglegentia.*

20. J'ai développé ce point dans mes *Mon. myst. de Mithra,* I, p. 279 ss.

21. En Grèce, les cultes orientaux se sont répandus moins que dans toute autre région, parce que les mystères helléniques, surtout ceux d'Éleusis, enseignaient des doctrines analogues, et suffisaient à la satisfaction des besoins religieux.

22. Le développement du « rituel de purification »

a été largement exposé, dans son ensemble, par M. Farnell, *The evolution of religion*, 1905, p. 88 ss.

23. Nous reviendrons sur ce point en parlant du taurobole, ch. III, p. 83 ss.

24. Nous ne pouvons insister ici sur les diverses formes que prend cette cathartique des mystères orientaux : souvent ces formes sont restées très primitives et l'idée qui les a inspirées est encore transparente, ainsi lorsque Juvénal (VI, 521 ss) nous montre le fidèle de la *Magna Mater* se dépouillant de ses beaux vêtements et les donnant à l'archigalle pour effacer toutes les fautes de l'année (*ut totum semel expiet annum*). L'idée du transfert mécanique de la pollution par l'abandon des habits est fréquente chez les sauvages; cf. Farnell, *op. cit.*, p. 117, et aussi Frazer, *Golden Bough*, I², p. 60.

25. Dieterich, *Eine Mithrasliturgie*, p. 157 ss.; Hepding, *Attis*, p. 194 ss. — Cf. Frazer, *Golden Bough*, III², p. 424 ss.

26. Cf. August., *Civit. Dei*, X, 28 : *Confiteris tamen* (sc. Porphyrius) *etiam spiritalem animam sine theurgicis artibus et sine teletis quibus frustra discendis elaborasti, posse continentiae virtute purgari* (cf. *Ibid.* X, 23 et infra ch. VIII, note 24).

27. Nous ne pouvons qu'effleurer ici un sujet d'un haut intérêt. Le traité *De abstinentia* de Porphyre permettrait de le traiter avec une plénitude que nous pouvons rarement atteindre dans ce genre d'études. — Cf. Farnell, *l. c.*, p 154 ss.

28. Ménandre dans Porph., *De abstin.*, II, 15; cf. Plutarque, *De Superstit.*, 7, p. 168 D.; Tertull., *De Paenit.* c. 9. — Sur les poissons sacrés d'Atargatis, cf. *infra*, ch. v,

p. 142. — Dans Apulée (*Met.* VIII, 28) le galle de la déesse s'accuse hautement de son crime et se punit lui-même en se flagellant. Cf. Gruppe, *Griech. Myth.*, p. 1545; Farnell, *Evol. of Religion*, p. 55 ; Ramsay, *Cities*, I, 152. 29. Juvén., VI, 523 ss., 537 ss. ; cf. Sénèque, *Vit. beat.*, XXVI, 8.

30. On sait que la différenciation progressive des fonctions ecclésiastiques et laïques est, suivant Herbert Spencer, un des caractères de l'évolution religieuse. Rome est, à cet égard, infiniment moins avancée que l'Orient.

31. C'est un résultat essentiel des recherches de M. Otto (*op. cit.*) que d'avoir montré l'opposition qui existait en Égypte dès l'époque ptolémaïque entre l'organisation hiérarchique du clergé égyptien et l'autonomie presque anarchique des prêtres grecs. Cf. ce qui est dit (p. 115) du clergé d'Isis et (p. 64) des Galles. — Sur la hiérarchie mithriaque, cf. *Mystères de Mithra*, 2ᵉ éd. p. 139.

32. Le développement des conceptions de Salut et de « Sauveur », dès l'époque hellénistique a été étudiée par Wendland, Σωτήρ (*Zeitschr. f. Neutestam. Wissensch.*, V, 1904, p. 335 ss.)

33. Nous exposerons plus loin les deux doctrines principales, celle des cultes égyptiens (identification à Osiris, dieu des morts) et celle des cultes syriens et perses (passage à travers les sphères célestes).

34. La destinée d'outre-tombe était alors la grande préoccupation. Un exemple intéressant de la vivacité de ce souci nous est fourni par Arnobe. Il se convertit au christianisme parce que, conformément à sa psychologie singulière il redoutait que son âme ne mourût, et crut

que le Christ seul pouvait le garantir contre l'anéantisse-
ment final; cf. Bardenhewer, *Gesch. der altkirchlich.
Literatur*, II, (1903), p. 470.

35. Lucrèce manifeste déjà cette conviction (II, 1170
ss.). — Elle se répand à la fin de l'empire, à mesure que
les désastres s'accumulent; cf. *Rev. de philologie*, 1897,
p. 152.

CHAPITRE III

L'Asie Mineure.

BIBLIOGRAPHIE. — Jean Réville, *La religion à Rome sous
les Sévères*, p. 62 ss. — Drexler dans Roscher, *Lexikon
der Mythol.*, s. v., « Meter », t. II, 2932 ss. — Wissowa,
Religion und Cultus der Römer, p. 263 ss., où l'on trouvera, p. 271, la bibliographie antérieure. — Shower-
mann, *The Great Mother of the Gods* (Bulletin of the
University of Wisconsin, n° 43), Madison, 1901. — Hepding, *Attis, seine Mythen und sein Kult*, Giessen, 1903. —
Dill, *Roman society from Nero to Marcus Aurelius*,
Londres, 1905, p. 547 ss. — Gruppe, *Griech. Mythologie*,
1906, p. 1521 ss. — M. Henri Graillot recueille depuis de
longues années, en vue d'une publication d'ensemble, les
monuments du culte de Cybèle. — On trouvera de nombreuses remarques sur la religion phrygienne dans les
ouvrages et articles de M. Ramsay notamment dans
Cities and bishoprics of Phrygia, 1895 ss. et *Studies in
the Eastern Roman provinces*, 1906.

1. Arrien, fr. 30 (*FGH*, III, 592). Cf. nos *Studia Pontica*,
1905, p. 172, s. et Stace, *Achill.*, II, 345 : *Phrygas lucos...*

vetitasque solo procumbere pinus; Verg., *Aen.*, IX, 85 ss.

2. Πότνια θηρῶν. Sur ce titre, cf. Radet, *Comptes-rendus Acad. Inscr.*, 1906, p. 283.

3. Cf. Ramsay, *Cities and bishoprics of Phrygia*, I, p. 7, p. 94 ss.

4. Foucart, *Le culte de Dionysos en Attique* (Extr. des *Mém. Acad. Inscr.*, t. XXXVII), 1904, p. 22 ss.

5. Catulle, LXIII.

6. Le développement de ces mystères a été bien exposé par Hepding, p. 177 ss. (cf. Gruppe, *Gr. Myth.*, p. 1544). — M. Ramsay a commenté récemment des inscriptions de mystes phrygiens unis par la connaissance de certains signes secrets (τέκμωρ) ; cf. *Studies in the Eastern Roman provinces*, 1906, p. 346 ss.

7. Dig. XLVIII, 8, 4, 2 : *Nemo liberum servumve invitum sinentemve castrare debet.* Cf. Mommsen, *Strafrecht,* p. 637.

8. Diodore, XXXVI, 6; cf. Plutarque, *Marius*, 17.

9. Cf. Hepding, *l. c.*, 142.

10. Cf. chap. VI, p. 173 ss.

11. Wissowa, *op. cit.*, p. 291.

12. Hepding, *op. cit.*, p. 145 s. Cf. Pauly-Wissowa, *Realenc*, s. v. « Dendrophori », col. 216 et Suppl., col. 225, s. v. « Attis ».

13. Cf. Tacite, *Annales*, XI, 15.

14. Frazer, *The Golden Bough*, II², p. 130 ss.

15. Hepding, p. 160 ss. Cf. les textes de l'Ambrosiaster cités *Revue hist. et litt. relig.*, t. VIII, p. 423, n. 1.

16. Hepding, p. 193. Cf. Gruppe, p. 1541.

17. Sur cette diffusion, cf. Drexler dans Roscher, *Lexikon*, s. v. « Meter » col. 5918 ss.

18. Grégoire de Tours, *De glor. confess.*, c. 76. Cf. *Passio S. Symphoriani* dans Ruinart, *Acta sinc.*, éd. de 1859, p. 125. — Le *carpentum*, dont parlent ces textes, se retrouve en Afrique, cf. *CIL.*, VIII, 8457, et Graillot, *Rev. archéol.*, 1904, I, p..353; Hepding, *l. c.* 173, n, 7.

19. Θαρρεῖτε μύσται τοῦ θεοῦ σεσωσμένου / ἔσται γὰρ ὑμῖν ἐκ πόνων σωτηρία; cf. Hepding, *op. cit.* p. 167. — Le trépas d'Attis a fait de lui un dieu (cf. Reitzenstein, *Poimandres*, p. 93), et pareillement ses fidèles seront par la mort égalés à la divinité. Les épitaphes phrygiennes ont souvent le caractère dédicaces, et l'on groupe, ce semble, les tombeaux autour du temple ; cf. Ramsay, *Studies*, pp. 65 ss., 271 ss., *passim*.

20. Perdrizet, *Bull. corr. hell.*, XIX, 1905, p. 534 ss.

21. Nous connaissons ces croyances des Sabaziastes par les fresques des catacombes de Prétextat (cf. *infra*, p. 80), et le *Mercurius nuntius*, qui y guide la défunte, se retrouve sous le nom grec d'Hermès à côté d'Attis (cf. Hepding, p. 263). — L'inscription *CIL.*, VI, 509 = *IGSI.*, 1018, doit peut-être être complétée : Ῥείῃ [Ἑρμῇ] τε γενέθλῳ ; cf. VI, 499. Hermès figure à côté de la Mère des dieux sur un bas-relief d'Ouchak publié par Michon, *Rev. des études anciennes*, 1906, p. 185, pl. II. — L'Hermès thrace est déjà mentionné dans Hérodote; cf. Maury, *Relig. de la Grèce*, III, p. 136.

22. En dehors de Bellone-Mâ, qui fut subordonnée à Cybèle (cf. *supra* p. 67), et de Sabazius, aussi juif que phrygien, il n'y a qu'un seul dieu d'Asie Mineure, le Zeus Brontôn (Tonnant) de Phrygie, qui fasse quelque figure dans l'épigraphie romaine. Cf. Pauly-Wissowa, *Realenc.* s. v. et Suppl. I, col. 258.

23. Cf. *CIL.*, VI, 499 : *Attidi menotyranno invicto*.
« Invictus » est l'épithète propre des divinités solaires.
24. Paul Perdrizet, *Mèn* (*Bull.* Corr. *hell.*, t. XX);
·Drexler dans Roscher, *Lexikon*, s. v., t. II, 2687 ss.
25. *CIL.*, VI, 50 = *IGSI.*, 1018.
26. Schürer, *Sitzungsb. Akad. Berlin*, t. XIII, 1897,
p. 200 s. et notre *Hypsistos* (Suppl. *Revue instr. publ.
en Belgique*), 1897.
27. L'expression est empruntée à la langue des mystères : l'inscription citée est de 370 ap. J.-C. En 364,
Agorius Prétextatus parle, à propos d'Éleusis, de « συνέ-
χοντα τὸ ἀνθρώπειον γένος ἁγιώτατα μυστήρια (Zozime, IV, 3,
2). Antérieurement les « oracles chaldéens » appliquent
au dieu intelligible l'expression de μήτρα συνέχουσα τὰ
πάντα (Kroll, *De orac. Chaldaïcis*, p. 19).
28. Henri Graillot, *Les dieux Tout-Puissants Cybèle*
et Attis (*Revue archéol.*, 1904, I), p. 331 ss. — M. Graillot est enclin à admettre plutôt une influence chrétienne,
mais *omnipotentes* est employé comme épithète *liturgique* en l'année 288 ap. J.-C., et vers la même époque
Arnobe (VII, 32) se sert de la périphrase *omnipotentia
numina* pour désigner les dieux phrygiens, certain d'être
compris de tous. Dès lors son usage devait être général et remonter à une époque bien antérieure. De
fait, on trouve déjà, à Délos une dédicace Διὶ τῷ πάντων
κρατοῦντι καὶ Μητρὶ μεγάληι τῆι πάντων κρατούσῃ (*Bull. hellén.*,
1882, p. 502, n° 25), qui fait souvenir du παντοκράτωρ des
Septante, et M. Graillot (*l. c.*, p. 328, n. 7) rappelle avec
raison à ce propos que sur certains bas-reliefs Cybèle est
réuni au Théos Hypsistos, c'est-à-dire au dieu d'Israël.
Cf. Perdrizet, *Bull. hellén.*, XXIII, 1899, p. 598. — Sur

la toute-puissance des dieux syriens, cf. ch. V, p. 155 ss.
29. Nous résumons ici le résultat d'une notice sur
« Les mystères de Sabazius et le judaïsme », publiée dans
les *Comptes rendus Acad. Inscr.*, 9 février 1906, p. 63 ss.
30. Cf. nos *Monuments rel. aux Myst. de Mithra*, t. I,
p. 333 s. — L'assimilation, très ancienne, de Cybèle et
Anâhita justifie dans une certaine mesure le nom d'Ar-
témis persique donné abusivement à la première; cf.
Radet, *Comptes rendus Acad. Inscr.*, 1906, p. 284. — Les
théologiens païens ont souvent considéré Attis comme
l'homme primitif dont la mort provoque la création,
et le rapprochent ainsi du Gayomârt mazdéen; cf. Bousset, *Göttinger Gelehrten Anzeigen*, 1905, p. 698, 702.
31. Prudence, *Peristeph.*, X, 1011 s.
32. Leur signification a été révélée par une inscription de Pergame publiée par Schröder, *Athen. Mitth.*,
1904, p. 152 ss; cf. *Revue archéologique*, 1905, I, p. 29 ss.
— Les idées que nous résumons ici sur le développement
de cette cérémonie, ont été exposées plus complètement
par nous, *Revue archéologique* 1888, II, p. 132 ss.; *Mon.
Myst. de Mithra*, I, p. 334 s.; *Revue d'histoire et de
litt. relig.*, t. VI, p. 97. — Bien que les conclusions de ce
dernier article aient été contestées par Hepding (*op. cit.*:
70 s.), il paraît indubitable que le taurobole fut pratiqué
déjà en Asie Mineure dans le culte de Mâ-Bellone. Moore
(*American Journ. of archaeol.*, 1905, p. 71) rappelle avec
raison à ce propos le texte de Steph. Byz. s. v. Μάσταυρα·
ἐκαλεῖτο δὲ καὶ ἡ 'Ρέα Μᾶ καὶ ταύροις αὐτῇ ἐθύετο παρὰ Λύδοις.
Les rapports entre le culte de Mâ et celui de Mithra se
révèlent dans l'épithète de Ἀνείκητος, donnée à la déesse,
comme au dieu ; cf. *Athen. Mitth.* XXIX, 1904, p. 169.

33. Prudence, *Peristeph.* 1027 : *Pectus sacrato dividunt venabulo.* — La *harpè*, représentée sur les autels tauroboliques, est peut-être en réalité un épieu muni d'un arrêt (*mora; cf.* Grattius, *Cyneg.*, 110) pour empêcher le fer de s'enfoncer trop profondément.

34. Hepding, p. 196 ss.; cf. *supra,* n. 19.

35. *CIL*, VI, 510 = Dessau, *Inscr.*, 4152. Cf. Gruppe, *Griech. Myth.*, p. 1541, n. 7.

36. Hepding, p. 186 ss.

37. *CIL.*, VI, 499 : *Dii animae mentisque custodes.* Cf. 512 : *Diis magnis et tutatoribus suis,* et *CIL.*, XII, 1277 où Bèl est dit *mentis magister.*

38. Hippolyte, *Refut. haeres.*, V, 9.

39. Julien, *Or.* V (cf. Paul Allard, *Julien l'Apostat,* t. II, 246 ss.). — Proclus aussi avait consacré un commentaire philosophique au mythe de Cybèle ; cf. Marinus, *Vita Procli*, 34.

40. Sur tout ceci, cf. *Revue d'histoire et de littérat. relig.*, t. VIII, 1903, p. 423 ss.

CHAPITRE IV

L'Égypte.

BIBLIOGRAPHIE : Lafaye, *Histoire du culte des divinités d'Alexandrie hors de l'Égypte*, Paris, 1884, et l'article « Isis » dans Saglio, *Dictionn. des antiquités*, t. III (1899). On y trouvera (p. 586) l'indication des ouvrages antérieurs. — Drexler, art. « Isis » dans Roscher, *Lexikon der Mythol.*, t. II, p. 373-548. — Réville, *op. cit.*, p. 54 ss. — Wissowa, *op. cit.*, p. 292 ss. — Dill, *op. cit.*, p. 560 ss.

— Gruppe, *Griechische Mythologie und Religionsgesch.*
p. 1563-1581 (paru après la rédaction de ce chapitre). —
L'étude du culte romain des dieux alexandrins est inséparable de celle de la religion égyptienne. Il nous serait
impossible de donner ici une bibliographie de celle-ci.
Nous nous bornerons à renvoyer aux ouvrages généraux de Maspero, *Études de Mythologie*, 4 vol. Paris,
1893 ss. et *Histoire ancienne des peuples de l'Orient*, 1895,
ss. (*passim*). — Wiedemann, *Religion of the ancient
Egyptians*, Londres, 1897 [cf. Hastings, Dictionary of the
Bible, *Religion of Egypt.*, t. V, p. 177-197]. — Erman,
Die Aegyptische Religion, Berlin, 1905. — Naville, *La
religion des anciens Égyptiens* (six conférences faites au
Collège de France) 1906. — W. Otto, *Priester und Tempel
im hellenistichen Aegypten*, 1905. — La publication d'un
Bulletin critique des religions de l'Égypte par Jean
Capart a commencé dans la *Rev. de l'hist. des religions*
(t. LI, 1905, p. 192 ss.; t. LIII, 1906, p. 307 ss.).

1. Cf. sur cette controverse Bouché-Leclercq, *Histoire
des Lagides*, I, p. 102 ; S. Reinach, *Cultes, Mythes et Religions*, II, 347 s. ; Lehmann, *Beiträge zur alten Gesch.*, IV,
(1904) p. 396 ss. ; Wilcken, *Archiv f. Papyrusforschung*,
III (1904), p. 249 ss.; Otto, *Priester und Tempel*, I (1905),
p. 11 ss. ; Gruppe, *l. c.*, p. 1578 ss.

2. Hérodote, II, 42, 171.

3. Élius Aristide, VIII, 56 (t. I, p. 96, éd. Dindorf). Cf.
Parthey, *De Iside et Osiride*, p. 216.

4. Plut., *De Is. et Osir.* 28 ; cf. infra, n. 73. Ce Timothée,
est sans doute le même qui écrivit sur les mystères
phrygiens, cf. *supra*, p. 63, et *infra*, p. 278, n. 73.

5. Diogène Laërce, V. 5, § 76 ; Ὅθεν καὶ τοὺς παιᾶνας

ποιῆσαι τοὺς μέχρι νῦν ᾀδομένους. Le μέχρι νῦν est sans doute emprunté par Diogène à sa source, Didyme. Cf. Artémidore, *Onirocr.*, II 44 (p. 143, 25 Hercher). — Ce renseignement est implicitement confirmé par une inscription (*I. G. Sic. Ital.* 1034) qui mentionne ἡ ἱερὰ τάξις τῶν παιανιστῶν.

6. Kaibel, *Epigr.* 1028 = Abel, *Orphica*, p. 295, etc. — Cf. *supra*, p. 257, n. 13. — Sur d'autres textes apparentés à ceux-ci, cf. Gruppe, *Griech. Mythol.*, p. 1563.

7. Amelung, *Le Sérapis de Bryaxis* (*Revue archéol.*, 1903, II), p. 178.

8. P. Foucart, *Le culte de Dionysos en Attique* (*Mém. Acad. des Inscr.*, t. XXXVII) 1904. — Sur le culte d'Isis dans la Grèce ancienne, voyez maintenant Gruppe, *Griech. Myth.*, p. 1565 ss.

9. Il n'y a d'exception que pour le Zeus Ammon, qui n'est qu'à demi égyptien et qui dut son adoption fort ancienne aux colonies grecques de la Cyrénaïque; cf. Gruppe, *Griech. Myth.*, p. 1558.

10. Sur l'impression produite par l'Égypte sur les voyageurs, cf. Friedländer *Sittengesch.*, II⁶, 144 ss.

11. Juvén. XV, 10 et les notes de Friedländer à ces passages. — Les comiques athéniens se moquent déjà fréquemment de la zoolâtrie égyptienne (Lafaye, *op. cit.*, p. 32). Philon d'Alexandrie considère les Égyptiens comme les infidèles les plus idolâtres qui soient, et il s'en prend en particulier au culte des animaux (*De Decal.* 16, II, p. 193 M. et *passim*), et les écrivains païens ne s'en scandalisent pas moins vivement (Cic., *Nat. deor.*, III, 15, etc.), sauf lorsqu'ils préfèrent appliquer leur ingéniosité à le justifier. Cf. Dill, *l. c.*, p. 571.

12. Macrobe, *Sat.*, I, 20, § 16.

13. Holm, *Gesch. Siziliens*, I, p. 81.

14. Libanius, *Or.* XI, 114 (I, p. 473 Förster). Cf. Drexler dans Roscher, *l. c.* col. 378.

15. Pausan., I, 18, 4 : Σαράπιδος ὃν παρὰ Πτολεμαίου θεὸν εἰσηγάγοντο.

16. Apul., *Metam*, XI, 17.

17. Ainsi on le trouve de bonne heure à Théra, qui était une station de la flotte ptolémaïque (Hiller von Gärtringen, *Thera*, t. III), et aussi à Rhodes (*Rev. archéol.* V, 1905, p. 341).

18. Une foule de témoignages de sa diffusion ont été réunis par Drexler, *l. c.*, p. 379. Cf. Lafaye, *Dictionn.* s. v. Isis, p. 577.

19. Cette interprétation a déjà été proposée par Ravaisson (*Gazette archéologique*, I, p. 55 ss.), et je la crois exacte; cf. *Comptes-rendus Acad. Inscr.* 1906, p. 75, n. 1.

20. La puissance du culte égyptien dans la moitié orientale de l'empire a été mise en lumière par von Domaszewski (*Röm. Mitt.* XVII, 333 ss.) mais peut-être avec quelque exagération. On souscrira aux réserves formulées par Harnack, *Ausbreitung des Christentums*, 2ᵉ éd., t. II, p. 274.

21. La diffusion très ancienne de l'orphisme dans la Grande Grèce, diffusion attestée par les tablettes de Sybaris et de Pétilia, dut lui préparer les voies. Ces tablettes offrent beaucoup de points de contact avec les croyances eschatologiques de l'Égypte, seulement, comme le remarque avec raison leur dernière commentatrice (Harrisson, *Prolegomena to the study of Greek religion*, p. 624), ces idées nouvelles sont comme noyées dans

la vieille mythologie grecque. Les mystères d'Isis et
de Sérapis semblèrent apporter une révélation depuis
longtemps pressentie et l'affirmation d'une vérité présa-
gée par d'anciens symboles.
22. CIL X 1781, I, 15-6.
23. Apul., *Metam.*, XI, 30.
24. Wissowa, *op. cit.*, p. 292-3.
25. Plus tard le manichéisme fut poursuivi sous un
prétexte semblable, *Collat. Mos. et Rom. leg.* 15, 3 § 4 :
De Persica adversaria nobis gente progressa.
26. Une liste copieuse des inscriptions et monuments
découverts dans les diverses cités est donnée par Drexler dans Roscher *s. v.* Isis, col. 409 ss.
27. Hirschfeld, CIL XII, p. 382 et *Wiener Studien*, t. V,
1883, p. 319-322.
28. Cf. Wissowa, *op. cit.*, p. 294 ss.
29. Min. Fel., *Octav.* 22, 2 : *Haec Ægyptia quondam
nunc et sacra Romana sunt.*
30. *Carmen contra paganos* (Anthol. lat. ed Riese, I,
20 ss.) v. 91, 95 ss. ; cf. Ambrosiaster, col. 2343 C (*Rev.
hist. litt. relig.*, VIII, p. 422, n. 1).
31. Rufin II 24 : *Caput ipsum idolatriae.* Une minia-
ture d'une chronique alexandrine nous montre le
patriarche Théophile, la tête nimbée, foulant aux pieds
le Sérapéum ; cf. Bauer et Strzygowski, *Eine alexandri-
nische Weltchronik* (Denkschr. Akad. Wien, LI) 1905, à
l'année 391, p. 70 ss., p. 122 et pl. VI.
32. Cf. Drexler dans Roscher *s. v.* Isis p. 425 ; Harnack
Ausbreitung des Christentums, II [2] p. 147 ss. — Des détails
curieux, qui montrent la persistance du culte d'Isis
parmi les professeurs et les étudiants d'Alexandrie dans

les dernières années du vᵉ siècle, sont donnés dans la
vie de Sévère d'Antioche par Zacharie le Scholastique
(*Patrol. orient.* I, éd. Kugener) p. 17 ss, 27 ss.

33. Ps.-Apul., *Asclepius* 34; cf. une prophétie analogue dans les oracles Sibyllins, V, 184 ss. (p. 127 ed.
Geffcken).

34. Iséum de Bénévent, cf. *Notizie degli Scavi di Ant.*,
1904, p. 107 ss. Iséum du Champ de Mars, cf. Lanciani,
Bullet. communale Roma, 1883, p. 33 ss.; Marucchi,
Ibid. 1890, p. 307 s. — Les *signa Memphitica* (en marbre
de Memphis) sont mentionnés dans une inscription (Dessau, *Inscr. sel.*, 4367-8). — L'expression employée à propos de Caracalla : *Sacra Isidis Romam deportavit* et que
Spartien (*Carac.*, 9; cf. Aur. Vict., *Cæs.*, 21, 4) n'a plus
comprise, semble aussi se rapporter à un transfert de
monuments sacrés égyptiens.

35. Gregorovius, *Gesch. des. Kaisers Hadrian*, 222 ss.,
cf. Drexler *l. c.* p. 410.

36. L'expression est de M. Wiedemann.

37. Naville, *op. cit.*, p. 89 ss.

38. Je n'ai point parlé ici de l'hermétisme, que les
recherches de M. Reitzenstein ont mis à l'ordre du jour,
parce que son action a été, je pense, purement littéraire
en Occident. On ne trouve pas de trace, que je sache, au
moins dans le monde latin, d'une secte hermétique avec
un clergé et un culte. Les *Heliognostae* ou *Deinvictiaci*
qui prétendirent en Gaule assimiler le Mercure indigène
au Thot Égyptien (*Mon. Myst. Mithra*, I, p. 49, n. 2, cf.
359) sont des gnostiques chrétiens. C'est, je crois, méconnaître la réalité des faits que de dire comme le fait
M. Reitzenstein (*Wundererzählungen*, 1906 ; p. 128). « *Die*

hermetische Literatur ist im zweiten und dritten Jarhundert für alle religiös-interessierten den allgemeinen Ausdruck der Frömmigkeit geworden. L'hermétisme, qui sert d'étiquette à des doctrines d'origine très diverse, a été influencé, je pense, par « la dévotion générale » plus qu'il ne l'a suscitée. Il est le résultat d'un long effort pour concilier les traditions égyptiennes d'abord avec l'astrologie chaldéenne puis avec la philosophie grecque, et il se transforma en même temps que cette philosophie elle-même. Mais ceci demanderait de longs développements.

39. Plut., *De Isid.*, 9.

40. Apul., *Metam.*, XI, 5.

41. CIL X, 3800. — Dessau, *Inscr. sel.*, 4362.

42. Cf. *supra*, p. 95.

43. Plut., *De Iside et Osir.*, 52. Cf. Hermès Trimégiste. Ὅροι Ασκληπίου, c. 16, et Reitzenstein, *Poimandres*, p. 197.

44. Cf. Naville, *op. cit.*, p. 170 ss.

45. Juvén. VI, 489 : *Isiacae sacraria lenae*; cf. Friedländer, *Sittengeschichte*, I⁶, p. 502.

46. M. Farnell a brillamment esquissé dans un livre récent l'histoire du rituel de purification et de la conception de pureté à travers l'antiquité (*Evolution of religion*, Londres, 1905, p. 88-162) mais il n'a malheureusement tenu aucun compte de l'Égypte, où les formes primitives se sont maintenues peut-être le plus inaltérées.

47. Juvén., VI, 522 ss.

48. Friedländer, *Sittengeschichte*, I⁶, p. 510. — Sur cette transformation du culte d'Isis, cf. Réville, *op. cit.*, p. 56.

49. Plutarque, *De Iside*, c. 2 ; cf. Apul. *Met*, XI, 6, fin.

50. Élius Arist., *In Sarap.*, 25 (II p. 359 éd. Keil); cf. Diodore, I, 93.

51. Porph., *Epist.*, *ad Aneb.*, 29. — La réponse du Ps. Jamblique (*De Myst.* VI, 5-7) est caractéristique. Il soutient que ces menaces s'adressent à des démons ; cependant il se rend bien compte que les Égyptiens ne distinguent pas nettement entre les incantations et les prières (VI, 7, 5).

52. Jamblique, *Myst.*, VI, 6. — Les Égyptiens se glorifiaient d'avoir été les premiers à « connaître les noms sacrés et à dire les discours sacrés » (Luc., *De dea Syr.*, 1).

53. C'est ce qu'a démontré Otto, *Priester und Tempel*, p. 114 ss. Cf. supra, ch. ii, n. 31. — M. Dennison s'est occupé récemment, à propos de certains bustes, de la tonsure des isiaques (*American journ. of archaelogy*, V, 1905, p. 341).

54. CIL XII 3061 : *Ornatrix fani.*

55. Cf. Kan, *De Iove Dolicheno*, 1901, p. 33.

56. Cf. Moret, *Le rituel du culte divin journalier en Égypte*, Paris, 1902. — Les brèves données éparses dans les auteurs grecs et latins s'enchaînent et s'éclairent admirablement lorsqu'on les compare au cérémonial égyptien.

57. Apul., XI, 22 : *Rituque sollemni apertionis celebrato ministerio.* Cf. XI, 20 : *Matutinas apertiones templi.*

58. Josèphe, *Ant. Jud.*, XVIII, 3, 5, § 174.

59. Servius ad Verg., *Aen.*, IV, 512 : *In templo Isidis aqua sparsa de Nilo esse dicebatur;* cf. II, 116. Lorsqu'à cette fiction on substituait la réalité, en répandant de l'eau puisée dans le fleuve, on rendait l'acte plus efficace ; cf. Juvén. VII, 527.

60. Ce passage est, avec un chapitre d'Apulée (XI, 20), le texte capital sur le rituel de ces matines isiaques (*De Abstin*. IV, 9) : "Ὡς που ἔτι καὶ νῦν ἐν τῇ ἀνοίξει τοῦ ἁγίου Σαράπιδος ἡ θεραπεία διὰ πυρὸς καὶ ὕδατος γίνεται, λείβοντος τοῦ ὑμνωδοῦ τὸ ὕδωρ καὶ τὸ πῦρ φαίνοντος, ὁπηνίκα ἑστὼς ἐπὶ τοῦ οὐδοῦ τῇ πατρίῳ τῶν Αἰγυπτίων φωνῇ ἐγείρει τὸν θεόν. — Arnobe (VII, 32) fait allusion à la même croyance isiaque : *Quid sibi volunt excitationes illae quas canitis matutini conlatis ad tibiam vocibus? Obdormiscunt enim superi remeare ut ad vigilias debeant? Quid dormitiones illae quibus ut bene valeant auspicabili salutatione mandatis?*

61. Apul., *Met*., XI, 9.

62. CIL, II 3386 = Dessau, *Inscr. sel*., 4422; cf. 4423.

63. Apul. XI, 24; cf. Lafaye, p. 118 ss.; Porphyre (*De Abstin*., IV, 6) insiste longuement sur ce caractère contemplatif de la dévotion égyptienne : les prêtres ἀπέδοσαν ὅλον τὸν βίον τῇ τῶν θεῶν θεωρίᾳ καὶ θεάσει.

64. Dans le rituel pharaonique la clôture a lieu, semble-t-il, le matin même, mais en Occident on exposait les images sacrées à la contemplation, et l'ancien office égyptien a ainsi dû être scindé en deux cérémonies.

65. Hérodote, II, 37.

66. Cf. Maspero, *Rev. critique*, 1905, II, 361 ss.

67. Apul., *Met*., XI, 7 ss. — Des survivances de cette fête auraient persisté à Catane dans le culte de sainte Agathe; cf. *Analecta Bollandiana*, 1906, p. 509.

68. De pareilles mascarades se retrouvent dans de nombreux cultes païens; cf. *Mon. myst. de Mithra*, t. I, p. 315.

69. Les *pausarii* sont nommés dans les inscriptions; cf. Dessau, *Inscr. sel*., 4353, 4445.

70. Schäfer, *Die Mysterien des Osiris in Abydos unter Sesostris III*, Leipsig 1904; cf. Capart, *Rev. hist. relig.*, LI (1905), p. 229, et Wiedemann, *Mélanges Nicole*, p. 574 ss.

71. Dans les mystères d'Abydos, le dieu Thot sortait en bâteau pour repêcher le corps d'Osiris. Ailleurs, c'était Isis qui voguait à sa recherche. Nous ne ne savons si cette scène était jouée à Rome, mais elle l'était certainement à Gallipoli : des pêcheurs fictifs y simulaient la manœuvre du filet dans un Nil de convention; cf. Foucart, *Rech. sur myst. d'Éleusis* (*Mém. Acad. Inscr.* t. XXXV), p. 37.

72. Chérémon dans Porphyre, *Epist. ad Aneb.*, 31 : Καὶ τὰ κρυπτὰ τῆς Ἴσιδος ἐπαινεῖ καὶ τὸ ἐν Ἀβύδῳ ἀπόρρητον δείξει. Cf. Jambl., *De myster.*, VI, 5-7. — Sur les « mystères » d'Isis en Égypte, cf. Foucart *l. c.* p. 19 s.; De Jong, *De Apuleio Isiacorum mysteriorum teste*, Leyden, 1900, p. 79 s.

73. Cf. *supra*, p. 93 — De Jong, *op. cit.*, p. 40 ss.; Gruppe, *Griech. Mythol.*, p. 1574.

74. *La Cité antique*, Livre I, ch. II, fin.

75. Cf. Erman, *op. cit.*, p. 96-97.

76. C'est ce que suffiraient à prouver les bas-reliefs cités plus haut (p. 272, n. 19), où le mort héroïsé prend l'apparence de Sérapis. Comparer Kaibel, *IGSI* 2098 : Εὐψύχι μετὰ τοῦ Ὀσείριδος. Cette conception matérielle de l'immortalité put s'accorder facilement avec les vieilles idées italiques restées dominantes dans le peuple; cf. Friedländer, *Sittengeschichte*, III⁶, p. 758.

77. Reitzenstein, *Archiv fur Religwiss.*, III, 406 ss. Ce sont peut-être les pages les plus pénétrantes qui aient

été écrites sur la signification de la cérémonie : elle est
un ἀπαθανατισμός. Cf. aussi Reitzenstein, *Hellenistiche
Wundererzählungen*, p. 116.

78. Apul., *Met.*, 23. — Le dernier commentateur de ce
passage, M. De Jong, incline à penser qu'il s'agissait
d'une simple vision extatique; mais la vision était
certainement provoquée par une scène dramatique où
l'on *montrait* dans les ténèbres les enfers et le ciel. —
Les Égyptiens les représentaient même au théâtre; cf.
Suétone, *Calig.*, 8 : *Parabatur et in mortem spectaculum
quo argumenta inferorum per Aegyptios et Aethiopas
explicarentur.*

79. Apul., *Met.*, XI, 6 fin.

80. *Ibid.* c. 24 : *Inexplicabili voluptate <aspectu>
divini simulacri perfruebar.*

81. Cf. *supra*, p. 272, n. 21.

82. On trouve fréquemment des souhaits semblables
sur les monuments égyptiens, au moins depuis le
Moyen Empire. «Donnez-moi de l'eau courante à boire...
Mettez-moi la face au vent du nord sur le bord de l'eau
et que sa fraicheur calme mon cœur » (Maspero, *Études
égyptiennes*, t. I, 1881, p. 189). « Oh, si j'avais de l'eau
courante à boire et si mon visage était tourné vers le
vent du nord » (Naville, *op. cit.*, p. 174). Sur une stèle
funéraire du Musée de Bruxelles (Capart, *Guide*, 1905,
p. 71) : « Que les dieux accordent de boire l'eau des
sources, de respirer les doux vents du nord ». — L'origine très matérielle de ce vœu apparait dans les textes
funéraires où l'on voit l'âme obligée de traverser le
désert, menacée par la faim et la soif, et obtenant
de se rafraichir grâce au secours des dieux, (Maspero,
Ét. de. mythol. et d'archéol. égypt., 1883, I, 366 s.).

83. Δοίη σοι ὁ Ὄσιρις τὸ ψυχρὸν ὕδωρ, à Rome : Kaibel, *IGSI*, 1488, 1705, 1782, 1842 ; cf. 658 et CIL VI, 3, 20616. — Σοὶ δὲ Ὀσείριδος ἀγνὸν ὕδωρ Εἶσις χαρίσαιτο, *Rev. archéol.*, 1887, p. 199, cf. 201. — Ψυχῇ διψώσῃ ψυχρὸν ὕδωρ μετάδος, CIG 6267. = Kaibel, 1890. Il est particulièrement intéréssant de constater qu'à peu près le même souhait apparaît déjà sur la stèle araméenne de Carpentras (*C. I. Sem.* II, 141), qui date du v°-iv° s. avant J.-C. : « Bénie sois-tu, prends de l'eau de devant Osiris ».

84. L'origine égyptienne de l'expression chrétienne a souvent été signalée et ne peut faire de doute ; cf. Lafaye, p. 96, n. 1.; Rohde, *Psyche*, 2° éd., p. 678 ; Kraus, *Realencycl. der christl. Alt. s. v.* Refrigerium; et surtout Dieterich, *Nekuia*, p. 95, ss. — Une autre expression qui apparait fréquemment dans les épitaphes latines, celle de *domus aeterna* (ou *aeternalis*) pour désigner la sépulture, est sans doute aussi d'importation égyptienne. En Égypte, « la tombe est la maison du mort, sa *maison d'éternité,* comme disent les textes » (Capart, *Guide du Musée de Bruxelles,* 1905, p. 32). Les exemples de cette expression sont innombrables, et elle avait frappé les Grecs. Diodore de Sicile (I, 51, § 2) sait que les Égyptiens τοὺς τῶν τετελευτηκότων τάφους ἀϊδίους οἴκους προσαγορεύουσιν, ὡς ἐν Ἅιδου διατελούντων τὸν ἄπειρον αἰῶνα (cf. I, 93, § 1, εἰς τὴν αἰώνιον οἴκησιν). — C'est probablement d'Égypte que cette appellation du sépulcre passa en Palestine et en Syrie. Elle apparait déjà dans l'Ecclésiaste XII, 7 (beth 'olam = « maison d'éternité »), et se retrouve dans l'épigraphie syriaque (p. ex. Inscr. du iii° siècle, *Comptes rendus Acad. Inscr.,* 1906, p. 123).

Peut-être aussi, — mais ceci est plus douteux — le

souhait de consolation Εὐψύχει, οὐδεὶς ἀθάνατος, qu'on rencontre si souvent gravé sur les tombeaux même en pays
latin, est-il inspiré par la religion égyptienne. On trouve
εὐψύχει sur des épitaphes d'initiés aux mystères alexandrins : Kaibel, *IGSI* 1488, 1782 (Εὐψυχεῖ κυρία καὶ δοίη σοι ὁ
Ὄσιρις τὸ ψυχρὸν ὕδωρ), 2098 (cf. *supra*, n. 76). Peut-être a-
t-on joué sur le double sens d'εὔψυχος qui signifie à la
fois « *animosus* » et « *frigidus* », (cf. Dieterich, *Nekuia*
l. c.). Mais, d'autre part, l'idée que résume la formule
« Aie bon courage, personne n'est immortel » est celle
qui inspire aussi le « chant du harpiste » ; hymne
canonique qu'on psalmodiait en Égypte le jour des
funérailles. Il engageait à « réjouir son cœur » avant la
tristesse de la mort inévitable (Maspero, *Etudes égyptiennes*, I, 1881, p. 171 ss.; cf. Naville, *op. cit.*, p. 171.)

CHAPITRE V

La Syrie.

1. BIBLIOGRAPHIE. Les cultes syriens ont été étudiés
surtout au point de vue de leurs rapports avec le
judaïsme : Baudissin, *Studien zur semitischen Religionsgeschichte*, 2 vol., Leipsig, 1876, ss. Le même auteur a
publié de véritables monographies sur certaines divinités (Astarte, Baal, Sonne, etc.) dans la *Realencyclopädie für prot. Theol.* de Herzog-Hauck, 3ᵉ éd. — Bälhgen,
Beiträge zur semitischen Religionsgeschichte, Berlin, 1888.
— Robertson Smith, *The Religion of the Semites*, 2ᵉ éd.,
Londres, 1894. — Lagrange, *Etudes sur les religions
sémitiques*, 2ᵉ éd., Paris, 1905. — Sur la propagation des

16*

cultes syriens en Occident, cf. Réville, *op. cit.* p. 70 ss.
et passim ; Wissowa, *Relig. der Römer*, p. 299 ss. ; Gruppe,
Griech. Mythol. p. 1382 ss. — On trouvera des notices
importantes dans Clermont-Ganneau, *Recueil d'Achéolo-
gie orientale*, 7 vol. parus, 1888 ss. et dans Dussaud, *Notes
de Mythologie syrienne*, Paris, 1903 ss. — Nous avons
publié sur des divinités particulières une série d'articles
dans la *Realencyclopädie* de Pauly-Wisowa (Baal, Balsamem, Dea Syra, Dolichenus, etc.). On trouvera citées
plus bas d'autres monographies.

1. Lucien, *Lucius*, 35 ss. ; Apul., *Metam.*, VIII, 24 ss.
2. Cf. Riess dans Pauly-Wissowa, s. v. *Astrologie*
col. 1816.
3. Caton, *De agric.*, V, 4.
4. Dédicaces de Romains à Atargatis, cf. *Bull. corr.
hell.* VI, p. 497 n° 15 ; p. 498 n° 17.
5. Depuis l'année 187 on trouve signalées aussi à
Rome les musiciennes de Syrie (*sambucistriae*) dont le
nombre alla toujours en augmentant (Tite Live, XXXIX,
6 ; cf. Friedländer, *Sittengesch.*, III⁶ p. 346).
6. Florus, II, 7 (III, 9); cf. Diodore Sic., fr. 34, 2, 5.
7. Plut., *Vit. Marii*, 17.
8. Juvénal VI, 351. Martial, IV, 53, 10; IX, 2, 11;
IX, 22, 9.
9. CIL, VI 399; cf. Wissowa, *op. cit.*, p. 301. — Suétone, *Néron*, 56.
10. J'ai dit quelques mots de cette colonisation dans
mes *Mon. rel. aux Myst. de Mithra*, I, p. 262. Courajod
l'a envisagée au point de vue des influences artistiques,
Leçons du Louvre, I, 1899, pp. 115, 327 ss. — Pour la
période mérovingienne, cf. Bréhier, *Les colonies d'Orien-*

*taux en Occident au commencement du moyen-âge (Byzant.
Zeitschr.* XII), 1903, p. 1 ss. — M. Norbert Hachez prépare un travail détaillé sur les établissements syriens
dans l'empire romain.

11. Kaibel, *IGSI,* 2540.

12. *Comptes rendus Acad. Inscr.,* 1899, p. 353 == Wal-
tzing, *Corporations professionnelles,* t. III, n° 1961. —
Inscription de Thaïm de Canatha : Kaibel, *IGSI,* 2532.

13. Greg. Tur., *Hist. Fr.,* VIII, 1. — Sur la diffusion
des Syriens en Gaule, cf. Bréhier, *l. c.,* p. 16 ss.

14. Cf. Bréhier, *Les origines du crucifix dans l'art religieux,* Paris, 1904.

15. Adonis : Wissowa, p. 300, n. 1. — Balmarcodès :
Pauly-Wissowa, *Realenc.,* s. v.; Jalabert, *Mél. fac.
orient. Beyrouth,* I, p. 182. — Marnas : L'existence d'un
« Marneion » à Ostie peut être déduite de la dédicace
CIG 5892 (Cf. Drexler dans Roscher, *Lexikon,* s. v., col.
2382). — C'est probablement avec le culte du dieu de
Gaza que s'introduisit la fête de Maioumas : Lydus, *De
Mensib.,* IV, 80 (p. 133, éd. Wünsch) == Suidas s. v.
Μαιουμᾶς et Drexler, *Ibid.* col. 2287. Cf. Clermont-Gan-
neau, *Rec. d'archéol. orient.,* IV, p. 339.

16. Cf. Pauly-Wissowa, s. v. *Damascenus, Dusares.*

17. Malalas XI, p. 280, 12 (Bonn). — Le temple a été
fouillé récemment par une mission allemande, cf. Puchstein, *Führer in Baalbek,* Berlin, 1905.

18. CIL X, 1634 : *Cultores Iovis Heliopolitani Berytenses
qui Puteolis consistunt ;* cf. Wissowa, *l. c.,* p. 304, n. 3.

19. La liste des corps de troupes connus a été dressée
par Cichorius dans Pauly-Wissowa, *Realencycl.* s. v. *Ala*
et *Cohors.*

20. CIL VII, 759 = Bücheler, *Carmina epigr.* 24. —
Deux dédicaces consacrées à l'Hercule syrien (Melkart)
et à Astarté, qui ont été découvertes à Corbridge non
loin de Newcastle (*IGSI* 2553). Peut être des archers de
Tyr y étaient-ils cantonnés.

21. Baltis : Pauly-Wissowa, s. v.

22. Pauly-Wissowa, *Realenc.*, s. v. Aziz ; cf. Wissowa,
op. cit., p. 303, n. 7.

23. Sur l'étymologie de Malakbel, cf. Dussaud, *Notes*
24 ss. Sur son culte en Occident, cf. Ed. Meyer dans
Roscher s. v.

24. Kan, *De Iovis Dolicheni cultu*, Groningue, 1901 ; cf.
Pauly-Wissowa, s. v. Dolichenus.

25. Réville, *Relig. sous les Sévères*, p. 237 ss. ; Wissowa
op. cit., p. 305 ; cf. Pauly-Wissowa, s. v. *Elagabal.*

26. Cf. *infra*, n. 55.

27. Cf. Curtiss, trad. Baudissin, *Ursemitische Religion
im Volksleben des heutigen Orients*, Leipzig, 1903.

28. Cf. Robertson Smith, *passim;* Lagrange, p. 158-216.

29. Luc. *De dea Syra*, c. 41. Cf. l'inscription de Nar-
naka avec la note de Clermont-Ganneau, *Études d'arch.
orient.*, II, 163. — Sur le culte du taureau en Syrie, cf.
Ronzevalle, *Mélanges fac. orient. Beyrouth*, I, p. 225, 238.

30. Philon Alex., *De provid.*, II, c. 107 (II, 646 M.) ; cf.
Lucien, *De dea Syria*, 54.

31. Notamment sur le mont Éryx en Sicile (Ael., *Nat.
Anim.*, IV, 2). — Cf. Pauly-Wissowa, *Realenc.*, s. v.,
Dea Syria, col. 2242.

32. Tibulle, I, 7, 17.

33. Lucien, *De dea Syria*, 14 ; 54. Cf. Diodore, II, 4, 2 ;
Ovide, *Met.*, IV, 46, V, 331.

34. Pauly-Wissowa, *l. c.*, 2241. Robertson Smith, p. 175.

35. Les auteurs anciens font souvent allusion à cette superstition des Syriens (les textes ont déjà été réunis par Selden, *De dis Syris*, II, c. 3, p. 268 ss., éd. de 1672). Robertson Smith (*l. c.*, p. 449) la rapproche avec raison de certaines idées des sauvages. Comme beaucoup de croyances primitives, celle-ci s'est maintenue jusqu'à nos jours. Près de la mosquée d'Édesse se trouve un grand étang : il est défendu de pêcher les poissons, considérés comme sacrés, et l'on croit que celui qui en mangerait serait frappé de mort, etc. (Sachau, *Reise in Syrien*, 1883, p. 196 ss. Cf. Lord Warkworth, *Diary in Asiatic Turkey*, Londres, 1898, p. 242). Il en est de même à la mosquée de Tripoli et ailleurs (Lammens, *Au pays des Nosaïris*, Revue de l'Orient chrétien, 1900, p. 2). Même en Asie-Mineure, on retrouve la même superstition. A Tavshanli, au nord d'*Aezani*, sur le Rhyndacus supérieur, il y a encore une citerne carrée, remplie de poissons sacrés, qu'il n'est pas permis de toucher [note communiquée par M. Munro]. — Les voyageurs en Turquie ont souvent observé que la population ne mange pas de poisson, même là où elle souffre du manque de nourriture (Sachau, *l. c.*, p. 196), et la croyance généralement répandue que leur chair est malsaine et peut provoquer des maladies, n'est pas dépourvue de tout fondement réel. Voici ce que dit à ce sujet M. Ramsay (*Impressions of Turkey*, Londres, 1897, p. 288) : *Fish are rarely found and when found are usually bad : the natives have a prejudice against fish and my own experience has been unfavourable.... in the clear, sparkling mountain-*

stream that flows through the Taurus by Bozanti-Khan,
a small kind of fish is caught. I had a most violent attack
of sickness in 1891 after eating some of them, and so
had all who partook. Le capitaine Wilson, qui a séjourné
de longues années en Asie-Mineure, affirme (*Handbook*
of Asia Minor, p. [19]) que « *the natives do not eat fish to*
any extent ». La prohibition « totémique » semble bien
avoir ici, malgré qu'on en ait, une origine hygiénique.
On s'est abstenu de tous les poissons, parce que certaines
espèces sont dangereuses, c'est-à-dire habitées par des
esprits malfaisants, et les tumeurs qu'envoie la déesse
syrienne, sont l'œdème provoqué par l'empoisonnement.

36. Cf. Usener, *Sintflutsagen*, 1899, p. 223 ss.

37. Robertson Smith, p. 292 ss.

38. Notamment à Aphaca, où ils ne furent supprimés
que par Constantin (Eusèbe, *Vit. Const.*, III, 55 ; cf.
Sozom., II, 5).

39. On a beaucoup écrit sur les prostitutions sacrées
du paganisme, et Voltaire se moquait, comme on sait,
des érudits assez crédules pour ajouter foi aux contes
d'Hérodote. Mais cette pratique est attestée par les
témoignages les moins suspects. Ainsi Strabon qui avait
eu pour grand-oncle un archiprêtre de Comane la signale
dans cette ville (p. 559 C), et il n'en manifeste aucun
étonnement. L'histoire des religions nous a appris bien
d'autres faits plus étranges ; celui-ci est néanmoins
déconcertant. On a voulu y voir, soit une survivance de
la prosmicuité ou de la polyandrie primitives, soit une
persistance de l' « hospitalité sexuelle » (*No custom in*
more widely spread than the providing for a guest a female
companion who is usualy a wife or daughter of the host, dit

Wake, *Serpent worship*, 1888, p. 158), soit aussi la substitution de l'union avec un homme à l'union avec le dieu
(Gruppe, *Griech. Myth.*, p. 915). Mais ces hypothèses n'expliquent pas les particularités de la coutume religieuse,
telle que nous la décrivent les auteurs les plus dignes
de foi. Ils insistent sur ce fait que les jeunes filles étaient
consacrées *vierges* au service du temple et qu'après avoir
eu des amants *étrangers*, elles se mariaient dans leur
pays. Ainsi Strabon (XI, 14, § 16) nous raconte à propos
du temple d'Anaïtis dans l'Acilisène que θυγατέρας οἱ
ἐπιφανέστατοι τοῦ ἔθνους ἀνιεροῦσι παρθένους, αἷς νόμος ἐστὶ κατα-
πορνευθείσαις πολὺν χρόνον παρὰ τῇ θεῷ μετὰ ταῦτα δίδοσθαι πρὸς
γάμον μῆ ἀπαξιοῦντος τῇ τοιαύτῃ συνοικεῖν οὐδενός. Hérodote
(I, 93), qui rapporte à peu près la même chose des Ly-
diennes, ajoute que celles-ci s'amassaient ainsi une dot,
et une inscription de Tralles (*Bull. hell.*, VII, 1885, p. 276)
mentionne en effet une descendante de courtisane sacrée
(ἐκ προγόνων παλλακίδων) qui avait rempli temporairement
le même office] (παλλακεύσασα κατὰ χρησμὸν Διί). A Thèbes
d'Égypte même, du temps de Strabon (XVII, 2, § 46)
une coutume analogue existait avec des particularités
très topiques. Le vieil usage n'a pas entièrement disparu chez les Arabes modernes. Tous les voyageurs en
Algérie savent comment les filles des Ouled-Naïl gagnent
leur dot dans les ksours et les villes, avant de rentrer
se marier dans leur tribu. — Il me paraît certain (je
ne sais si l'explication a déjà été proposée) que cette
pratique étrange est une forme modifiée, devenue utili-
taire, d'une ancienne exogamie. « La première union
sexuelle impliquant une effusion de sang, a été interdite,
lorsque ce sang était celui d'une fille du clan versé par

le fait d'un homme du clan » (Salomon Reinach, *Mythes, cultes*, I (1905), p. 79. Cf. Lang, *The secret of the totem*, Londres, 1905). De là l'obligation, pour les vierges, de se donner d'abord à un étranger. Ce n'est qu'après avoir été déflorées, qu'elles peuvent épouser un homme de leur race. On a d'ailleurs recouru à divers moyens pour éviter à l'époux la souillure pouvant résulter pour lui de cet acte (cf. p. ex. Reinach, *Mythes, cultes*, I, p. 118).

40. Porphyre, *De Abstin.*, II, 56 ; Tertull., *Apol.*, 9. Cf. Lagrange, *op. cit.*, 445.

41. Même dans les régions où les villes se développèrent, le Baal et la Baalat restèrent toujours les divinités protectrices de la cité, qu'ils passaient pour avoir fondée.

42. Lebas-Waddington, 2196. Cf. Marquardt, *Staatsverwaltung*, I², p. 405, 409.

43. Hippolyte, *Adv. Haeres.*, V, 11, § 7 : 'Ασσυρίων τελεταί; § 18 : 'Ασσυρίων μυστήρια (p. 145, 148, éd. Cruice).

44. Robertson Smith a écrit sur l'idée de sainteté et d'impureté chez les Sémites des pages admirables de pénétration (pp. 446 ss. et *passim*). La question a été reprise à un autre point de vue par Lagrange, pp. 141 ss. — Le développement de l'idée de pureté dans les religions de l'antiquité a été exposé récemment par Farnell, *The evolution of religion*, 1905, p. 88 ss., notamment p. 124 ss. Cf. aussi *supra*, p. 112. — Un exemple de prohibitions et de purifications se trouve en Occident dans une inscription malheureusement mutilée, découverte à Rome et consacrée à Beellefarus (CIL VI, 30934, 31168; cf. Lafaye, *Rev. hist. relig.*, XVII, 1888, p. 218 ss.; Dessau, *Inscr. sel.*, 4343). On y ordonne, si je comprends bien le texte, à celui qui aura mangé du porc de se purifier à l'aide de

miel. — Sur les pénitences dans les cultes syriens, cf.
p. 262, n. 28.

45. M. Clermont-Ganneau (*Etudes d'archéologie orientale*, II, 1896, p. 104) remarque que l'épithète de ἅγιος est extrêmement rare dans l'hellénisme païen et trahit presque toujours une influence sémitique. Il répond alors à קדוש, qui, chez les Sémites, est l'épithète par excellence de la divinité. Ainsi Eshmoun est קדש; cf. Lidzbarski, *Ephemer. für semit. Epigraph.*, II, p. 155; Clermont-Ganneau, *Rec. d'archéol. orient.*, III, p. 330; V, p. 322. — En grec : Lebas-Waddington, 2720 a : Οἱ κάτοχοι ἁγίου οὐρανίου Διός. J'ai copié autrefois chez un marchand une dédicace Θεῷ ἁγίῳ Ἀρελσέλῳ, gravée sur une lampe. — En latin : J. Dolichénus, *sanctus*, CIL, VI, 413, X, 7949. — J. Héliopolitanus, *sanctissimus*, CIL, VIII, 2627. — Caelestis, *sancta*, VIII, 8433, etc. — Le Saturne africain (= Baal) est souvent nommé *sanctus.* — *Hera sancta* à côté de Jupiter Dolichénus, VI, 413. — Malakbel est traduit par *Sol sanctissimus*, dans l'inscription bilingue du Capitole, VI, 710 = Dessau, 4337. Cf. aussi le *deus sanctus aeternus*, V, 1058, 3761 et *Comptes rendus Acad. Inscr.*, 1906, p. 69.

46. On peut citer comme exemples curieux de syncrétisme gréco-syrien le bas-relief d'Ed-Douwaïr au Louvre, finement analysé par Dussaud (*Notes*, p. 89 ss.), et surtout celui de Homs au musée de Bruxelles (*Ibid.*, 104 ss.).

47. Macrobe, I, 23, § 11 : *Ritu Aegyptio magis quam Assyrio colitur;* cf. Lucien, *De dea Syra*, 5. — Des théories « hermétiques » pénétrèrent jusque chez les Sabiens d'Osrhoène (Reitzenstein, *Poimandres*, 166 ss.), bien qu'elles paraissent n'avoir eu qu'une action superficielle (Bousset, *Göttinger Gelehrt. Anzeigen*, 1905, 704 ss.).

48. Strab., XVI, 1, 6; cf. Pline, *H. N.*, VI, 6 : *Durat adhuc ibi Iovis Beli templum.* — Cf. mes *Mon. myst. Mithra*, I, p. 35 ss.; Chapot, *Mém. soc. antiq. de France*, 1902, p. 239 ss.; Gruppe. *Griech. Mythol.*, p. 1608, n. 1.

49. Lucien, *De dea Syra*, c. 10.

50. Harnack, *Dogmengeschichte*, I², 233 ss. et *passim*.

51 Triade héliopolitaine et accession de Mercure au couple primitif : cf. Perdrizet, *Rev. ét. anc.*, 1901, p. 258; Dussaud, *Notes*, p. 24; Jalabert, *Mélanges fac. orient. de Beyrouth*, I, p. 175 ss. — Triade à Hiérapolis : Luc. *De dea Syra*. c. 33. Les trois divinités seraient venues ensemble de Babylone selon Dussaud, *Notes*, p. 115. — On a supposé aussi l'existence d'une triade phénicienne (Baal, Astarté, Eshmoun ou Melquart), d'une triade palmyrénienne et d'une triade carthaginoise, mais sans raison suffisante (*Ibid.*, 170, 172 ss.); cf. Usener, *Dreiheit* (Extr. *Rhein. Museum*, LVIII), 1903, p. 32. — Les triades se maintiennent dans la théologie des « Oracles chaldaïques » (Kroll, *De orac. chald.*, 13 ss.), et une triple division du monde et de l'âme était enseignée dans les « mystères assyriens » (*Archiv für Religionswiss.*, 1906, p. 331, n. 1).

52. Boll, *Sphaera*, p. 372. — L'introduction de l'astrologie en Égypte ne paraît guère antérieure à l'époque ptolémaïque.

53. Comme plus tard les empereurs romains, les Séleucides crurent à l'astrologie chaldéenne (Appien, *Syr.*, 38; Diodore, II, 31, 2; cf. Riess dans Pauly-Wissowa, s. v. *Astrologie*, 1814), et les rois de Commagène, ainsi qu'un grand nombre de villes de Syrie,

ont pour emblèmes sur leurs monnaies des signes du
zodiaque. Mais il est certain que cette pseudo-science
pénétra dans ces contrées bien avant l'époque hellénistique. On en trouve des traces dans l'ancien Testament
(Schiaparelli, trad. Lüdtke, *Die astron. im alten Testament*, 1904, p. 46). Elle modifia le paganisme sémitique
tout entier : le seul culte que nous connaissions avec
quelque détail, celui des Sabéens, lui fait la plus large
place, et, dans les mythes et les doctrines des autres,
son action n'est pas moins sensible (Pauly-Wissowa,
Realenc., IV, p. 224 ; cf. Baudissin, *Realencycl. für prot.
Theol.*, s. v. « Sonne », pp. 510, 520). Le caractère
sidéral qu'on a voulu reconnaître aux dieux syriens, est
un caractère d'emprunt, mais il n'est pas moins réel.
Aux époques anciennes le culte du soleil, de la lune et
des étoiles n'avait, semble-t-il, aucune importance chez
les Sémites (cf. Robertson Smith, *op. cit.*, p. 135, n. 1),
mais il grandit à mesure que l'influence babylonienne
devint plus puissante.

54. Humann et Puchstein, *Reise in Klein-Asien und
Nord-Syrien*, 1890, pl. XL ; *Mon. myst. Mithra*, I, p. 188,
fig. 8 ; Bouché-Leclercq, *Astrol. gr.*, p. 439.

55. Cf. Wissowa, *op. cit.*, p. 306-7. — Sur le temple de
Bêl à Palmyre, cf. Sobernheim, *Palmyrenische Inschriften*
(Mitt. der Vorderasiat. Gesellsch, X), 1905, p. 319 ss.;
Lidzbarski, *Ephemeris*, I, p. 255 ss., II, p. 280. — La
puissance de Palmyre sous Zénobie, qui régna du Tigre
jusqu'au Nil, dut avoir pour corollaire la constitution
d'un culte officiel, nécessairement syncrétique.

56. Cette vieille idée païenne et gnostique s'est maintenue en Syrie jusqu'à nos jours chez les Nosaïris; cf.

René Dussaud, *Histoire et religion des Nosaïris*, 1900,
p. 125.

57. La croyance que les âmes pieuses sont guidées vers
le ciel par une divinité psychopompe, ne se trouve pas
seulement dans les mystères de Mithra (*Mon. myst.
Mithra*, I, p. 310), mais aussi dans les cultes syriens où ce
rôle est souvent attribué au dieu solaire ; voy. Isid. Lévy,
Cultes Syriens dans le Talmud (*Revue des études juives*,
XLIII), 1901, p. 5, et Dussaud, *Notes*, p. 27; cf. l'inscription Lebas-Waddington, 2442 : Βασιλεῦ δέσποτα (= le
Soleil) ἴλαθι καὶ δίδου πᾶσιν ἡμῖν ὑγίην καθαράν, πρῆξις ἀγαθὰς
καὶ βίου τέλος ἐσθλόν. — La même idée se rencontre
en Occident dans les inscriptions; ainsi dans la curieuse
épitaphe d'un marin mort à Marseille (Kaibel, *IGSI*,
2462 = *Epigr.* 650) :

> Ἐν δέ [τε] τεθνειοῖσιν ὀμηγύρι[ές] γε πέλουσιν
> δοιαί · τῶν ἑτέρη μὲν ἐπιχθονίη πεφόρηται,
> ἡ δ'ἑτέρη τείρεσσι σὺν αἰθερίοισι χορεύει,
> ἧς στρατιῆς εἷς εἰμί, λαχὼν θεὸν ἡγεμονῆα.

C'est le même terme dont se sert Julien (*Césars*, p. 336 C)
en parlant de Mithra, conducteur des âmes : ἡγεμόνα θεόν.
Cf. aussi *infra*, n. 60 et p. 328, n. 24.

58. La provenance babylonienne de la doctrine que les
âmes remontent au ciel en traversant les sept sphères
planétaires avait été soutenue par Anz (*Zur Frage nach
dem Ursprung des Gnostizismus*, 1897; cf. *Mon. myst.
Mithra*, I, p. 38 ss., p. 309 ; Bousset, *Die Himmelsreise
der Seele* (*Archiv. für Religionswiss.*, t. IY), 1901,
p. 160 ss.). Elle a été niée depuis par Reitzenstein (*Poi-*

mandres, p. 79 ; cf. Kroll, *Berl. Philol. Wochenschrift*, 1906, p. 486). Mais bien qu'elle puisse avoir été précisée et transformée par les Grecs et même par les Égyptiens, je persiste à croire qu'elle est d'origine chaldéenne et religieuse. Je me rallie absolument aux conclusions formulées récemment par M. Bousset (*Götting. Gelehrt. Anzeigen*, 1905, p. 707 ss.). — On peut aller plus loin ; quelques racines qu'elle ait dans les spéculations de la Grèce ancienne, quelques traces qu'on en retrouve chez d'autres peuples (Dieterich, *Mithrasliturgie*, p. 182 ss.), l'idée même que les âmes s'élèvent après la mort vers les astres divins, s'est développée certainement sous l'influence du culte sidéral des Sémites au point de dominer toutes les autres théories eschatologiques. La croyance à l'éternité des âmes est le corollaire de celle de l'éternité des dieux célestes (p. 156). Nous ne pouvons faire ici l'histoire de cette conception, et nous nous bornerons à de brèves observations. Le premier exposé qui soit fait à Rome de ce système, se trouve dans le Songe de Scipion (c. 3) ; il remonte vraisemblablement à Posidonius d'Apamée et est tout imprégné de mysticisme et d'astrolâtrie. Un peu plus tard, on rencontre la même idée chez l'astrologue Manilius (I, 758 ; IV, 404, etc.). La forme qu'elle prend dans Josèphe (*Bell. Iudaïc.*, V, 1, 5, § 47), est aussi beaucoup plus religieuse que philosophique, et se rapproche étonnemment d'un dogme de l'Islam (béatitude réservée à ceux qui meurent dans le combat ; un Syrien (*ibid.*, §54) risque sa vie pour que son âme monte au ciel). On rapprochera de ce récit l'inscription d'Antiochus de Commagène (Michel, *Recueil*, 735, 1. 40) :

Σῶμα πρὸς οὐρανίους Διὸς Ὡρομάσδου θρόνους θεοφιλῆ ψυχὴν προπέμψαν εἰς τὸν ἄπειρον αἰῶνα κοιμήσεται.

Sur la diffusion de cette croyance dès le Ier siècle de notre ère, voyez Diels, *Elementum*, 1899, p. 73, cf. 78; Badstübner, *Beiträge zur Erklärung Seneca's*, Hambourg, p. 2 ss. — Elle est souvent exprimée dans les inscriptions (Friedländer, *Sitteng.*, III⁶, p. 749 ss.; Rohde, *Psyche*, p. 673, cf. 610; épitaphe de Tachna, *Studia Pontica*, n° 83; CIL III (Salone), 6384; *supra* n. 57 etc.). — Elle s'introduit simultanément dans le judaïsme et dans le paganisme (cf. Bousset, *Die Religion des Judentums im Neutest. Zeitalter*, 1903, p. 271, et, pour Philon d'Alexandrie, Zeller, *Philos. der Griechen*, V³, p. 397 et p. 297). — Au IIIe siècle, elle fut exposée par Cornélius Labéon, source d'Arnobe et de Servius (Kroll, *Berl. Philol., Wochenschr.*, 1906, p. 487). — Elle était généralement acceptée à la fin de l'empire, cf. *infra* p. 328, note 25.

59. Les Champs-Elysées sont dans le monde inférieur selon la doctrine des mystères égyptiens (Apul., *Met.*, XI, 6). — Suivant la théorie astrologique, les Champs-Elysées sont dans la sphère des étoiles fixes (Macrobe, *Comm. somn. Scip.*, I, 11 § 8; cf. *infra*, p. 328, n. 25). — D'autres les plaçaient dans la Lune (Servius, *Ad Aen.* VI, 887. Cf. Norden *Vergil's Buch VI*, p. 23; Rohde, *Psyche*, 609 ss.).

60. La relation des deux idées est visible dans le prétendu exposé de la doctrine pythagoricienne que Diogène Laërce emprunte à Alexandre Polyhistor et qui est en réalité une œuvre apocryphe du premier siècle de notre ère. Il est dit qu'Hermès conduit les âmes pures, après

leur séparation d'avec le corps, εἰς τὸν "Υψιστον (Diogène
Laërce, VIII, § 31; cf. Zeller, *Philos. der Griechen*, V⁴
p. 106, n. 2). — Sur le sens d'Hypsistos, cf. *supra*, p. 153.

61. C'est primitivement le dieu « Foudre » en grec
Κεραυνός : c'est sous ce nom qu'il apparaît par exemple
sur le bas-relief de Homs conservé au Musée de Bruxelles
(Dussaud, *Notes*, p. 105). Plus tard, par un processus
bien connu, l'action d'un dieu particulier devient l'attribut d'une divinité plus vaste, et l'on parle d'un Ζεὺς
Κεραύνιος (CIG, 4501 ; 4520; Lebas-Waddington 2195,
2557 a, 2631, 2739). Cf. Usener, *Keraunos* (Rhein. Museum,
N. F., LX), 1901.

62. La bipenne est portée par exemple par le Jupiter
Dolichénus (cf. *supra*, p. 177). Sur sa signification, cf.
Usener, *l. c.*, p. 20.

63. Cf. Lidzbarski, *Balsamem* (*Ephem. semit. Epigr.*, I),
p. 251. — Si l'identité du dieu de la Foudre et de Baalsamîn pouvait faire le moindre doute, celui-ci serait dissipé
par l'inscription de El-Tayibé, où ce nom sémitique est
traduit en grec par Ζεὺς μέγιστος κεραύνιος ; cf. Lidzbarski,
Handbuch, p. 477 et Lagrange, *op. cit.*, p. 508.

64. Culte de Baalsamîn, confondu avec Ahura-Mazda
et devenu *Caelus ;* cf. *Mon. myst. Mithra*, p. 87. — Les
textes qui attestent l'existence d'un véritable culte du
Ciel chez les Sémites sont nombreux. Outre ceux que j'ai
réunis (*l. c.*, n. 5); cf. Conybeare, *Philo about the contemplative life*, p. 33, n. 16 ; Kayser *Das Buch der Er-
kenntniss der Wahrheit*, 1893, p. 337, et *infra* n. 68. —
Zeus Οὐράνιος : Lebas Waddington, 2720 a (Baal de Bé-
tocécé); Renan, *Mission de Phénicie*, p. 103. — Cf. *Archiv. für Religionsw.*, 1906, p. 333.

65. Monnaies d'Antiochus VIII Grypus (125-96 av.
J.-C.); cf. Babelon, *Rois de Syrie, d'Arménie*, 1890,
p. CLIX, p. 178 ss.

66. Sur tout ceci, cf. *Jupiter summus exsuperantissimus* (*Archiv f. Religionsw.* IX, 1906, p. 326 ss.

67. Ps. Jamblique, *De Mysteriis*, VI, 7, (cf. Porph.,
Epist. Aneb., c. 29 note déjà cette différence entre les
deux religions.

68. Apul., *Met.*, VIII, 25. Cf. CIL III, 1090; XII, 1227
(= Dessau, 2998, 4333); Macrobe, *Comm. somn. Scipionis*, I, 14 § 2 : *Nihil aliud esse deum nisi caelum ipsum
et caelestia ipsa quae cernimus, ideo ut summi omnipoten-
tiam dei ostenderet posse vix intellegi.*

69. Cf. Cicér., *Nat. deor.*, II, 20, § 52 ss.

70. A Palmyre : De Vogüé, *Inscr. sem.*, p. 53 ss., etc. —
Sur le premier titre, cf. *infra*, n. 73.

71. Noter surtout CIL VI, 406 = 30758, où Jupiter Dolichénus est dit: *Aeternus conservator totius poli.* La relation avec le Ciel est ici restée apparente. Cf. *Somm.
Scipionis*, III, 4 et IV, 3.

72. Cf. *Rev. archéol*, 1888, I, p. 184 ss.; Pauly-Wissowa, s. v. *Aeternus*, et *Festschrift für Otto Benndorf*,
1898, p. 291.

73. On a discuté la question de savoir si l'épithète
מרא עלמא signifiait « maître du monde » ou « maître de
l'éternité » (cf. Lidzbarski, *Ephemeris*, I, 258; II, 297,
Lagrange, p. 508), mais à notre avis, cette controverse
est sans objet : les deux idées étaient inséparables dans
l'esprit des prêtres syriens, et une seule expression les
embrassait toutes deux. — Comparer, pour l'Égypte,
Horapoll., *Hieroglyph.*, I (serpent comme symbole de

l'αἰών et du κόσμος). — On trouve aussi à Palmyre le titre
de « maître de tout » מרא כל (Lidzbarski, *l. c.*); cf. Julien,
Or. IV, p. 203, 5 (Hertlein) : Ὁ βασιλεὺς τῶν ὅλων Ἥλιος,
et *infra*, n. 74; n. 80.

74. Cf. *CIL*, III, 1090 = Dessau, *Inscr.*, 2998 : *Divina-
rum humanarumque rerum rectori.* Comparer *ibidem*,
2999 et *Rev. archéol.*, 1905, p. 497, n° 235 : *I. O. M. id est
universitatis principi.* Cf. l'article de l'*Archiv* cité n. 66.

75. Cf. Robertson Smith, 75 ss., *passim.* — Dans les
cultes syriens, comme dans celui de Mithra, les initiés
se regardent comme membres d'une même famille, et
l'expression de « très chers frères », qu'emploient nos
prédicateurs, était déjà usitée parmi les fidèles de Jupiter Dolichénus (*fratres carissimos*, CIL VI, 406 = 30758).

76. La remarque en a déjà été faite par Renan, *Apôtres*,
p. 297 = *Journal Asiatique*, 1859, p. 259. Cf. Jalabert,
Mél. faculté orient. Beyrouth, I, p. 146.

77. C'est le terme (*virtutes*) employé par les païens.
Cf. l'inscription *Numini et virtutibus dei aeterni* restituée,
Revue de Philologie, 1902, p. 9 ; l'*Archiv für Religw.*,
l. c., p. 335, n. 1 et *infra*, p. 326, n. 20.

78. CIL VII, 759 = Bücheler, *Carm. epig.*, 24. — Cf.
Lucien, *De dea Syra*, 32.

79. Macrobe, *Sat.*, I, 23, § 17 : *Nominis Adad inter-
pretatio significat unus unus.*

80. *Somnium Scip.*, c. 4 : *Sol dux et princeps et mode-
rator luminum reliquorum, mens mundi et temperatio.*
Julien de Laodicée, *Cat. codd. astr.*, I, p. 136, l. 1 : Ἥλιος
βασιλεὺς καὶ ἡγεμὼν τοῦ σύμπαντος κόσμου καθεστὼς πάντων
καθηγούμενος καὶ πάντων ὢν γενεσιάρχης ; Ménandre le rhéteur, éd. Walz, t. IX, 321 : Χαλδαῖοι δὲ (Ἥλιον) ἄστρων

ἡγεμονῆα λέγουσιν. Cf. Bouché-Leclercq, *Astrol.*, p. 117 ss.
Le titre de Βασιλεὺς "Ηλιος est fréquent (Porphyre, *Epist.
Aneb.*, c. 29 ; Julien, *Orat.*, IV, etc. ; Dussaud, *Notes*,
p. 110). — Les astrologues arabes, qui dépendent d'auteurs grecs ou syriaques, nous ont conservé des descriptions à demi-mythologiques de la puissance du soleil : ainsi Albohazen Abenragel, *De iudiciis astrorum*,
Bâle, 1571, p. 5 ss.

81. La croyance vulgaire fait du Baal le Soleil, mais les
esprits instruits regardaient l'astre du jour comme l'intermédiaire, le médiateur, entre le dieu suprême et les
hommes, celui qui, suivant les « Chaldéens », attire au
ciel les âmes (Julien, *Or.*, V, p 172 D ; Proclus, *In Tim.*,
11 E, p. 34, 20, Diehl). — Les néo-platoniciens, sans
adopter les idées courantes, n'échappent cependant
pas à leur influence. On ne peut lire Plotin sans être
frappé de la fréquence des métaphores empruntées à
l'action, à la nature du soleil, lorsqu'il parle de son Dieu
métaphysique ; cf. Zeller, *Philos. der Gr.*, V⁴, p. 554.

82. Nous pouvons à la fois fixer la date avant laquelle
ce système religieux s'est développé et nous rendre
compte de l'empire qu'il avait obtenu dans le monde hellénistique, par les attaques réitérées auxquelles Philon
d'Alexandrie se livre contre les « Chaldéens », parfois en
les nommant expressément (*Quis rer. div. heres*, 20, I,
p. 486 M. ; *De nobilit.*, 5, II, 442, M. ; *De Abrahamo*, 15,
II, 11, M., etc.), parfois en combattant leurs théories
(une série de passages ont été réunis par Conybeare,
Philo contempl. life, 1895, p. 33).

CHAPITRE VI

La Perse.

BIBLIOGRAPHIE. Nous ne tenterons pas de donner ici une bibliographie des ouvrages consacrés au mazdéisme. Nous nous contenterons de renvoyer à celle de Lehmann dans Chantepie de la Saussaye, *Lehrbuch der Religionsgeschichte*, II², p. 150 (trad. fr. par Hubert, 1904). Il faudrait citer en première ligne Darmesteter, *Le Zend Avesta*, 1892 ss.; avec introductions et commentaire. — J'ai réuni dans mes *Textes et monuments relatifs aux mystères de Mithra* (2 vol. 1894-1900), t. I, p. xx ss., l'indication des travaux antérieurs parus sur ce culte ; les conclusions de cet ouvrage ont été publiées séparément sans les notes, sous le titre *Les mystères de Mithra* (2ᵉ éd., Paris et Bruxelles, 1902); cf. aussi l'article *Mithra* dans le *Dictionnaire des antiquités* de Saglio (1904). — Des exposés généraux de certains côtés de cette religion ont été donnés depuis par Grill, *Die persische Mysterienreligion im römischen Kaiserreich und das Christentum*, 1903; Roeses, *Ueber Mithrasdienst*, Stralsund, 1905; Salomon Reinach, *La morale du mithraïsme* dans *Cultes, mythes et religions*, II (1906), p. 220 ss. ; Dill, *op. cit.*, 1905, p. 584-626; cf. aussi Bigg, *op. cit.*, p. 46 ss. ; Harnack, *Ausbreitung des Christent.*, II², p. 270. — Parmi les recherches d'érudition, que nous ne pouvons énumérer toutes ici, la plus importante est celle d'Albrecht Dieterich, *Eine Mithrasliturgie*, 1903. Il a voulu démontrer, non sans ingéniosité, qu'un morceau mystique, inséré dans un papyrus magique de Paris, était

en réalité un fragment d'une liturgie mithriaque, mais
je partage à cet égard le scepticisme de M. Reitzenstein
(*Neue Jahrb. f. das class. Altertum*, 1904, p. 192), et j'ai
exposé mes raisons, *Rev. de l'Instr. publ. en Belg.*,
t. XLVII, 1894, p. 1 ss. M. Dieterich a répondu brièvement *Archiv f. Religionswiss.*, 1905, p. 502, mais sans me
convaincre davantage. L'auteur de la pièce contestée a
bien pu prêter au dieu qu'il met en scène à peu près
l'apparence extérieure de Mithra, mais il ignorait certainement quelle était l'eschatologie des mystères persiques. Nous savons notamment, par des témoignages
positifs, qu'on y enseignait la dogme du passage des
âmes à travers les sept sphères planétaires, et que Mithra
y servait de guide à ses fidèles dans leur ascension vers
le séjour des bienheureux. Or, ni l'une ni l'autre doctrine
ne se retrouve dans l'uranographie fantastique du magicien. Le nom de Mithra, comme ailleurs celui des mages
Zoroastre ou Hostanès, a servi à mettre en circulation
une contrefaçon égyptienne. — Un nombre considérable
de monuments nouveaux ont été publiés dans ces dernières années (mithréum de Saalburg par Jacobi, etc.).·
Les plus importants sont ceux du temple de Sidon
conservés dans la coll. de Clercq (De Ridder, *Marbres de
la collection de C.*, 1906, p. 52 ss.). — Je me bornerai
en général dans les notes qui suivent à signaler des
ouvrages ou textes qui n'ont pu être utilisés dans mes
recherches précédentes.

1. Cf. Petr. Patricius, *Excerpta de leg.* 12 (II, p. 393,
éd. de Boor).

2. Cf. Chapot, *Les destinées de l'hellénisme au-delà de
l'Euphrate* (Mém. Soc. antiq. de France), 1902, p. 207 ss·

3. Humbert dans Saglio, *Dictionn.*, s. v. *Amici*, p. 228
(cf. 160). Cf. Friedländer, *Sittengesch.*, I⁶, p. 202 ss.

4. Cf. *L'Éternité des empereurs romains* (*Rev. d'hist.
et de litt. relig.*), I, 1896, p. 442.

5. Friedländer (*l. c.*, p. 204) a signalé divers emprunts
faits par Auguste à ces prédécesseurs lointains : Coutume de tenir un journal du palais, de faire élever à la
cour les enfants des familles nobles, etc. Certaines institutions publiques s'inspirent sans doute de leur exemple,
ainsi l'organisation de la poste (Otto Hirschfeld, *Verwaltungsbeamten* ², p. 190, n. 2), celle de la police secrète
(Friedländer, I⁶, p. 427). Sur le *Hvareno* mazdéen qui
devint la Τύχη βασιλέως puis la *Fortuna Augusti*, cf. *Mon.
myst. Mithra*, I, p. 284 ss. — Même Mommsen (*Röm.
Gesch.*, V², p 343), bien que disposé à considérer surtout
la continuité de la tradition romaine, après avoir exposé
les règles en vigueur à la cour des Parthes, ajoute « *alle
Ordnungen die mit wenigen Abminderungen bei den
römischen Caesaren Wiederkehren und vielleicht zum Teil
von diesen der älteren Grossherschaft entlehnt sind.*

6. Friedländer, *l. c.*, p. 204, cf. p. 160.

7. Bousset, *Die Religion des Judentums im neutestam.
Zeitalter*, 1903, p. 453 ss., *passim*.

8. Cf. *Mon. myst. Mithra*, I, p. 21 ss.

9. Cf. *infra*, ch. VII, p. 228 ss.

10. *Mon. myst. Mithra*, I, p. 9 ss., 231 ss.

11. Lactance, *De mort. persec.*, 21, 2; cf. Seeck, *Gesch.
des Untergangs der antiken Welt*, II, 7 ss.

12. Cf. Strzygowski, *Mschatta* (*Jahrb. Preusz. Kunst-
sammlungen*, XXV), Berlin, 1904, p. 324 ss., 371 ss.

13. Cf. *infra*, p. 305, n. 32.

14. Plutarque, *V. Pompei*, 24 : Ξενὰς δὲ θυσίας ἔθυον αὐτοὶ τὰς ἐν Ὀλύμπῳ καὶ τελετάς τινας ἀπορρήτους ἐτέλουν, ὧν ἡ τοῦ Μίθρου καὶ μέχρι δεῦρο διασώζεται καταδειχθεῖσα πρῶτον ὑπ' ἐκείνων.

15. Lactantius Placidus ad Stat., *Theb.*, IV, 717 : *Quae sacra primum Persae habuerunt, a Persis Phryges, a Phrygibus Romani*.

16. Un temple de Mithra avec une dédicace bilingue, grecque et araméenne, gravée sur un rocher, a été signalé récemment près de Zindji-Dara en Cappadoce, mais les renseignements qui ont été recueillis sur cette découverte importante sont tout à fait insuffisants (Marquardt, *Untersuchungen zur Gesch. von Eran*, II, 1905, p. 122; cf. Clermont-Ganneau, *Recueil d'archéol. orient.* t. VII, p. 77). — J'ai dit quelques mots dans les *Studia Pontica*, p. 368, d'une grotte autrefois consacrée à Mithra près de Trapézus, mais aujourd'hui transformée en église.

17. Strab. XI, 14, § 9. Sur les haras de Cappadoce, cf. Grégoire, *Saints jumeaux et dieux cavaliers*, 1905, p. 56 ss.

18. Cf. *C-R. Acad. des Inscr.*, 1905, p. 99 ss. (note sur l'inscription bilingue d'Aghatcha-Kalé).

19. *Mon. myst. Mithra*, I, p. 10. n. 1. — L'argument remonte sans doute à Carnéade; cf. Boll, *Studien über Claudius Ptolemaeus*, 1894, p. 181 ss.

20. M. Louis H. Gray (*Archiv für Religionswiss.*, 1904, p. 345) a montré comment ces six Amshaspands avait passé de la condition de divinités du monde matériel au rang d'abstractions morales. Qu'ils eussent déjà cette qualité en Cappadoce, c'est ce qui ressort d'un texte ca-

pital de Plutarque; cf. *Mon. myst. Mithra*, II, p. 33 et Philon, *Quod omn. prob. lib.*, 11 (II, 456 M). — Dieux perses adorés en Cappadoce, cf. *Mon. Mithra*, I, p. 132.

21. Cf. *supra*, n. 16 et 18.

22. *Mon. myst. Mithra*, p. 9, n. 5.

23. La comparaison du type de Jupiter Dolichénus avec les bas-reliefs de Boghaz-Keuï avait conduit M. Kan (*De Iovis Dolicheni cultu*, Groningue, 1901, p. 3 ss.) à supposer en lui un dieu anatolique. Le rapprochement de la formule rituelle *ubi ferrum nascitur* avec l'expression ὅπου ὁ σίδηρος τίκτεται, employée à propos des Chalybes, conduit à la même conclusion. Cf. *Revue de philologie*, 1902, p. 281.

24. *Rev. archéol.*, 1905, I, p. 190. Cf. *supra*, p. 295, n. 62.

25. Hérod., I, 131. Sur l'assimilation du *Baal šamîn* à Ahura-Mazda, cf. *supra*, p. 154. A Rome, Jupiter Dolichénus est *conservator totius poli et numen praestantissimum* (CIL VI, 406 = 30758).

26. Inscription du roi Antiochus de Commagène (Michel, n° 135), l. 43 : Πρὸς οὐρανίους Διὸς Ὠρομάσδου θρόνους θεοφιλῆ ψυχὴν προπέμψαν; cf. l. 33 : Οὐρανίων ἄγχιστα θρόνων.

27. *Mon. myst. Mithra*, I, p. 87.

28. *Mon. myst. Mithra*, I, p. 333. — Une inscription découverte dans un mithréum à Dorstadt (Sacidava en Dacie, CIL III, 7728, cf. 7729) fournit, si je la comprends bien, une autre preuve des rapports qui existaient entre les cultes sémitiques et celui du dieu perse. Il y est question d'un *de[orum?] sacerdos creatus a Pal[myr]enis do(mo) Macedonia et adven[tor] huius templi*. Ce texte assez obscur est éclairé par une comparaison avec Apulée, *Met.* XI, 26 : son héros, après avoir été initié en Grèce aux

mystères d'Isis, est reçu à Rome dans le grand temple du Champ de Mars *fani quidem advena, religionis autem indigena*. Il semble que de même ce Macédonien, créé par une colonie de Palmyréniens prêtre de leurs dieux nationaux (Bèl, Malachbel, etc.), ait été accueilli en Dacie par les mystes de Mithra comme un adepte de leur religion.

29 Ainsi à Vénasa en Cappadoce, on célébrait encore à l'époque chrétienne une panégyrie sur une montagne où avait été adoré précédemment le Zeus céleste, qui représente le *Baal-šamîn* et Ahura-Mazda (Ramsay, *Church in the Roman empire*, p. 142, 457). L'identification de Bèl avec Ahura-Mazda en Cappadoce ressort de l'inscription araméenne de Jarpûz (Clermont-Ganneau, *Recueil*, III, p. 59; Lidzbarski, *Ephemeris fur semit. Epigraphik*, I, p. 59 ss.). — Le Zeus Stratios adoré sur une haute cime près d'Amasie est en réalité Ahura-Mazda, qui s'est lui-même probablement substitué à quelque dieu local (*Studia Pontica*, p. 173 ss.). — De même pour la grande divinité féminine l'équivalence Anahita = Ishtar = Mâh ou Cybèle est partout acceptée (*Mon. Mithra*, I, p. 333), et Mâh prend l'épithète d'ἀνίκητος comme Mithra (*Athen Mitth.*, 1893, p. 415 et XXIX, 1904, p. 169). Un temple de cette déesse est appelé ἱερὸν ᾽Αστάρτης dans un décret d'Anisa (Michel, *Recueil*, n° 536, l. 32).

30. Les « mystères » mithriaques ne sont pas d'origine hellénique (*Mon. Mithra*, I, p. 239), mais les ressemblances qu'ils offraient avec ceux de la Grèce et sur lesquelles insiste M. Gruppe (*Griech. Mythol.*, p. 1596 ss.), étaient telles qu'un rapprochement dut fatalement s'opérer entre eux à l'époque alexandrine.

31. M. Harnack (*Ausbreitung des Christentums*, II², p. 271) voit dans cette exclusion du monde hellénique une cause capitale d'infériorité pour le culte mithriaque dans sa lutte contre le christianisme. Les mystères de Mithra en effet opposèrent à la culture grecque une autre culture, qui à certains égards lui était supérieure, celle de l'Iran ; mais si celle-ci pouvait par ses qualités morales séduire l'esprit romain, elle était dans son ensemble trop asiatique pour que les occidentaux l'accueillissent sans répugnance. Il en fut de même du manichéisme.

32. CIL III, 4413 ; cf. *Mon. myst. Mithra*, I, p. 281.

33. Cf. p. 299., la bibliographie.

34. Plutarque, *De Iside*, 46 ss.; cf. Zeller, *Philos. der Griechen*, V⁴, p. 188. — Cf. note 38.

35. Arnobe, qui doit à Cornélius Labéon des renseignements précis sur les doctrines des mages, dit (IV, 12, p. 150, 12, Reifferscheid) : *Magi suis in accitionibus memorant antitheos saepius obrepere pro accitis, esse autem hos quosdam materiis ex crassioribus spiritus qui deos se fingant, nesciosque mendaciis et simulationibus ludant.* Lactance, l'élève d'Arnobe, se sert du même mot en parlant de Satan dans des termes où un mazdéen aurait pu le faire d'Ahriman (*Inst. divin*, II, 9, 13, p. 144, 13, Brandt) : *Nox pravo illi antitheo dicimus attributam* ; il est l'*aemulus Dei*. — Héliodore, qui a mis en œuvre dans ses Éthiopiques des données empruntées aux croyances mazdéennes (cf. *Mon. Mithra*, I, p. 336, n. 2) emploie le mot grec dans le même sens (IV, 7, p. 105, 27, éd. Bekker) : Ἀντίθεός τις ἔοικεν ἐμποδίζειν τὴν πρᾶξιν. — Le Ps.-Jamblique, *De myster.*, III, 31, § 15, parle de même des δαίμονες πονηροὺς οὓς δὴ καὶ καλοῦσιν ἀντιθέους. Enfin les

papyrus magiques connaissent ces esprits fallacieux
(Wessely, *Denkschr. Akad. Wien*, XLII, p. 42, v. 702) :
Πέμψον μοι τὸν ἀληθινὸν Ἀσκληπιὸν δίχα τινὸς ἀντιθέου πλανο-
δαίμονος).

36. Porphyre, dans le passage sur lequel nous reviendrons n. 38 (*De Abstin.*, II, 42), parle des démons presque
dans les mêmes termes qu'Arnobe : Τὸ γὰρ ψεῦδος τούτοις
οἰκεῖον. Βούλονται γὰρ εἶναι θεοὶ καὶ ἡ προεστῶσα αὐτῶν δύναμις
δοκεῖν θεὸς εἶναι ὁ μέγιστος (cf. c. 41 : Τούτους καὶ τὸν προεστῶτα
αὐτῶν) ; de même Ps.-Jamblique, *De myst.*, III, 30, 6 : Τὸν
μέγαν ἡγεμόνα τῶν δαιμόνων. — Dans le *De philos. ex orac.
haur.* (p. 147 ss. Wolff), œuvre de jeunesse où il suit d'autres sources que dans le *De Abstinentia*, Porphyre fait de
Sérapis (= Pluton) le chef des démons malfaisants. Un
rapprochement dut s'opérer de bonne heure entre le
dieu égyptien des enfers et l'Ahriman des Perses. —
Une allusion voilée à ce chef des démons se trouve peut-
être déjà dans Lucain, VI, 742 ss.

37. La dédicace *Diis angelis* trouvée récemment à Vimi-
nacium (*Jahresh. Instituts in Wien*, 1905, Beiblatt, p. 6)
dans un pays où le culte mithriaque était très répandu,
me paraît appartenir à celui-ci. Cf. Minuc. Félix, *Octav.*
26 : *Magorum et eloquio et negotio primus Hostanes angelos, id est ministros et nuntios Dei, eius venerationi novit
assistere*. S. Cypr., *Quod idola dii n. s.*, c. 6 (p. 24, 2,
Hartel) : *Ostanes et formam Dei veri negat conspici posse et
angelos veros sedi eius dicit adsistere*. Cf. Tertullien, *Apol.*,
XXIII : *Magi habentes invitatorum angelorum et daemo-
num adsistentem sibi potestatem*; Arnobe, II, 35 (p. 76,
15); Aug., *Civ. Dei*, X, 9, et les textes réunis par Wolff,
Porphyrii de philos. ex orac. haurienda, 1856, p. 223 ss.;

Roscher, *Die Hebdomadenlehre der griech. Philosophen*, Leipsig, 1906, p. 145.

38. Porphyre, *De Abstin.*, II, 37-43, expose une théorie sur les démons qu'il emprunte dit-il à « certains Platoniciens » (Πλατωνικοί τινες, Numénius et Cronius?). Que ces auteurs, quels qu'il soient, aient largement mis à contribution les doctrines des mages me paraît ressortir d'abord de l'ensemble de l'exposé de Porphyre (on pourrait presque en donner un commentaire perpétuel, à l'aide des livres mazdéens) et en particulier de la mention d'une puissance qui commande aux esprits du mal (cf. *supra*, note 36). Cette conclusion est confirmée par une comparaison avec le passage d'Arnobe cité plus haut (n. 35), qui attribue des théories semblables aux « mages », et avec un chapitre du Ps.-Jamblique (*De mysteriis*, III, 31) qui développe des croyances analogues comme étant celles de « prophètes chaldéens ». — Un théologien « chaldéen » était cité aussi à propos de l'action des démons par Porphyre, *De regressu animae* (Aug., *Civ. Dei*, X, 9).

Je conjecture que la source commune de toute cette démonologie est le livre mis sous le nom d'Hostanès et qu'on trouve mentionné depuis le IIe siècle de notre ère par Minucius Félix, St Cyprien (*supra*, n. 37), etc.; cf. Wolff, *op. cit.*, p. 138; *Mon. myst. Mithra*, I, p. 33.

Si le texte de Porphyre, comme nous le croyons, expose en réalité la théologie des mages, à peine modifiée par des idées platoniciennes, on pourra en tirer des conclusions intéressantes pour les mystères de Mithra. Ainsi, un des principes qui y est développé, c'est que les dieux ne doivent pas être honorés par des sacrifices d'êtres animés (ἔμψυχα) et que les immolations de victimes sont réservées aux démons. On trouve la même idée dans Cornélius Labéon (Aug., *Civ. Dei*, VIII, 13 : cf. Arnobe, VII, 24), et il est possible que ce fût la pratique du culte mithriaque. Porphyre (II, 36) parle à ce propos, de rites, de mystères, en se défendant de les divulguer, et l'on sait que le mazdéisme a passé dans le cours de son histoire du sacrifice sanglant au sacrifice non sanglant (*Mon. myst. Mithra*, I, p. 6).

39. Cf. Plutarque, *De defectu orac.*, 10, p. 415 A :
᾽Εμοὶ δὲ δοκοῦσι πλείονας λῦσαι ἀπορίας οἱ τὸ τῶν δαιμόνων γένος ἐν μέσῳ θέντες θεῶν καὶ ἀνθρώπων καὶ τρόπον τινὰ τὴν κοινωνίαν ἡμῶν συνάγον εἰς ταὐτὸ καὶ σύναπτον ἐξευρόντες · εἴτε μάγων τῶν περὶ Ζωροάστρην ὁ λόγος οὗτος ἐστί, εἴτε Θρᾴκιος.,...

40. Cf. Minucius Félix, 26, § 11 : *Hostanes daemonas prodidit terrenos vagos humanitatis inimicos.*

41. Cf. Minuc. Félix, *l. c.* : *Magi non solum sciunt daemonas, sed quidquid miraculi ludunt per daemonas faciunt,* etc. Cf. Aug., *Civ. Dei* X, 9, et *infra*, ch. VII, p. 230.

42 *Mon. myst. Mithra*, I, p. 139 ss.

43. Théod. Mopsuest. ap. Photius. *Bibl.*, 81. Cf. *Mon. myst. Mithra*, I, p. 8.

44. Cf. Bousset, *Die Religion des Judentums im neutest. Zeitalter*, p. 483 ss.

45. Julien, *Caesares*, p. 336 C. Le mot ἐντολαί est celui dont on se sert aussi dans l'Église grecque pour les commandements de Dieu.

46. Cf. *supra*, p. 45.

47. La remarque est de Darmesteter, *Zend-Avesta*, t. II, p. 441.

48. Cf. Reinach, *op. cit.* [p. 299], p. 230 ss.

49. Farnell, *Evolution of religion*, p. 127.

50. Mithra est *sanctus* (*Mon. myst. Mithra*, t. II, p. 533), comme les dieux syriens. Cf. *supra*, p. 289, n. 45.

51. Tertull., *De praescript. haeret.*, 40.

52. *Mon. myst. Mithra*, I, p. 309 ss. L'eschatologie du mazdéisme orthodoxe a été exposée récemment par Söderblom, *La vie future d'après le mazdéisme,* Paris, 1901.

53. Cf. *supra*, ch. IV, p. 121 ; cf. p. 153.

54. Nous avons exposé cette théorie, *supra*, p. 151. Elle est étrangère au zoroastrisme, et fut introduite dans les mystères mithriaques avec l'astrologie chaldéenne. Il se mêle d'ailleurs toujours à cette théologie scientifique d'anciennes idées mythologiques. Ainsi, c'est une vieille croyance orientale que les âmes, conçues comme matérielles, portent des vêtements (*Mon. Mithra*, I, p. 15, n. 5 ; Bousset, *Archiv für Religionswiss.*, IV, 1901, p. 233, n. 2 ; *Rev. hist. des relig.*, 1899, p. 243, et surtout Böklen, *Die Verwandschaft der jüdisch-christ. und der parsischen Eschatol.*, Göttingue, 1902, p. 61 ss.). De là vient l'idée, qui se retrouve jusqu'à la fin du paganisme, que les âmes en traversant les sphères planétaires se revêtent « comme de tuniques successives » des qualités de ces astres (Porphyre, *De Abstin.*, I, 31 : Ἀποδυτέον ἄρα τοὺς πολλοὺς ἡμῖν χιτῶνας κ. τ. λ.; Macrobe, *Somnium Sc.*, I, 11, § 12 : *In singulis sphaeris aetherea obvolutione vestitur;* I, 12, § 13 : *Luminosi corporis amicitur accessu.* Proclus, *In Tim.*, I, 113, 8, éd. Diehl : Περιβάλλεσθαι χιτῶνας; Procli opera éd. Cousin², p. 222 : *Tunicas descendentes induti sumus.* Cf. *Orac. Chaldaïca*, p. 51, n. 2, Kroll : Ψυχὴ ἐσσαμένη νοῦν; Julien, *Or.*, II, p. 123, 22, Hertlein). — Comparer ce qu'Hippolyte, *Philos.*, V, 1,

dit d'Isis (Ishtar ?) à propos des Naaséniens. Elle est ἑπτάστολος parce que la nature aussi est couverte de sept vêtements éthérés, à savoir les sept cieux des planètes.

J'ai insisté sur la persistance de cette idée parce qu'elle permet peut-être de saisir la signification attribuée à un détail du rituel mithriaque, à propos duquel Porphyre ne nous rapporte que des interprétations contradictoires : les initiés aux sept grades devaient revêtir divers costumes. Les sept degrés d'initiation, conférés successivement au myste, étant un symbole des sept sphères planétaires, à travers lesquelles l'âme devait s'élever après la mort (*Mon. Mithra.*, I, p. 316), les vêtements dont se couvrait l'initié étaient probablement regardés comme les emblèmes de ces « tuniques » que l'âme avait prises en descendant ici-bas et dont elle se dépouillait en remontant au ciel.

55. Renan, *Marc-Aurèle*, p. 579.

56. Anatole France, *Le mannequin d'osier*, p. 318. Cf. Reinach, *La morale du mithraïsme*, p. 232.

CHAPITRE VII

L'astrologie et la magie.

BIBLIOGRAPHIE. L'ouvrage de Bouché-Leclercq sur *l'Astrologie grecque* (Paris, 1899) dispense de recourir encore aux exposés antérieurs de Saumaise (*De annis climactericis*, 1648), de Seyffarth (*Beiträge zur Lit. des alten Aegypten*, II, 1883), etc. C'est à ce traité fondamental que sont empruntés, à moins d'autre indication, la plupart des faits que nous citons. — Un grand nombre de textes nouveaux ont été publiés dans le *Catalogus codicum astrologorum graecorum* (7 volumes parus, Bruxelles, 1898 suiv.). — Franz Boll, *Sphaera* (Leipzig, 1903), est capital pour l'histoire des constellations grecques et barbares (cf. *Rev. archéol.*, 1903, I, p. 437). — M. de la Ville de Mirmont a donné des notes sur l'*Astrologie en Gaule au v*[e] *siècle* (*Rev. des Études anciennes*, 1902, p. 113, ss. ; 1903, p. 255 ss. ; 1906, p. 128). — Pour la bibliographie de la magie, cf. *infra*, notes 52 ss.

1. Stephan. Byzant. (dans *Cat. codd. astr.*, t. II, 235), I, 12 : Ἐξοχωτάτη καὶ πάσης ἐπιστήμης δέσποινα. Theophil. Edess., *Ibid.*, t. V, p. 184 : Ὅτι πασῶν τιμιωτέρα τεχνῶν. Vettius Valens, VI, proem. (*Ibid.*, V, 2, p. 34, 7) : Τίς γὰρ οὐκ ἂν κρίναι ταύτην τὴν θεωρίαν πασῶν προὔχειν καὶ μακαριωτάτην τυγχάνειν.

2. Cf. Louis Havet, *Revue Bleue*, novembre 1905, p. 644.

3. Cf. *supra*, p. 149, p. 176.

4. Kroll, *Aus der Gesch. der Astrol.* (Neue Jahrb. für das klass. Altertum, VII), 1901, p. 598 ss. Cf. Boll. *Cat. codd. astr. gr.*, VII, p. 97.

5. Suétone, *Tib.*, 69.

6. Suétone, *Othon*, 8; cf. Bouché-Leclercq, p. 556, n. 4.

7. Sur ces édifices, cf. Maas, *Tagesgötter*, 1902; la forme « Septizonia » doit être préférée à « Septizodia ». Cf. Schürer, *Siebentägige Woche* (Extr. *Zeitschr. neutestam. Wissensch.*, VI), 1904, pp. 31, 63.

8. Friedländer, *Sittengesch.*, I[6], p. 364. — Il semble que l'astrologie ne pénétra jamais dans les couches profondes du peuple des campagnes. Elle n'occupe qu'une place insignifiante dans le folk-lore et la médecine des paysans.

9. Manilius, IV, 16.

10. On connaît le précepte : *Ungues Mercurio, barbam
Iove, Cypride crinem*, dont se moque Ausone, VII, 29
(p. 108 Piper).

11. *Cat. codd. astr.*, V, 1 ;Rom.), p. 11, cod. 2, f.34ᵛ :
« Περὶ τοῦ εἰ ἔχει μέγαν ῥῖνα ὁ γεννηθείς. Πότερον πόρνη γένηται
ἢ γεννηθεῖσα ». On trouve fréquemment des chapitres,
Περὶ ὀνύχων, Περὶ ἱματίων, etc.

12. Varron, *De re rustica*, I, 37, 2 ; cf. Plin., *Hist. nat.*,
XVI, 75, § 194. Ceci est à la vérité de la superstition
populaire plutôt que de l'astrologie.

13. CIL, VI, 27140 = Bücheler, *Carmina epigraph.*,
1163 : *Decepit utrosque, Maxima mendacis fama mathematici.*

14. Palchos dans le *Cat. codd. astr.*, I, p. 106-107.

15. Vettius Valens, V, 9 (*Cat. codd. astr.*, V, 2. p. 32,
éd. Kroll), cf. V, 6 (p. 31, 20).

16. Cf. Steph. Byz. *Cat. codd. astr.*, II, p. 186. Il
appelle l'une et l'autre στοχασμὸς ἔντεχνος. L'expression
est reprise par Manuel Comnène, *Cat.*, V, 1, p. 123, 4.

17. Ainsi dans le chapitre sur les étoiles fixes, qui
d'un auteur païen écrivant à Rome en 379, a passé chez
Théophile d'Édesse et chez un Byzantin du ixᵉ siècle, cf.
Cat. codd. astrol., V, 1, p. 212, 218. — Sur tout ceci, cf.
Mon. myst. Mithra, I, p. 31 suiv.

18. *Cat. codd. astr.*, V, 2, p. 48; cf. *ibid.*, p. 34, un
extrait de Nechepso, et Riess, *Petos. fragm.*, fr. 1.

19. Vettius Valens, IV, 11 (*Cat. cod. astr.*, V, 2, p. 86
ss.), cf. V, 9 (*ibid.*, p. 32), VII, prooem. (*ibid.*, p. 41).

20. Firmic. Mat. II, 30, VIII, 5. Cf. Théophile d'Édesse,
Cat. V, p. 238, 25 ; Julien de Laod., *Cat.*, IV, p. 104, 4.

21. CIL, V, 5893.

22. Sur la théorie stoïcienne de la sympathie, cf. Bouché-Leclercq, p. 28 ss. *passim*. On en trouve un exposé lumineux dans Proclus, *In remp. Plat.*, II, 258 s., éd. Kroll. Cf. aussi Clém. Alex., *Strom.* VI, 16, p. 143 (p. 504, 21, éd. Stähelin).

23. Riess dans Pauly-Wissowa, *Realenc.*, s. v. *Aberglaube*, col. 38 suiv.

24. Vettius Valens, *Cat.*, II, p. 89, 22.

25. *Cat.*, V, 1, p. 210, où l'on trouvera une série d'autres exemples.

26. Cf. Boll, *Sphaera (passim)* et sa note à propos des listes d'animaux attribués aux planètes, dans Roscher, *Lexikon Myth.*, s. v. *Planeten*, col. 2534.

27 *Cat.*, V, 1, p. 210 suiv.

28. Cf. *supra*, ch. v, p. 135 ss.

29. Cf. *supra*, p. 297, n. 80.

30. Culte du ciel, des signes du zodiaque et des éléments. Cf. *Mon. myst. Mithra*, I, p. 85 suiv., 98 suiv., 108 suiv.

31. L'idée magico-religieuse du sacré, du *mana*, intervient dans la notion et la notation du temps. C'est ce qu'a mis en lumière M. H. Hubert dans l'analyse profonde qu'il a faite de « *La représentation du temps dans la religion et la magie* » (Progr. Éc. des Hautes-Études), Paris, 1905.

32. Culte du Temps : *Mon. Mithra*, p. 20, p. 74 suiv.; des Saisons : *Ibid.*, 92 suiv. — Il n'est pas douteux que l'adoration du Temps et de ses parties (Saisons, Mois, Jours, etc.) se soit répandue sous l'influence de l'astrologie. Déjà Zénon les divinisait, cf. Cicéron, *Nat. D.*, II, 63 (= von Arnim, fr. 165) : *Astris hoc idem (i. e. vim divi-*

*nam) tribuit; tum annis mensibus annorumque mutatio-
nibus.* Conformément au matérialisme des Stoïciens,
toutes ces durées du temps étaient conçues par lui
comme des corps (von Arnim, *l. c.*, II, fr. 665; cf. Zeller,
Ph. Gr., IV³, p. 316, 221). — Les textes postérieurs sont
réunis par Drexler dans Roscher, *Lexikon*, s. v. Mên,
col. 2689. Ajouter Ambrosiaster, *Comm. in epist. Galat.*,
IV, 10 (Migne, 381 B). — Avant l'Occident, l'Égypte avait
vénéré comme des dieux les Heures, les Mois et les
Années propices ou néfastes; cf. Wiedemann, *l. c.*, [*infra
n. 58*], p. 7 suiv.

33. Elles ornent fréquemment les mss. astronomiques.
Il faut citer particulièrement le *Vaticanus gr.* 1291 dont
l'archétype remonte au III⁰ siècle de notre ère; cf. Boll,
Sitzungsb. Akad. Münch., 1899, 125 suiv.. 136 suiv. (Nuit
et Jour, Heures, Mois).

34. Piper, *Mythologie der christl. Kunst*, 1851, II,
p. 313 s. Cf. *Mon. myst. Mithra*, I, p. 220.

35. Bidez, *Bérose et la grande année* (*Mélanges Paul
Frédéricq*, Bruxelles, 1904, p. 9 suiv.).

36. Cf. *supra*, p. 152, p. 192.

37. Goethe, ayant fait en 1784 l'ascension du Brocken
par un ciel radieux, exprima son admiration en écrivant
de mémoire les vers (II, 115) : *Quis caelum possit, nisi
caeli munere, nosse Et reperire deum, nisi qui pars ipse
deorum est?* ; cf. *Brief zu Frau von Stein*, n° 518, éd.
Schöll, 1885, cité par Ellis, *Noctes Manilianae*, p. VIII.

38. Cette idée, exprimée par les vers de Manilius (n. 37),
se trouve déjà antérieurement dans le *Somnium Scipionis*
de Cicéron (III, 4); cf. Macrobe, *Comment.*, I, 14, § 16
(*Animi societatem cum caelo et sideribus habere commu-*

nem); Firmicus Mat., *Astrol.*, I, 5, § 10. — Elle remonte
à Posidonius qui faisait de la contemplation du ciel une
des sources de la croyance en Dieu; cf. Capelle, *Jahrb.
für das klass. Altertum*, VIII, 1905, p. 534, n. 4.

39, Vettius Valens, IX, 8 (*Cat. codd. astrol.*, V, 2, p. 123,
11), VI, prooem. (*ibid.*, p. 34, p. 35, 14); cf. les passages
de Philon réunis par Cohn, *De opificio mundi*, c. 23,
p. 24, et Capelle, *l. c.*

40. Manilius, IV, 14.

41. Cf. *L'Éternité des empereurs* (*Rev. hist. litt. relig.*,
t. I), p. 443 ss.

42. M. Reitzenstein qui a eu le mérite de montrer
la puissance de ce fatalisme astrologique [cf. *infra*,
n. 51], croit qu'il s'est développé en Égypte, mais à
tort sans doute. Cf. à ce sujet les observations de Bousset, *Göttinger Gel. Anzeigen*, 1905, p. 704.

43. L'ouvrage le plus important est malheureusement
perdu : c'était le Περὶ εἱμαρμένης de Diodore de Tarse.
Photius nous en a transmis un résumé (*Bibl.* 223). Nous
avons conservé le traité sur le même sujet de Grégoire de Nysse (*P. G.*, XLV, 145). Ils eurent pour allié
le platonicien Hiéroclès (Photius, *cod.* 214, p. 172 b).
— On trouve beaucoup d'attaques contre l'astrologie
dans S. Basile (*Hexaem.*, VI, 5), S. Grégoire de Nazianze,
S. Méthode (*Symp.*, *P. G.*, XVII, p. 1173); plus tard
dans S. Jean Chrysostome, Procope de Gaza, etc. Un
curieux extrait de Julien d'Halicarnasse a été publié par
Usener, *Rheiniches Mus.*, LV, p. 321. — Nous avons dit
quelques mots de la polémique latine dans la *Revue
d'hist. et de litt. relig.*, t. VIII, p. 423 suiv. On attribuait à Minucius Félix un écrit *De Fato* (Bardenhewer,

Gesch. Altchr. Lit., I, p. 315), mais l'adversaire principal des *mathematici* fut saint Augustin.

44. Dante, *Purg.*, XXX, 109 ss. — Dans le *Convivio*, II, ch. xiv, Dante professe expressément la doctrine de l'influence des étoiles sur les affaires humaines. — L'Église parvint à extirper à peu près l'astrologie savante du monde latin au début du moyen âge : nous ne connaissons aucun traité, aucun manuscrit astrologiques de l'époque carolingienne, mais l'ancienne croyance en la puissance des étoiles se perpétua obscurément, et elle reprit une force nouvelle au contact de la science arabe.

45. M. Bouché-Leclercq leur consacre un chapitre (p. 609 suiv.).

46. Sén., *Quaest. Nat.*, II, 35 : *Expiationes et procurationes nihil aliud esse quam aegrae mentis solatia. Fata inrevocabiliter ius suum peragunt nec ulla commoventur prece.* Cf. Vettius Valens, V, 6 (*Catal. codd. astr.*, t. V, 2, p. 30, 11) : Ἀδύνατόν τινα εὐχαῖς ἢ θυσίαις ἐπινικῆσαι τὴν ἐξ ἀρχῆς καταβολήν κ. τ. λ. — Sur l'opposition établie entre l'astrologie et le culte, cf. *Mon. myst. Mithra*, t. I, p. 120, 311, et la *Revue d'hist. et litt. relig.*, t. VIII, p. 431, n. 2. — Commodien résume cette antinomie dans le vers (I, 16, 5) : *Si tribuunt fata genesis, cur deos oratis?*

47. Suétone, *Tib.*, 69 : *Circa deos ac religiones neglegentior, quippe addictus mathematicae plenusque persuasionis cuncta fato agi.*

48. Vettius, Valens, VIII, 12 (*Cat. codd. astr.*, V, 2, p. 51, 8 ss.), cf. VI, prooem. (*ibid.*, p. 33).

49. Signes βλέποντα et ἀκούοντα; cf. Bouché-Leclercq, p. 159 suiv. — Les planètes se réjouissent (χαίρειν) dans leurs mansions, etc. — Signes φωνήεντα, etc; cf. *Cat.*, I,

164 suiv.; Bouché-Leclercq, p. 77 et suiv. — La terminologie des manuels les plus sèchement didactiques est
saturée de mythologie.
50. Saint Léon, *In Nativ.*, VII, 3 (Migne, *P. L.*, LIV,
218); Firmicus, 1, 6 et 7; Ambrosiaster, dans la *Revue
d'hist. et litt. relig.*, t. VIII, p. 16.
51. Cf. Reitzenstein, *Poimandres*, p. 77 suiv. 103. C'est
là le sens du vers des *Orac. Chaldaïca* : Οὐ γὰρ ὑφ' εἱμαρτὴν
ἀγέλην πίπτουσι θεοῦργοι (p. 59, Kroll). Suivant Arnobe (II,
·62, d'après Cornelius Labéon) les mages prétendaient
« *deo esse se gnatos nec fati obnoxios legibus.* »
52. BIBLIOGRAPHIE. Il nous manque un livre d'ensemble
sur la magie grecque et romaine. Maury, *La magie et
l'astrologie dans l'antiquité et au moyen âge* (1864) est une
simple esquisse. L'exposé le plus complet est celui de
Hubert, art. *Magia* dans le *Dict. des antiquités* de Daremberg et Saglio. On y trouvera l'indication des sources et
la bibliographie antérieure. — On peut citer comme
études plus récentes : Fahz, *De poet. Roman. doctrina
magicâ*, Giessen, 1903 ; Audollent, *Defixionum tabulae*
Paris, 1904 (excellent corpus spécial); Wünsch, *Antikes
Zaubergeräth aus Pergamon*, Berlin, 1905 (importante
trouvaille du IIIe siècle après J.-C.). — La superstition
qui n'est pas la magie, mais y touche, a fait l'objet
d'un article très substantiel de Riess, *Aberglaube*, dans
la *Realenc.* de Pauly-Wissowa. Un essai de Kroll, *Antiker
Aberglaube*, Hambourg, 1897, mérite d'être mentionné.
— Cf. Ch. Michel dans la *Revue d'hist. et litt. rel.*, t. VII,
1902, p. 184. Voy. aussi *infra*, n. 58, 59, 66.
53. La question des principes de la magie a fait récemment l'objet de discussions provoquées par les théories

de Frazer, *The golden bough*, 2ᵉ éd., 1900 (trad. par Stie-
belet-Toutain, *Le rameau d'or*, Paris, 1903, [cf. Goblet
d'Alviella, *Revue de l'univ. de Bruxelles*, octobre 1903]).
Voy. Andrew Lang, *Magic and religion*, Londres, 1901 ;
Hubert et Mauss, *Esquisse d'une théorie générale de la
magie* (Année sociologique), 1902.

54. Reinach, *Mythes, cultes et religions*, t. II, Intr.,
p. xv.

55. La pénétration de la magie dans la liturgie sous
l'empire romain est signalée notamment à propos du
rituel de consécration des idoles par Hock, *Griechische
Weihegebraüche*, Wurzbourg, 1905, p. 66. — Cf. aussi
Kroll, *Archiv für Religionsw.*, VIII, Beiheft, p. 27 ss.

56. Friedländer, *Sittengeschichte*, Iᵉ, p. 509 suiv.

57. Arnobe, II, 62, cf. II, 13 ; Ps.-Jamblique, *De Myst.*,
VIII, 4.

58. Magie en Égypte : Budge, *Egyptian magic*, Londres,
1901. Wiedemann, *Magie und Zauberei im alten Aegypten*,
Leipzig, 1905, [cf. Maspero, *Rev. critique*, 1905, II, p. 166].
Griffith, *The demotic magical papyrus of London and
Leiden*, 1904 (recueil remarquable du IIIᵉ siècle de notre
ère), et les ouvrages analysés par Capart, *Revue hist.
des relig.*, 1905 [Bulletin de 1904, p. 17], 1906 [Bull.
de 1905, p. 92].

59. Fossey, *La magie assyrienne*, Paris, 1902. On y
trouvera, p. 7, la bibliographie antérieure. Cf. aussi
Hubert dans Daremberg et Saglio, s. v. *Magia*, p. 1505,
n. 5. — Des vestiges de conceptions magiques survivent
même dans les prières des musulmans orthodoxes ;
voyez les curieuses observations de Goldziher, *Studien
Theodor Nöldeke gewidmet*, 1906, t. I, p. 302 ss. — On

rapprochera utilement de la magie assyro-chaldéenne,
la magie hindoue (Victor Henry, *La magie dans l'Inde
antique*, Paris, 1904).

60. Il ne manque pas d'indices qui montrent que la
magie chaldéenne se propagea dans l'empire romain
(Apulée, *De Magia*, 38; Lucien, *Philopseudes*, c. 11;
Necyom., c. 6, etc. Cf. Hubert, *l. c.*). Les promoteurs, les
plus influents de la rénovation de ces études semblent
être deux personnages assez énigmatiques, Julien le
Chaldéen et son fils Julien le Théurge, qui vivait sous
Marc-Aurèle. Celui-ci passait pour l'auteur des Λόγια Χαλ-
δαϊκά, qui devinrent en quelque sorte la Bible des derniers néoplatoniciens.

61. Apulée, *De Magia*, c. 27. Le nom de φιλόσοφος, *phi-
losophus*, finit par être appliqué à tous les adeptes des
sciences occultes.

62. Le terme paraît avoir été employé d'abord par
Julien dit le Théurge, et avoir passé de là dans Porphyre (*Epist. Aneb.*, c. 46 ; Augustin, *Civ. Dei*, X, 9-10)
et chez les néoplatoniciens.

63. Hubert, article cité, pp. 1494, n. 1 ; 1499 s.; 1504. —
Les découvertes de papyrus magiques ayant été faites
en Égypte, on a été porté à exagérer l'influence que
la religion de ce pays exerça sur le développement de
la magie. Elle lui fit une large place, nous l'avons rap-
pelé plus haut, mais l'étude même des papyrus prouve
que des éléments d'origine très diverse s'étaient combinés avec la sorcellerie indigène. Celle-ci paraît avoir
insisté surtout sur l'importance des « noms barbares »,
parce que le nom a pour les Égyptiens une réalité indépendante de l'objet qu'il désigne et possède par lui-même

une force opérante (*supra*, p. 116). Mais ce n'est là,
somme toute, qu'une théorie accessoire, et il est très
remarquable que Pline, traitant de l'origine de la magie
(XXX, 7), nomme en première ligne les Perses, mais ne
mentionne même pas les Égyptiens.

64. *Mon. myst. Mithra*, I, p.230 suiv. — Par suite, Zoroastre, maître incontesté des mages, est souvent considéré comme un disciple des Chaldéens ou comme étant
lui-même de Babylone. Le mélange des croyances iraniennes et chaldéennes apparaît clairement dans Lucien,
Necyom., 6 suiv.

65. La plupart des recettes magiques mises sous le
nom de Démocrite, sont l'œuvre de faussaires comme
Bolos de Mendès (cf. Diels, *Fragmente der Vorsokratiker*,
I², p. 440 ss.), mais on ne lui aurait pas attribué la
paternité de cette littérature si ses tendances n'y
avaient prêté.

66. Magie juive : Blau, *Das altjüdische Zauberwesen*,
1898 ; cf. Hubert, *l. c.*, p. 1505.

67. Pline, *H. N.*, XXX, I, § 6 ; Juvénal, VI, 548 suiv.
— Pour Pline, ces mages connaissent surtout *veneficas
artes*. La toxicologie de Mithridate remonte à cette
source (Pline, XXV, 2, 7). Cf. Horace, *Epod.*, V, 21 ;
Virgile, *Egl.*, VIII, 95, etc.

68. Cf. *supra*, p. 174.

69 Minucius Fel., *Octavius*, 26 (cf. *supra*, ch. VI,
p. 185).

70. Porphyre dans un passage qui expose les doctrines
de la démonologie perse [cf. *supra*, p. 307, n. 38] nous
dit (*De Abst.*, II, 41) : Τούτους (sc. τοὺς δαίμονας) μάλιστα καὶ
τὸν προεστῶτα αὐτῶν (c. 42, ἡ προεστῶσα αὐτῶν δύναμις = Ahri-

man) ἐκτιμῶσιν οἱ τὰ κακὰ διὰ τῶν γοητειῶν πραττόμενοι κ. τ. λ.
Cf. Lactance, *Divin. Inst.*, II, 14 (I, 164, 10, éd. Brandt).
Clém. d'Alexandrie., *Stromat.*, III, p. 446 C., et *supra*,
p. 306, n. 36.

71. Plut., *De Iside*, c. 46.

72. La *druj Nasu* des mazdéens; cf. Darmesteter,
Zend-Avesta, II, p. xi et 146 suiv.

73. Cf. p. ex. Lucain, *Phars.*, VI, 520 suiv.

74. Mommsen, *Strafrecht*, 639 suiv. — Il n'est pas douteux que la législation d'Auguste punit déjà la magie,
cf. Dion, LII, 34, 3. — Manilius (II, 108) oppose à l'astrologie les *artes quarum haud permissa facultas*. Cf. aussi
Suét., *Aug.*, 31.

75. Zacharie le Scholastique, *Vie de Sévère d'Antioche*,
éd. Kugener (Patrol. orientalis, II), p. 57 suiv.

76. Magie à Rome au v⁰ siècle : Wünsch, *Sethianische
Verfluchungstafeln aus Rom*, Leipzig, 1898 (plombs
magiques datés des années 390-420) ; cf. *Rev. hist. litt.
relig.*, t. VIII, p. 435 et Burckardt, *Die Zeit Constantin's*, 2ᵉ éd., 1850, p. 236 ss.

CHAPITRE VIII

La transformation du paganisme.

Bibliographie. L'histoire de la destruction du paganisme est un sujet qui a souvent tenté les historiens.
Beugnot (1835), Lasaulx (1854), Schulze (Iéna, 1887-1892),
s'y sont essayé avec des succès divers (cf. Wissowa,
Röm. Religion, p. 84 ss.). Mais on ne s'est guère préoccupé de reconstituer la théologie des derniers païens

bien que les matériaux ne manquent pas. Les études si méritoires de M. Boissier (*La fin du paganisme*, Paris, 1891) envisagent surtout les côtés littéraires et moraux de cette grande transformation. M. Allard (*Julien l'Apostat*, t. I, p. 39 ss.) a donné un aperçu de l'évolution religieuse au ive siècle.

1. Socrate, *Hist. Eccl.*, IV, 32.

2. Noter que l'astrologie n'a guère pénétré jusque dans les campagnes (*supra*, p. 311, n. 8) qui conservent leurs anciennes dévotions, cf. p. ex. la *Vita S. Eligii,* Migne, *P. L.*, t. XL, 1172 s. Ainsi le culte des *menhirs* en Gaule persista durant le moyen âge; cf. Arbois de Jubainville, *Comptes rendus Acad. Inscr.*, 1906, p. 146 ss.

3. Aug. *Civ. Dei*, IV, 21 et *passim*. — Arnobe et Lactance avaient déjà développé ce thème.

4. Sur l'usage qu'on fait de la mythologie au ive siècle, cf. Burckardt, *Zeit Constantins*, 2e éd., 1880, p. 143-147; Boissier, *La fin du paganisme*, II, 276 ss. et *passim*.

5. Les poésies de Prudence (348-410), notamment *Le Peristéphanon*, contiennent, comme on sait, des attaques nombreuses contre le paganisme et les païens.

6. Cf. *La polémique de l'Ambrosiaster contre les païens* (*Rev. hist. et litt. relig.*, t. VIII, p. 418 ss., 1903). Sur la personnalité de l'auteur (Décimus Hilarianus suivant dom Morin), cf. Souter, *A Study of Ambrosiaster*, Cambridge, 1905 (Texts and Studies VII).

7. L'identité de Firmicus Maternus, l'auteur du *De errore profanarum religionum*, avec celui des huit livres *Matheseos* paraît définitivement démontrée.

8. Maxime fut évêque de Turin vers 450-465 ap. J.-C.

Nous ne possédons encore qu'une édition très défectueuse
des traités *Contra Paganos* et *Contra Judaeos*(Migne, *Patr.
lat.*, LVII, col. 781 ss.).

9. Surtout le *Carmen adversus paganos* composé après
la tentative de restauration d'Eugène (394 ap. J.-C.)
(Riese, *Anthol. lat.*, I, 20) et le *Carmen ad senatorem ad
idolorum servitutem conversum*, attribué à saint Cyprien,
(Hartel, III, p. 302) et qui est probablement contemporain du précédent.

10. Voyez sur ce point les réflexions judicieuses de
Paul Allard, *Julien l'Apostat*, I, p. 35.

11. Héra est depuis les Stoïciens la déesse de l'air
(῞Ηρα = ἀήρ).

12. Cf. *supra*, p. 63, 93, 145, 179. Les seuls dieux qui
conservent leur autorité, en dehors de ceux de l'Orient,
sont ceux des mystères grecs, Bacchus, Hécate, mais
transformés par leurs voisins.

13. Ainsi l'épouse de Prétextat après avoir, dans l'épitaphe de celui-ci, célébré sa carrière et ses talents ajoute :
*Sed ista parva : tu pius mystes sacris | teletis reperta men-
tis arcano premis | divumque numen multiplex doctus colis*
(CIL VI, 1779 = Dessau, *Inscr. sel.* 1259).

14. Ambrosiaster, *Quaest.*, 72 (Migne, *P. L.*, XXXV,
2275) : *Paganos elementis esse subiectos nulli dubium est...
Paganos elementa colere omnibus cognitum est* (cf. *Rev.
hist. lit. rel.*, VIII, p. 426, n. 3). — Maximus Taur.
(Migne, t. LVII, 783) : *Dicunt pagani : nos solem, lunam et
stellas et universa elementa colimus et veneramur.* Cf. *Mon.
myst. Mithra*, I, p. 103, n. 4, p. 108.

15. Firmicus Mat., *Mathes.*, VII prooem : *(Deus) qui ad
fabricationem omnium elementorum diversitate composita
ex contrariis et repugnantibus cuncta perfecit.*

16. *Elementum* traduit στοιχεῖον qui a le même sens en grec au moins depuis le Iᵉʳ siècle (cf. Diels, *Elementum*, 1899, p. 44 ss). Au Ivᵉ, cette acception est générale : Macrobe, *Somn. Scipionis*, I, 12 § 16 : *Caeli dico et siderum aliorumque elementorum* ; cf. I, 11, § 7 ss. Ambrosiaster, *l. c.* : *Pagani serviunt ipsis elementis. Colunt enim astra*, etc. ; Maxim. Taur., *l. c.;* Lactance, II, 13, 2 : *Elementa mundi, caelum, solem, terram, mare.*— Cf. Diels, p. 78 sqq.

17. Cf. *Rev. hist. litt. rel.*, VIII, p. 429 ss. — Jusqu'à la fin du vᵉ siècle en Orient le haut enseignement reste aux mains des païens. La vie de Sévère d'Antioche par Zacharie le Scholastique (éd. Kugener, 1903) est particulièrement instructive à cet égard. — Les chrétiens, adversaires du paganisme et de l'astrologie, témoignent, par une conséquence inévitable, de l'aversion pour les sciences profanes en général, et ils ont assumé ainsi une sérieuse responsabilité dans l'extinction graduelle de la lumière du passé (cf. Royer, *L'enseignement d'Ausone à Alcuin*, 1906, p. 130 ss.). Mais il faut ajouter à leur décharge que la philosophie grecque avant eux avait enseigné l'inanité de toute science qui n'a pas pour but la culture morale du moi ; cf. Geffcken, *Aus der Werdezeit des Christentums*, p. 7, p. 111.

18. *Mon. myst. Mithra*, I, p. 294. Cf. *supra*, p. 212.

19. Ambrosiaster, *Comm. in Epist. Pauli*, p 58 B : *Dicentes per istos posse ire ad Deum sicut per comites pervenire ad regem* (cf. *Rev. hist. litt. rel.*, t. VIII, p. 427). — Même idée exposée chez Maxim. Taur. (*Adv. pag.*, col. 791) et chez Lactance (*Inst. div.*, II, 16, § 5 ss., p. 168 Brandt) ; cf. aussi sur la cour céleste, Arnobe, II, 36; Tertull., *Apol.*, 24. — Zeus porte déjà le titre de roi,

mais l'olympe hellénique est en réalité une république
turbulente. La conception d'un dieu suprême, souverain d'une cour hiérarchisée, semble être d'origine perse
et avoir été répandue par les mages et les mystères de
Mithra : L'inscription du Nemroud-Dagh parle de Διὸς
'Ωρομάσδου θρόνους, et un bas-relief nous montre en effet
Zeus-Oromasdès assis sur un trône, le sceptre en main.
De même, les bas-reliefs mithriaques représentent le
Jupiter-Ormuzd trônant, entouré des autres dieux
debout (*Mon. myst. Mithra*, I, p. 129; II, p. 188, fig. 11);
et Hostanès se figurait les anges assis autour du siège
de Dieu (*supra*, p. 306, n. 37, cf. Apocalypse, c. 4). Il y
a plus, on compare souvent le dieu céleste, non pas
à un roi en général, mais au Grand-Roi, et l'on parle
de ses satrapes; cf. Pseudo-Arist., Περὶ κόσμου, c. 6,
p. 398 *a* 10 ss. = Apulée, *De mundo*, c. 26 ; Philon, *De
opif. mundi*, c. 23, 27 (p. 24, 17 ; 32, 24, Cohn) ; Maxim.
Tyr., X, 9; et Capelle, *Die Schrift von der Welt* (Neue
Jahrb. für das class. Altertum, VIII), p. 556, n. 6. Particulièrement important est un passage de Celse (Origène,
Contra Cels., VIII, 35) où l'on voit le rapport de cette
doctrine avec la démonologie perse. — Seulement la
conception mazdéenne a dû se combiner de bonne heure
avec la vieille idée sémitique que le Baal est le seigneur
et maître de ses fidèles (*supra*, p. 142 ss.).

Une comparaison analogue à celle-ci, qui se rencontre aussi chez les païens du ive siècle, est celle du
ciel avec une cité (Nectarius dans S. August., *Epist.*,
103 [Migne, XXXIII, p. 386] : *Civitatem quam magnus
Deus et bene meritae de eo animae habitant*, etc. — Rapprocher la Cité de Dieu de S. Augustin.

20. S. Aug., *Epist.* 16[48] (Migne, *Pat. Lat.*, XXXIII, col. 82) : *Equidem unum esse deum summum sine initio, sine prole naturae, seu patrem magnum atque magnificum, quis tam demens, tam mente captus, neget esse certissimum? Huius nos virtutes per mundanum opus diffusas multis vocabulis invocamus, quoniam nomen eius proprium videlicet ignoramus. Nam Deus omnibus religionibus commune nomen est. Ita fit ut, dum eius quasi quaedam membra carptim variis supplicationibus prosequimur, totum colere profecto videamur.* Et à la fin : *Dii te servent, per quos et eorum atque cunctorum mortalium communem patrem, universi mortales, quos terra sustinet, mille modis concordi discordia veneramur et colimus.* Cf. Lactantius Placidus, *Comm. in Stat. Theb.*, IV, 516. — Un autre païen (*Epist.*, 91 [202], Migne, XXXIII, col. 315) parle du juste *deorum comitatu vallatus, Dei utique potestatibus emeritus, id est unius et universi et incomprehensibilis et ineffabilis, infatigabilisque Creatoris impletus virtutibus, quas ut verum est angelos dicitis vel quid alterum post Deum vel cum Deo aut a Deo aut in Deum.*

21. Les deux idées sont opposées dans le *Paneg. ad Constantin. Aug.*, de l'an 313 ap. J.-C., c. 26 (p. 212, éd. Bährens) : *Summe rerum sator, cuius tot nomina sunt quot gentium linguas esse voluisti (quem enim te ipse dici velis scire non possumus), sive tute quaedam vis mensque divina es, quae infusa mundo omnibus miscearis elementis et sine ullo extrinsecus accedente vigoris impulsu per te ipsa movearis, sive aliqua supra omne caelum potestas es quae hoc opus tuum ex altiore naturae arce despicias.* — Comparez ce qui a été dit plus haut (p. 154) du *Jupiter exsuperantissimus.*

22. Macrobe, *Sat.*, I, 17 ss.; cf. Firm. Mat., *Err. prof. rel.*, c. 8 ; *Mon. myst. Mithra*, I, 338 ss. — On a supposé que le développement de Macrobe avait pour source Jamblique.

23. Julien avait voulu organiser dans les temples tout un enseignement moral (Allard, *Julien l'Apostat*, II, 186 ss.), et cette grande pensée de son règne fut imparfaitement réalisée après sa mort. Les Grecs railleurs et légers d'Antioche ou d'Alexandrie n'apprécièrent que médiocrement ses homélies, mais elles parlèrent davantage à la gravité romaine. Les rigoureux mystères de Mithra avait ici préparé la réforme. Saint Augustin, *Epist.*, 91 [202] (Migne, *P. L.* XXXIII, col. 315), vers 408 ap. J.-C., rapporte que des interprétations morales des vieux mythes étaient récitées de son temps chez les païens : *Illa omnia quae antiquitus de vita deorum moribusque conscripta sunt, longe aliter sunt intelligenda atque interpretanda sapientibus. Ita vero in templis populis congregatis recitari huiuscemodi salubres interpretationes heri et nudiustertius audivimus.* Cf. aussi *Civ. Dei*, II, 6 : *Nec nobis nescio quos susurros paucissimorum auribus anhelatos et arcana velut religione traditos iactent* (pagani), *quibus vitae probitas sanctitasque discatur.* Comparer l'épitaphe de Prétextat (CIL VI, 1779 = Dessau, *Inscr. sel.*, 1259) : *Paulina veri et castitatis conscia | dicata templis,* etc.

24. C'est ce qu'affirment nettement les vers de l'épitaphe que nous citions (v. 22 ss.) : *Tu me, marite, disciplinarum bono | puram ac pudicam* SORTE MORTIS EXIMENS | *in templa ducis ac famulam divis dicas : | Te teste cunctis imbuor mysteriis.* Cf. Aug., *Epist.*, 233 (Migne,

XXXIII, p. 1031 [lettre d'un païen à l'évêque]) : *Via est in Deum melior qua vir bonus piis puris iustis castis veris dictisque factisque probatus et deorum comitatu vallatus... ire festinat; via est, inquam, qua purgati antiquorum sacrorum piis praeceptis expiationibus purissimis et abstemiis observationibus decocti anima et corpore constantes deproperant.*

25. Les variations de cette doctrine sont exposées en détail par Macrobe, *In Somn. Scip.*, I, 11, § 5 sqq. Pour les uns, les âmes vivent au-dessus de la sphère de la lune, où commence le règne immuable de l'éternité — pour d'autres, dans la sphère des étoiles fixes où ils plaçaient les Champs-Élysées (*supra*, p. 294, n. 59). On leur assignait particulièrement pour siège la voie lactée (c. XII. Cf. Favon. Eulog., *Disput. de somm. Scipionis*, p. 1, 20 (éd. Holder) : *Bene meritis... lactei circuli lucida ac candens habitatio deberetur*; S. Jérôme, *Ep.* 23 [une veuve y place son mari] et *Arch. Epigr. Mitth.*, VIII, p. 136, n° 139 : *Sede beatorum recipit te lacteus orbis*). — Pour d'autres enfin, les âmes, délivrées de tout mélange avec le corps, habitent au plus haut du ciel, et elles descendent d'abord par les portes du Cancer et du Capricorne placées à l'intersection du zodiaque et de la voie lactée, puis à travers les sphères des planètes. Cette théorie, qui est celle des mystères (*supra*, p. 152, 192), obtient l'approbation de Macrobe (*quorum sectae amicior est ratio*), qui l'expose en détail (I, 12, 13 ss). — Arnobe, qui s'inspire de Cornélius Labéon, la combat comme une erreur très répandue (II, 16 : *Dum ad corpora delabimur et properamus humana ex mundanis circulis*. Cf. aussi, II, 33 : *Vos cum primum soluti membrorum*

abieretis e nodis alas vobis adfuturas putatis quibus ad caelum pergere atque ad sidera volare possitis. Sequunnos causae quibus mali sumus et pessimi, etc.). Elle était devenue à ce point populaire que la comédie du Quérolus, écrite en Gaule dans les premières années du v⁰ siècle, y fait une allusion moqueuse, à propos des planètes (V. 38) : *Mortales vero addere animas sive inferis nullus labor sive superis.* Elle était enseignée encore au moins partiellement par les Priscillianistes (Beausobre, *Manichée,* II, p. 425). — Nous avons parlé plus haut (p. 292, n. 58) de l'origine de cette croyance et de sa diffusion sous l'Empire.

26. Cf. *supra,* p. 185, et p. 229 ss. ; *Mon. myst. Mithra,* I, p. 296.

27. Cette idée, répandue par les stoïciens (ἐκπύρωσις) et par l'astrologie (*supra,* p. 214), fut propagée aussi par les cultes orientaux; cf. Lactance, *Inst.,* VII, 18, et *Mon. myst. Mithra,* I, p. 310.

28. M. Gruppe (*Griech. Mythol.,* 1488 ss.) a essayé d'indiquer les divers éléments qui ont concouru à constituer cette doctrine.

29. Cf. *supra,* p. 161 s., 194 et *passim.*

30. M. Pichon (*Comptes rendus Acad. Inscr.,* 1906, p. 293 ss.) a montré récemment comment l'éloquence des panégyristes passa insensiblement du paganisme au monothéisme chrétien.

TABLE DES MATIÈRES

NOTES